闪击战：从头说起

Blitzkrieg:From The Ground Up

[瑞典] 尼克拉斯·泽特林（Niklas Zetterling） 著

冬初阳 译

江苏凤凰文艺出版社
JIANGSU PHOENIX LITERATURE AND
ART PUBLISHING, LTD

图书在版编目（CIP）数据

闪击战：从头说起 / （瑞典）尼克拉斯·泽特林著；
冬初阳译 . —— 南京：江苏凤凰文艺出版社，2019.12
书名原文：Blitzkrieg:From The Ground Up
ISBN 978-7-5594-4230-7

Ⅰ . ①闪… Ⅱ . ①尼… ②冬… Ⅲ . ①第二次世界大
战战役 – 闪击战 – 史料 – 德国 Ⅳ . ① E516.9

中国版本图书馆 CIP 数据核字 (2019) 第 267790 号

版贸核渝字（2018）第 045 号

闪击战：从头说起
Blitzkrieg:From The Ground Up

[瑞典]尼克拉斯·泽特林（Niklas Zetterling） 著　　冬初阳 译

责任编辑	王青
特约编辑	胡杨
装帧设计	王涛
出版发行	江苏凤凰文艺出版社
	南京市中央路 165 号，邮编：210009
网　　址	http://www.jswenyi.com
印　　刷	重庆长虹印务有限公司
开　　本	787 毫米 × 1092 毫米 1/16
印　　张	16
字　　数	250 千
版　　次	2019 年 12 月第 1 版　2019 年 12 月第 1 次印刷
书　　号	ISBN 978-7-5594-4230-7
定　　价	99.80 元

江苏凤凰文艺版图书凡印刷、装订错误可随时向承印厂调换

目　录

前言

　　德军的闪击战已经成为许多书籍的题材，然而对"闪击战"这一术语的明确定义至今仍未出现。某些作者认为闪击战就是在密切协同作战时，坦克和飞机执行的机动作战。坦克在开阔地横冲直撞，斯图卡轰炸机呼啸着向它们的目标俯冲，为坦克提供空中支援的画面，往往成为1939—1941年间闪击战战事的缩影。然而，这种画面与第二次世界大战最初几年德军的作战场面是不一致的。诚然，当时有不少坦克和空中力量成功协同作战的事例，但那远非常态。最重要的是，当时德军的战役与成功的地空协同作战鲜有关联。尽管如此，仍不乏书籍强调坦克和空军是德国在1939—1941年屡战屡胜的关键。不过本书将从一个不同的视角着手处理"闪击战"这一课题，本书认为"闪击战"一词，仅仅表示德军在1939—1941年间的战场上进行的军事行动，并且尝试去发现闪击战在德军下级军官和普通士兵眼中是如何呈现的。

　　任何历史著作的形成都依赖于所使用的资料。出于各种原因，对于一场军事冲突，人们经常会使用来自对方的资料，以闪击战为素材的各种书籍也不例外。那些对抗过闪击战的人做出的各种评价、判断和假设，已经被用于许多书籍。另一种被广泛使用的资料，是参与闪击战战事和战役的德军将领的回忆录。这些资料肯定不会没有问题。在战争中，对敌人的了解是模糊的。即使情报部门可以提供准确的数据，也不能随之自动形成对敌人的准确了解。众所周知，回忆录往往会自我美化，德军将领写的这类书籍也不例外。这些资料除了不尽准确外，还倾向于从某种特定视角来看待各类事件。这一点在回忆录中显而易见，因为在战后，将领和其他高级军官写书或接受采访的可能性要比普通士兵大得多。他们不过是凡人而已，自然倾向于主要根据自己的观点来解释胜利或失败，但这种视角可能是、也可能不是最重要的。

德军的胜利是迅捷的，也是令人惊奇的。盟军的决策人员想要迅速解开德军的秘密，必须尽快采取行动，不然就会冒更大的失败风险。于是，盟军只能依靠不完备的可用信息去寻找答案。在这样的条件下，错误结论往往随之而来，可能就转变成了数十年挥之不去的神话。

以前的作家，诸如罗伯特·A.道蒂、詹姆斯·科勒姆和卡尔-海因茨·弗里泽尔，坚决主张德国在战争早期的胜利，坦克和飞机发挥的决定性作用较少，更多的是依赖坦克和飞机发明之前德国的各项军事传统。德国人并非创造了一种基于与以往各种观念截然不同的最新技术发展成果的新战略，而是让各种新武器去符合他们的各种既有战略。这些战略最为关注的是独立行动、主动性、灵活性、决策权下放和机动性。这一战争观念的核心是人在战场上如何行动，而这种核心的重要性在军事结构的较下层尤其明显。德军的胜利取决于小作战单位的质量。

鉴于 1939—1941 年进行的战役的规模，要详细全面地讲述这些战役是不可能的。故我选择将焦点放在普通士兵、指挥排连营级单位的下级军官，以及与他们一起行动的其他人，诸如军医和战地牧师等人经历和体验的闪击战究竟如何这个问题上。这类描述在文学著作里，不像从将领们的视角进行的描述那样常见。

过去 10 年，我有幸在弗赖堡的德国军事档案馆里度过了许多时间。渐渐地，我发现了一类很难找到的文件——作战日志、简报和其他营连级作战单位的文件。这些文件大部分在 1945 年被销毁，不过还有一些留存下来。不幸的是，此类文件不能靠标准搜索辅助工具寻找，但在耗费了不少时间后，我还是找到了一些，可以满足写作本书的需要。这些事发不久写成的报告和作战日志，是我使用的主要资料，不过各种私人日记也和印刷资料同等重要。本书使用的一部分重要资料是以前从未用过的。这些资料，让我可以举一些例子来描述一位连长如何指挥他的坦克，一位车组成员又是如何在坦克内部作业的，还有维修部门扮演的是怎样的角色。个别人的各种经历其实已经足够醒目，而当这些经历被组合在一起，就构成了一个更宏大的视角。

本书分为七章。第一章概述 1939 年之前德国战争观念的发展状态；第二、三、四章讲述 1939—1940 年波兰、挪威和西欧的战事；第五章讨论德国在战胜法国到进攻苏联这一段时间内的战略形势；第六章用于讲述"巴巴罗萨"行动，即德军对苏联的大规模进攻；第七章，也是最终章，是对德军历次闪击战事的思考。这七个章节中用于讲述战事的篇幅较长，让读者能去了解个别士兵和基层的小作战单位。不过，我已经努力将这类叙事融入一个更广阔的视角，以表达一种对塑造闪击战的各种因素的理解。因此，我希望读者会更好地理解德军为何能获得 1939—1941年战争的胜利。

序

　　严寒和冰雪赋予了莫斯科郊外的景色一种符合冬季的特征，黑暗的夜空与白色的地面形成了鲜明对比。德军第 21 装甲团的哨兵们几乎能伸手触摸这种死寂，在战友努力抓紧时间休息的时候，他们要对周围保持警惕。只不过，若不能在一座建筑物里找到地方栖身，要在严寒之中入睡谈何容易。

　　次日便是圣诞前夜，意味着战士们喜欢的节日开始了，可是此次情况完全不同。德军在美丽的夏季对苏联发动的进攻，已取得惊人胜利，擒获的战俘不计其数，掳掠的战利品亦数量庞大。看起来德军一直都胜利在望，却不知怎么回事就是让胜利溜走了。秋季将临，德军终于发动了对莫斯科的庞大攻势。本来预计这场战事会在冬季之前结束，那样战士们就能回国度过圣诞假期。但这些希望都落空了，德军没有占领莫斯科，各路攻击部队也被困在了 12 月初就到达的阵地上。

　　苏军在进攻的流言传到第 21 装甲团士兵们的耳中。他们没有立即被卷入战斗是因为他们驻扎在前线后方，他们甚至得到允许去洗衣服，这是两周以来都没有享受过的奢侈待遇了。暂时的平静没有持续多久，他们很快就被送往科林和沃洛科拉姆斯克附近的地区，那里的其他德军部队都承受了强大压力。步枪兵蹲在散兵坑里努力打退敌人的进攻，坦克陆续被派去支援他们。低温——温度计显示为 -30 摄氏度——让许多衣衫单薄的德军官兵成为牺牲品。

　　冬至意味着 12 月的较短白昼和下一次战斗之间的短暂间歇。德军官兵精神恍惚——尤其是在 12 月 23 日夜间。他们觉得痛苦，他们原本希望战事会在圣诞节结束，能让他们回到家乡，但希望破灭了。现在他们只希望敌人在圣诞前夜能保持安静——却连这个愿望都无法实现。

凌晨3时，一份报告送来，巴尔斯中士被唤醒了。据报苏军已拿下3公里外的亚历斯托沃村。一支毫无戒备的德军辎重部队负责守卫这个村子，该部显然无力实施持久防御。德军迅速集结了一支拼凑起来的部队发动反击，却没能收复那个村子。于是上级要求巴尔斯去发动一次反击。除了他自己的一辆"Ⅳ"型坦克外，上级还分配给他一辆"Ⅱ"型坦克。巴尔斯和他的部下没法享受一个平静的圣诞夜了。

2辆坦克开始行动时，天空依然漆黑一片。公路都被白雪遮住了，不过一小时后，巴尔斯找到了道路，且已能够分辨出亚历斯托沃村的郊区。一些步枪兵看见这2辆坦克，帮助巴尔斯找到了负责亚历斯托沃村战斗的那位营长。这位营长讲述了令人沮丧的局面。这个所谓的营仅有35人，他们固守着村庄西角的三座房子，而苏军控制了亚历斯托沃村的其余部分。苏联人缴获了大部分辎重，还有圣诞期间德军将会分发的食品和礼物。

尽管形势不利，巴尔斯依然决定进攻。他和部下的士兵爬进了自己的坦克，但他们很快发现，轻型坦克的炮塔机件已经结冰了，这坦克充其量只能提供象征性的火力支援。虽然遇上了挫折，巴尔斯还是坚持发动进攻。他认为奇袭因素和黑暗的掩护会助自己一臂之力，可能也是因为仅有一辆行动能力完整的坦克，他别无选择。

巴尔斯用对讲机命令手下的驾驶员沿着村里的大街向东前进。旋转的引擎发出极大的噪音，不过坦克快速运动，在苏联士兵开火之前就已到达村庄。填弹手已在坦克炮后膛装填了一枚75毫米高爆弹，还确保了车载机枪都能正常射击。巴尔斯大声命令炮手向大街上的房屋开火，炮手当即扣动扳机，第一枚75毫米炮弹伴随着撞击声离开短炮膛。在近距离平射射程内，这枚炮弹几乎立即命中目标，将一堵墙撕开了。火焰很快就开始吞噬这座房子，"Ⅳ"型坦克继续沿着街道前进，用枪炮点燃了其他房屋。引擎的轰鸣声、机枪"哒哒"的射击声、高爆炮弹的冲击声与燃烧的房屋发出的"噼啪"声混作一团。

苏联守军匆匆从着火的几座房子里逃了出来，毕竟严寒还不如火灾带来的酷热可怕。巴尔斯不与苏军士兵过多纠缠，他敦促部下的坦克手们继续沿着大街行驶，而坦克一直在向尚未遭到破坏的房屋开火。当晨曦露出地平线开始驱散黑暗时，他终于来到了村子东端。巴尔斯能看见越过亚历斯托沃村东面的田野奔逃的褐色身影。他看到他们在雪里挣扎，白雪没过了他们的膝盖。可是，由于他的弹药已不足，只得决定停止射击。

直到战斗结束，巴尔斯才发觉他们是在圣诞前夜打的仗。在这样的日子里进行一场血战，他并没有受到良心的谴责，因为帮助步枪兵渡过难关非常重要。但显而易见的是，这次战斗及其目的——阻止苏军前进——与德军官兵在战争爆发时滋生的各种期望相去甚远。

两场战争之间的
动荡岁月

第一章

"闪击战"一词（在第二次世界大战爆发前）已存在相当长一段时间了，但几乎不为人知。一些作家在他们的文章中使用这个词，有些作家甚至在书名中使用，大报纸的头版却从未用过。然而，1939年秋，当媒体和宣传机构将这个词介绍给更为广大的受众时，情况发生了变化。人们开始说起德国用被称为"闪击战"的战法击败了波兰。[1]

随着时间的推移，这个词被证明是有魅力的——尽管事实上都不清楚它的确切含义。但正因为没有明确的定义，才让不同的作家和评论家可以将这个术语用于他们认为合适的任何事物，这个词的动人特征意味着它会被频繁使用。而这种情况也意味着"闪击战"一词的含义模糊，且会因使用者的不同而差别巨大。

除了个别军官可能在出版物中使用过"闪击战"一词外，德军并未使用过这个词。然而，德军创造了被同时代人视为具有革命性的某种战法，尽管希特勒谴责《凡尔赛条约》仅仅过了4年。这份第一次世界大战后签署的条约禁止德国拥有诸如潜艇、坦克和飞机这样的现代化武器，还大幅缩小了德国国防军的规模。

一支受到束缚的武装力量不仅迅速扩充，还创造了一些看似具有革命性的战法，这可能令人费解。此外，这场革命是由这样一个国家完成的：这个国家缺乏现代化战争所需的大部分原材料，且正处于一场全球性经济大萧条后的恢复期。[2]几种状况影响了德军的迅速扩充，创造看似具有革命性的战法的这一进程，某些条件或许比另一些更重要。这些较重要的条件之一就是德国努力绕开《凡尔赛条约》，这一进程始于19世纪20年代初。德国国防军与苏联秘密合作，让他们得以试验诸如坦克和飞机等现代化武器系统。德国人在本国也实施了一些项目——如在农用拖拉机的掩护下建造坦克雏形。德国人进行了多项理论研究，并密切关注着国外的各种发展。

然而，有人可能会主张德国人的"闪击战"根本不具备革命性。或许不将闪击战视为对既有战法的突破，而是对已经存在的德国军事观念的一种发展，能更好地理解这种战法。如果将闪击战视为对现有发展理念的一种合乎逻辑的延续，就更加容易理解即便德国人实际上直到1935年都没有实行普遍义务征兵制，也能在1939年发动战争，并迅速征服波兰、挪威、丹麦、比利时、荷兰和法国的现象了。

另一种将会被质疑的观念是：坦克和飞机构成了闪击战的核心。这两种武器诚然在德国的宣传和许多国外的评估意见中都扮演了突出的角色，但德国人的战争理念不是从这二者中产生的，也不是从其他任何武器系统中产生的。相反，德国人对该如何作战怀有相当清晰的概念，而坦克正好非常适合这一概念。然而，步兵师仍然是德国陆军的骨干，这是各种经济限制的结果，而不是经深思熟虑设计的产物。德国缺乏组建和维持一支完全的机械化陆军所需的工业资源和原材料。一支庞大的战略航空军——类似于英国和美国后来在第二次世界大战期间使用的战略航空兵——也不是一种现实的选择。德国人只能从他们的基本观念出发，设法将各种现代化武器融入其中。

人们经常将希特勒描述成闪击战背后的一股推动力量。他对 1939 年爆发的战争负有毋庸置疑的责任，可以想象德国国防军的状态在此后的日子里会大不相同，但对主张希特勒的重要性的观点，存在多种更为基础性的反对意见。他的确推动了国防军的迅速扩充，可是他对国防军的构成，特别是如何进行战斗训练的影响相对较小。关于希特勒掌权之前的时期的一项研究在这方面有所揭示。

第一次世界大战的遗产

第一次世界大战经常被视为战争手段停滞不前的一个例子，但这种观点是具有误导性的。事实上，在这场开始于 1914 年的战争之前，德国军官——以及其他国家的军官——就在设法理解快速发展的各种技术的含义了。然而，要去想象从 1870—1871 年普法战争以来已经发生了许多变化的战争在未来还会如何变化是非常困难的。不过，如果称第一次世界大战期间几乎没有发生什么变化，那么这一说法的误导性甚至会更强。[3]

第一次世界大战期间，战斗人员遇到的最主要的作战限制是几乎无法穿透的防线。除非突破敌人的防线，否则无法获得机动的自由。德国人和其他交战国人员都努力通过多种方式来解决这个问题。不足为奇的是，德国人最重视自己的几种解决方案，其中最重要的一种即所谓的"暴风突击"战术。在许多方面，德军在第一次世界大战期间发展的暴风突击战术，都是德国人在战后保存下来的各种结论和经验教训的典范。

德国人打破西线僵局的方法是德国兵法的体现，因为这种做法明显是权力下放式的。许多军官——其中许多是下级军官的局部主动性至关重要。当这些工作在战斗中证明了它们的价值后，上级指挥机构很快就注意到了它们，并大范围将其引入各种训练计划，以充分利用下级军官想出的各种主意。于是各种有用的理念在军队中得到了广泛运用。[4]

从"暴风突击战术"这一术语可以推断，这种战术主要是一个战术问题——该如何突破强大敌军防御的解决方法。而这一解决方法必须从战术层面开始，因为除非战术成果为上级指挥官创造作战自由，否则不会取得重大战役成果。

德军的暴风突击战术由几个部分组成。其基本原则是权力下放，这一原则被应用于许多方面，最重要的一个方面就是决策权下放，但这不是一个新颖的理念。德军以前就倾向于委托授权，只是暴风突击战术让这一趋势在组织中进一步扩大，应用得更为彻底。德国人显然意识到现代战争需要根据战场上许多部分的易变形势迅速做出决策。下级指挥官必须独立行动，发挥主动性。这种权力下放受到另一种权力下放的促进。第一次世界大战初期，作战部队的装备相当统一——步兵营主要由步枪兵组成。暴风突击战术的引入，也意味着对多兵种联合原则的依赖，这种依赖让这些作战部队的构成也发生了变化。于是下级指挥官在决定如何投入战斗时就有了更多选择。此外，当局部指挥官能够自行安排火力支援时，浪费的时间会更少。[5]

暴风突击战术主要是由与西欧国家作战的德军部队发展起来的，不过德军从东线也获得了宝贵的经验，那里的部队数量相对于战区规模而言要小得多。较低的部队密度，使东线建立像在英吉利海峡和瑞士之间的那种强大防线比西线要困难得多。于是德军突破俄罗斯人的防御要更容易些，随后的多次机动作战，强有力地暗示了未来的战争不必经历西线经历过的那种僵局。

可以认为，德国人在1918年就已经掌握了后来被称为"闪击战"战法的主要内容。最重要的一个方面是指挥思想体系。各级指挥官都自主决策和行动，这是德国人在战斗中遵循的基本原则。由暴风突击各单位体现的多兵种协同原则与分散决策原则高度一致。除了分散决策和多兵种协同原则外，闪击战的第三个重要理论依据是东线的经验，这一经验有力地证明了机动作战是可行的。

第四个主要教训其实是从一次败仗中获取的。暴风突击战术让德军在1918年3月攻破了西线的强大防御阵地，然而，德军没有设法利用他们最初的成果，这主要是由后勤运输方面存在各种不足造成的。德军缺乏向前方输送维持其动能所需的火炮、弹药、援兵和物资的能力，而他们的对手可以依靠铁路网向陷入危机的地区输送援兵。

所以第一次世界大战留给德国人的遗产是由德国人的主动经验和被动教训两方

面构成的，不过在某种意义上，1919 年的多项和平条约也可以被视为这份遗产的一部分。事实上，尽管条约很苛刻，却对一战到二战期间德国的发展有利。由于德国陆军的人数被限制在 10 万人（允许其中 4000 人出任军官），陆军就能挑选最佳人选去服兵役，在军事职业在德国仍具备吸引力的情况下尤其如此。

德国人取得的经验教训主要是战术和战役层面的。然而，如果德国人更加用心的话，还能从一些战略教训当中得益，其中一个事实就是：即便是胜利者，从第一次世界大战中取得的收获也非常有限。法国和英国在经济上枯竭了，且人力消耗惊人，两国很难再维持战前的强大地位；意大利尽管成为战胜国之一，也被战争削弱了实力；可以认为美国和日本改善了自己的地位，不过主要原因是这两国避免了大部分代价高昂的战斗。从而可以得出的结论是：使用军事力量会导致各种巨大的代价，以至于都无法享受胜利果实。但问题在于，德国人永远不会像重视战术和作战经验那样重视这个战略教训。

一支被束缚的陆军

按照有意的设计，《凡尔赛条约》规定的条款严重削弱了德国国防军。武器数量少，且缺乏各种重要武器，让他们无法抵御重大攻击。不过这些条款都不能阻止德国军官去思考未来的战争。德国人立即实施了一个研究第一次世界大战经验教训的宏大计划。参与该计划的 400 多名军官，大多数都是非常熟悉 1914 年到 1918 年战争进程的老军官，对暴风突击战术尤有心得。[6]

充分研究各种经验教训的过程很快就完成了，且到 1921 年就炮制出了一本全新的陆军野战手册。这就是著名的《诸兵种协同作战与指导手册》，或简称为《作战指导手册》。这本手册在第一次世界大战结束不到 3 年后就写成了，在第二次世界大战爆发前的 18 年间，它都是德国陆军的指南纲要。这一项评价尤为重要，因为 1921 年野战手册奠定的基础一直被保留到 1945 年。[7]

1921 年野战手册强调攻势作战、机动性和将权力下放到可能的最低级别的分散决策，让军官和军士能独立行事，在战场上发挥主动性。可是这种对独立性的强调伴随着一个潜在问题——在战场上的各种行动可能会变得太过分散。德国人解决这一难题的办法是进行全面的训练。这可以确保灌输给全军一种通用的思维方法，来指导整个战场的决策。[8]

德国陆军可以在两次大战之间的时期着重对其有限的人员进行训练，但由于缺乏各种重要的武器系统，这种训练受到妨碍。不过这个问题不应被夸大。训练、智力活动和各种思想往往比装备更具基础意义，这一时期的德国国防军在这一点上也不例外。这样的发展历程并非源于某些武器系统或者技术，相反，存在一个将各种新武器纳入其中的智力框架。第一次世界大战的遗产和各种分析是该框架非常重要的组成部分。

偶然的是，法国陆军在1939年因准备重复第一次世界大战的又一轮作战而受到批评，同时德军则被认为利用两次大战之间的岁月为一场未来战争创造了各种必备条件。这是一种令人不快的简单化论调，因为德军也将第一次世界大战的经验教训当作他们为未来战争进行准备的基础。法德两国做法之间的差异（1940年变得明显）源于甚至在1918年以前就存在的差别。认为法国人保守，同时认为德国人高瞻远瞩，是一种掩盖多于揭示的简单化做法。不过，看上去德国陆军对不同意见和公开辩论的接受程度明显要比法国陆军大得多。最后可能的结果是，这种态度有助于建立一支即使兵法不一定具有革命性，但综合水平也比对手更高一些的武装力量。[9]

德国陆军对不同意见的广泛接受，在瑞典驻柏林武官尤赫林-丹菲尔德提交给斯德哥尔摩的上司的报告中显而易见。他显然对德国军人在演习后进行各种讨论时的表现感到惊讶。有几次，在不同的部队——甚至当外国军官在场时，指挥官正在批评下属在最近结束的演习期间的表现，却被反驳他们的下属打断。在德国陆军总司令弗里奇大将在军事学院就这个问题发表演讲之前，这种行为都没有受到批评。[10]

话说回来，《凡尔赛条约》施加的各种限制并非无关紧要。德国人只能暗地研究诸如坦克这样的现代化武器。在第一次世界大战的战场上出现的坦克因为各种限制它们发挥巨大作用的技术问题而令人担忧——这些问题几乎预示着坦克没有未来，所以必须大幅度改进才能让坦克在未来战争中扮演重要角色。但德国人被禁止从事必要的开发工作。1922年《拉帕罗条约》签订后，德国人与苏军的合作为他们提供了获取相关知识的重要机会。[11]

获取知识的另一个途径是跟踪调查其他国家的发展成果。德国人观察坦克的各种演习和生产活动，也设法从许多国家的出版物了解相关知识。显然，主要强国——诸如英国、法国和苏联——吸引了德国人的大部分兴趣，主要是因为这三国被视为德国潜在的敌人。

德文期刊《军事》是一份在德军中广为传播的德国军事刊物，内容涉及与陆军装备、条令、训练、指挥、组织等多方面发展趋势有关的许多重要课题。这份期刊中有讨论或描述海外重要动态和特别事项的文章。有关他国军事演习的文章，如 1925 年英军秋季演习。第 14 期和第 16 期（1927—1928 年）广泛报道了英军在 1927 年 8 月进行的历次演习，当时的演习有机械化部队参加。但德国人对仅追踪欧洲的各种军事活动并不满足。在世界其他地区的多次军事冲突中，都使用了坦克——例如，英军在印度、法军在摩洛哥和叙利亚都使用过这种武器。他们还研究了一些很少为人讨论的军事冲突，如南美洲的查科战争（1932—1935 年）。然而，第一次世界大战和 1914—1918 年进行的历次战役依然是最常见的话题。1927 年 11 月，一篇题为《未来战役的预兆》的文章讨论了康布雷战役。在这次战役中，英军投入了（史上）第一支大规模集中的坦克部队。德国人对坦克没有做出重要贡献的几次战争，如 1919—1922 年希腊与土耳其的战争也进行了研究。[12]

这份期刊还对其他国家的技术趋势有所评论。例如，1924 年、1925 年和 1927 年的多篇文章论及法国的 2C 重型坦克。[13]1925 年 3 月刊讨论过美国的新型试验性坦克，1928 年春季描述过美国新式轻型坦克。[14] 尽管困难重重，德国人还是设法让文章的内容能与时俱进。

可以认为《凡尔赛条约》的束缚主要是物质性的而不是精神性的，而各种精神因素在许多方面更加重要。再者，军事技术在两次大战之间的岁月里发展迅速。20世纪 20 年代的全新武器在 20 世纪 30 年代往往就被认为过时了，这种看法对坦克和飞行器而言尤为适用。于是为兵法打下一个有用的基础就更加重要了。德国人做到这一点主要是利用了他们在第一次世界大战中取得的经验教训，甚至还有在 1914 年以前产生的各种观念和趋势。

希特勒掌权

大萧条之前，希特勒和他的纳粹党一直是德国政坛一个微不足道的因素。然而，大萧条和随之而来的大规模失业为希特勒提供了一个前所未有的良机。他简明扼要的各种信息让他在 1930 年的多次选举中获得巨大成功。又经过各种政治运作和后来的几次选举，希特勒设法掌握了德国大权。不久，新政权就将促进德国国防军的多项重大变革，不过当时，未来会发生什么事情还不明朗。

在很多方面，希特勒的意图与德国社会的许多部门（包括武装部队）培养出的野心是一致的。或许废除《凡尔赛条约》和恢复义务兵役制是最为鲜明的两个例子。希特勒关于东欧"生存空间"的想法并非独有，尽管各种实际问题——诸如时间、运用的手段和追求野心的步伐——可能会导致各种分歧。

起初，希特勒必须集中精力在德国国内确保自己的地位。不过，从1934年起，他的权力几乎已无可争议，他可以开始实现他更为深远的野心了。而实现他的梦想显然需要强大的武装力量，于是他在1935年公开谴责了《凡尔赛条约》，重新实行普遍义务兵役制。虽然德国军官可能担心其他国家的反应，但很少有人反对这一举动。

德军最早的3个装甲师在1935年10月组建，当时德国还没有实战型坦克。轻型的"I"型坦克一年前就已投产，但主要是为了训练而设计的。在其他型号的坦克产量足够之前，德军将不得不凑合使用这些轻型坦克（除了稍微重一些的"II"型坦克之外）。[15]

轻型的"I"型和"II"型坦克被大量生产出来，1939年战争爆发时，这两种坦克组成了德国坦克大军的主体，而较重型的"III"型和"IV"型坦克数量相对稀少。这种局面，德军总参谋长路德维希·贝克大将早就预料到了。他早先受命出任部队局局长，部队局其实就是挂着这个名号的总参谋部。《凡尔赛条约》迫使德国废除了总参谋部，在1935年希特勒正式否决该条约时，总参谋部才再度恢复其正式名称。

贝克一直被描绘成一个对装甲兵的价值知之甚少的反动分子，尤其是在海因茨·古德里安的回忆录中。然而，事实并非如此。贝克对坦克的潜在作战价值持乐观态度，可是他也认识到技术进步的迅速。他不相信德国能在不久的将来赢得一场战争。如果在短时间内采购许多坦克，等到德国参加一场它能取胜的战争时，这些坦克可能已过时了。按照贝克的意见，当时最好只采购训练和测试所需的坦克。与此同时，可以着手开发更为强大的坦克机型，以便在德国能够赢得一场战争时及时生产出来。后来的历史发展肯定是符合贝克的想法的。几年后战争爆发时，德国拥有的近2700辆"I"型和"II"型坦克，作战价值甚少。更好的办法可能是将耗费在这两种型号的坦克上的一些资源节约下来，用于提高"III"型和"IV"型坦克的产量，因为这两种坦克很快就会投产。[16]

贝克的慎重态度源于他相信要建立一支强大的陆军需要多年时间，但这与希特勒希望快速见效的愿望相悖。他们的分歧也源于对主要强国可能采取的姿态的不同评估。例如，英国和法国会为了捷克斯洛伐克问题对德开战吗？希特勒认为它们不会，但贝克不易被他说服。尽管如此，希特勒还是拥有不顾贝克的重重疑虑，强行贯彻自己意图的权力。贝克意识到，德国快速重整军备会引发其他国家的敌意，也会给德国国防军和经济带来巨大压力。

德国重整军备的各项努力不是为了 1939—1941 年的闪击战，这看来令人惊诧。这几场短暂的战事中间有过停顿，让德国能够补充弹药和燃料库存，这样一来，对那些旨在提高德国维持一场持久战争的能力的项目进行投资就不合时宜了。事实上，大量的投资都集中在几个领域，投资这些领域的出发点完全是提高德国进行一场长期战争的能力。例如，对改善原材料状况的极度强调。通过使用低级矿石和建造能够生产合成燃料、纺织品、橡胶等产品的工厂，德国人弥补了他们在原材料问题上的缺陷。然而，这样的解决方案代价高昂，抽调了原本可用于武器生产的各种资源。此外，用于西部防线——希特勒应对马其诺防线的举措——的投资所占的预算份额是用于装甲兵的两倍，看起来也令人吃惊。[17]

希特勒掌权意味着国防军会迅速扩充，同时他也会投入大量资源用于让德国经济为一场长期战争做准备。这样的目标并不新颖——在希特勒成为总理和元首之前就已养成——不过他强加了极端的速度。尽管许多颇有影响力的人都表达了极大的忧虑，他还是一意孤行，而他的野心是否明智肯定会受到质疑。

扩军

德国陆军开始扩充时，可以依靠其训练有素的官兵。希特勒 1933 年接管的陆军规模为 10 万人，其中大多数军人接受过比自己实际职务更高的职位的训练。德国人预料到实战中军官伤亡较重，下级人员必须有能力前进和接掌指挥权，于是军人必须接受比他们被委任的职务更高的职位的训练。此外，德军强调主动性意味着下级军官和军士必须懂得比他们的实际思考范围更宽广的思考方法。再者，身为下级军官，德军认为他们要在战斗中使用多个不同兵种，必须训练有素。最后，接受过比实际职务更高的职位训练的官兵会有助于未来的扩军。

当希特勒决定迅速扩军时，10 万人提供的训练有素的骨干还是太少了。在此后强制服兵役的岁月里，训练标准都在下降。军官的培训受挫尤其严重，因为为替补军官提供所需的培训，充实所需的经验需要多年时间。相比之下，士兵的训练可以在较短的时间内完成。

　　瑞典军官伯格伦上尉参加了德军在威尔德弗莱肯的炮兵演习，就他的经历和印象写了报告，指出了德军对军士的信赖。例如，几个炮兵连长就是军士，这在其他国家是少见的。伯格伦对这次演习印象深刻，得出的结论是德军的训练标准非常高，征募的新兵尤其令人难忘。[18]

　　伯格伦的印象是在德国陆军扩充 3 年之际得到的。在这样的时间跨度内，可以让下级梯队指挥官接受足够的训练，但为营级指挥官提供所需的经验和训练比较困难，而德军正为之奋斗的那种战争意味着训练有素、经验丰富的指挥官至关重要。

　　伯格伦还与德国军官讨论了其他国家使用的射击技术。德国的军官们对法国炮兵使用的更为复杂的火控方法表达了敬意，但他们不想在德军中使用类似的方法。伯格伦有意识地总结道："德国人对耗时的程序畏之如虎"（原文有下划线）。这一点在各项演习中都有反映，因为在演习中，他们认为快速提供火力支援比绝对的射击精度更加重要。[19]

　　德国人可能比其他国家更加重视时间因素，如果德军要弥补他们的数量劣势，先发制人这一点至关重要。原则上训练不足的人员也可以快速行动，但可能不会以一种有助于成功的方式进行。此外，一个训练不足、缺乏经验的人不太可能有采取主动所需的信心，而这种信心是德国人努力争取迅速行动的先决条件。

　　军官人数的增加可能是德军迅速扩充的最佳例证。1933 年 10 月 1 日，德军共有 3800 名军官，1935 年 10 月 15 日增至 6533 名。与行将到来的增幅相比，这个增幅是适度的。1941 年 3 月 15 日，德军的军官数量不下于 129645 人。在 5 年略多一点的时间里，军官人数几乎增加了 2000%。身为营级或团级指挥官，应当拥有至少 10 年的经验，显然迅速扩军让军官很难再获得足够的训练。[20]

　　这些困难无疑相当大，不过不应忘记德军的训练充足必须与对手的训练相比较，而不是根据德军建立的一些抽象规则来判断。德军的高级军官非常担心，但他们似乎也维持了非常高的训练标准。再者，训练的持续时间并非成功的唯一指标，如果将大量时间耗费在对提高战斗力无益的活动上，那么服兵役的月数就无关紧要。一个例子就是苏军，他们的士兵大部分训练时间都在盖房子种田。[21]

可以说德军的训练是建立在一种比战争要求更现实的认知之上的，这让他们能够在训练的每一个小时内都获得更多的战斗力。在某种程度上，这减轻了迅速扩军的各种负面效应。毕竟，训练的目的不是将尽可能多的时间耗费在训练上，而是要提高各部队的素质。

尽管有这类深层的考虑，但很明显的是，如果扩军速度放缓，德国或许能够创建更为强大的武装力量。快速扩军不仅让训练受到限制，对装备采购也有影响，1935 年前后交付使用的坦克面临不久就过时的可能性，这是技术迅速进步的结果。这也正是贝克对过快冒险重新武装提出怀疑意见的最重要的依据之一。

古德里安在他的回忆录和与巴兹尔·李德·哈特的对话录中，将贝克描绘成一个妨碍装甲兵发展的反动分子，但这一形象看来是被夸大了。古德里安和贝克对许多事情的看法确实不同。例如，贝克希望组建装甲师和支持步兵战斗的坦克营，至少在当时，他不想孤注一掷。他提倡一种模式，根据这种模式尝试若干选择，再根据从较大规模的机动中获取的经验教训剔除不适用的选择。此外，贝克相信如果需要，多个独立的坦克营可以被迅速组建成更多的装甲师。事实证明他是正确的，如 1939 年组建第 10 装甲师时那样。古德里安反对这种意见，但贝克提出的可选方案并非死胡同，至多不过造成轻微的延误而已。在那样动荡的时代，贝克的立场看起来其实相当合理。

贝克还想在建立坦克部队的同时创建独立的反坦克部队。他认为将来的敌人可能会拥有大型坦克部队，所以需要一些手段来与之战斗。事实上，1939—1942 年间，德军相当成功地使用了这类反坦克部队与敌人的坦克部队战斗。古德里安反对这一计划，但贝克似乎再度设想了一种相当平衡的处置方式。

扩军是困难的，要迅速扩军更是难上加难。正如我们将在下文看到的那样，德国战争机器的缺点可以归因于这次迅速扩军，但必须牢记，其他国家也在迅速扩军。例如，美国会以与德国相媲美的速度扩军。另一个例子是苏联的装甲部队：1930 年，这个国家拥有的坦克很少，但 1941 年斯大林拥有了大约 2.3 万辆可用坦克。这一巨大数字充分证明苏军经过了一次非常迅速的扩充。20 世纪 30 年代后半期，英国陆军也开始迅速扩充。由此可见，德国可能经历过迅速扩军带来的各种问题，但在这方面它不是孤例。[22]

阴暗的地平线

希特勒废除《凡尔赛条约》之时，欧洲的紧张局势在加剧，不过此举到底增加了多少恐慌还不清楚。例如，在英国有许多人要么认为条约的条款要求过高，要么认为不可能长久维持。然而，很快大白于天下的是废除条约只是希特勒实施各种计划的第一步。1936年，德军进入莱茵兰非武装地区。战争的幽灵变得前所未有的巨大。自1920年苏军企图征服华沙未果以来，波兰一直将苏联视为最大的军事威胁。自那时起，波兰制定的防御计划就主要是为了应对来自东方的攻击，可是，随着希特勒军事建设的继续，波兰最高司令部只能被迫制定新的防御计划。

1937年希特勒没有任何令人侧目的举动。德国国防军还不够强大，不足以允许他采取冒险性外交政策。他不敢与西方列强公然对抗，尤其是在扩军陷入困境的时候。不过到了1938年，希特勒再度提高了他的音量。他的第一项行动是在3月吞并奥地利。随后他将目光对准了捷克斯洛伐克，所谓的《慕尼黑协定》见证了英国和法国同意捷克斯洛伐克应将苏台德地区割让给德国的过程，因为苏台德的大多数人口是德意志族，且该地区毗邻德国。与此同时，波兰抓住了占领西斯廷地区的机会，该地区自第一次世界大战以来就是波兰和捷克斯洛伐克两国都主张权益的领土。[23] 斯洛伐克人也趁机要求脱离布拉格的控制独立。

1937年，大约3.5万名苏军军官被处决、监禁或撤职。这样一来，其军事能力被削弱了，许多其他国家的评论员都相信，苏军已经变得太弱，无法对一场重大冲突产生显著影响。

在关注当时的欧洲局势时，我们一定不能忘记那里有五个主要强国——英国、法国、德国、苏联和意大利。没有三个独裁政权的其中之一的支持，英国和法国几乎不可能对任何一国施加巨大压力。但问题在于，当时这三个独裁政权中的哪一个较可取或可靠并不明显。在斯大林大幅削弱他的武装力量时，他看起来既不可信，也不可靠。因此，反对希特勒的坚定立场似乎至少需要意大利的默认支持。然而，墨索里尼介入了1936—1939年的西班牙内战，1935—1936年在埃塞俄比亚发动战争，清楚地表明了他不是西方两强喜欢的政治家。

除了欧洲的局势外，法国和英国还必须考虑其殖民帝国受到的威胁，特别是远东的威胁。日本对中国的侵略清楚地说明欧洲以外的几个地方也有危险。苏联和日本的关系也很紧张，在西伯利亚和伪满洲国边界发生了几次边境冲突。国际形势显然非常复杂，决策者们都承受着强大的压力，需要他们找到可行的解决办法，例如组建反对希特勒的联盟。法国和英国的军事资源都不足以确保两国各自通过迅速的攻势战胜德国。英国缺少一支强大的陆军，而法国陆军的规模虽庞大，却主要是为防御作战，而不是针对德国的闪电式进攻设计的。

于是上述几种情况综合起来限制了对抗希特勒侵略性外交政策的力量。在德国国内，许多人担心元首会让德国陷入一场与本国无法击败的联盟对抗的战争，但这种情况没有立即发生。不过，真正的阴影前所未有的巨大，尤其是在1939年希特勒占领波希米亚的其余部分和摩拉维亚之后。偏偏希特勒的渴求还没有得到满足，1939年夏，他加大了对波兰的压力。

纳粹德国海军

从闪击战的角度来看，德国海军似乎落伍了。这支海军的主要意图是发动对英国跨大西洋贸易的战争——通过阻止原材料和其他进口商品的流动，让英国就此屈服。德国潜艇显然就是为了这类用途而设计的，德国的水面舰队也主要是为了这个目的而设计的。由于这种战术几乎无法迅速产生战果，因此与任何闪击战的理念都不契合。再者，就许多方面而言，以英国为主要敌人都是不妥的。德国必须首先击败的国家应该是它的那些邻国。因为它将很难从与英国的战争中获益，避免对英战争才是上策。

如果我们忽略德国有一个特定的"闪击战"战略，那么德国海军的角色看上去会更合理。另一方面，如果我们将德国的各种军事工作视为一种建立高效作战部队，从而能在许多不同类型的战争中获得行动自由的野心的产物，那么德国的海军建设看上去就更为明智了。总体而言，海军获得的资金份额较小，但鉴于德国的地理位置，几乎没有其他选择。正如我们将在下文看到的那样，德国海军可以被用于大西洋以外的其他地区的战斗。

1939年夏，德国海军像其他军种一样，仍在为战争做准备。按计划将会有比现有的军舰多得多的舰船服役。德国海军虽无法在公海挑战一个主要海军强国，但至少可以为其他军种提供一些助力。由于东普鲁士与德国本土分离，在这个东方行省的所有部队都必须依靠经波罗的海的船运提供补给，而航船必须由海军护航。不过显而易见的是，不能指望海军在任何闪击战中扮演重要角色。

建成的军舰

2 艘战列舰

3 艘袖珍战列舰

1 艘重巡洋舰

6 艘轻巡洋舰

21 艘驱逐舰

57 艘潜艇

0 艘航母

2 艘过时战列舰（1908 年建造）

在建军舰

2 艘战列舰、1 艘航母、4 艘重巡洋舰、0 艘轻巡洋舰、5 艘驱逐舰、55 艘潜艇。

纳粹德国空军

德国空军于 1935 年正式建军，不过德国人很久以前就开始暗中为这件大事做准备了。与苏联的合作包括在利佩茨克飞行学校的活动。此外，在德国境内，人们鼓励用滑翔机飞行，并将其当作创建一支有经验的飞行员骨干队伍的手段。民间航空运输也得到鼓励，当然，对空中力量的运用也进行了许多理论研究。所有这些工作都意味着在创建德国空军时德国人并非白手起家。

在两次大战之间的岁月里，关于空中力量的使用众说纷纭。最极端的一种观点是，空中力量通过战略轰炸就能决定战争的胜负。这种观点认为平民不能承受战略轰炸的压力，从而会要求他们的政府求和。朱利奥·杜黑粗略地提出了这样一个论点。如果说他的预言有大量虔诚信众，那或许是夸大其词，但的确有许多人认同他强调战略轰炸的观点。

起初，德国还在犹豫。在一支战略空军和一支在诸兵种联合作战中成为一个综合组成部分的空军之间的抉择，可能在无意识中被延误了。在德国空军成立之际，呼吁组建一支战略空军的声音响了起来，可是 1933 年之前的计划是以建立一支能支援陆军的空军为主要前提的。赫尔曼·戈林就任"空军总司令"，埃哈德·米尔希出任空军部常务秘书，一支独立空军的基础就此奠定。[24] 罗伯特·克瑙斯为德国空军的组织架构和任务创建的第一份蓝图，是倾向于建立一支与朱利奥·杜黑提出的观点相近的战略空军。然而，德国空军的重点逐渐转向联合协同作战，尤其是与陆军的协同作战上去了。[25]

鉴于德国的战略形势，除了勉强接受一支主要与陆军协同作战的空军外，他们几乎别无选择。最靠近和最危险的敌人——法国、波兰、捷克斯洛伐克和苏联都是大陆国家。此外，西班牙内战的经验（德国空军秃鹰军团在这场战争中支持佛朗哥）表明，重点应当放在军种之间的协同作战上。1936—1939 年的大事件并不支持杜黑对平民士气脆弱性的看法。在德国进行的演习也表明，各种防护措施能够在相当程度上减轻空袭对城市的影响。[26] 后来的第二次世界大战期间发生的大事件也说明，只有经过长时间非常广泛的努力，战略轰炸的作用才会变得明显，然而，德国人既没有时间，资源的可用性也不强。他们更为明智的做法是将较多资源投入到建设一支旨在与陆军协同作战的空军上。

有人认为德国人犯了一个错误，没有建立一支强大的远程空军。不过鉴于他们的战略局面，这个项目是否现实是值得怀疑的。20 世纪 30 年代，德国最重要的敌人不是英国、苏联或美国。相反，德国国防军必须足以击败他们的近邻，如波兰和法国。除非德国能击败这些国家（最好速战速决），否则任何远程打击能力都无济于事。发展远程打击能力会消耗太多可用资源，这些资源可让德国在对付近邻时取得成功。事实上，德国是否有足够的工业资源，尤其是能否提供足够的燃料来组建远程空军这一点是可疑的。

最终，德国空军主要由续航能力相对较低的单引擎战斗机、航程略长的双引擎战斗机、航程较佳却并不突出的中型轰炸机和大量侦察和运输机组成。斯图卡"Ju-87"轰炸机将会成为著名轰炸机，可实际上数量不是特别多。

1939 年的德国空军有三项主要任务：第一项是获得空中优势，如通过空袭敌人的机场获得；第二项是削弱敌人采取行动的能力，这可以靠空袭交通设施、军需仓库和类似目标达成；第三项是支持其他德军部队的任务，例如提供侦察、空运和火力支援。

上述三项任务不应被视为一份德国空军需要严格遵守的任务清单。相反，这更像是一种灵活的处理方法，允许空军有效地参与多种武装冲突。然而，德国空军没有做好对足够数量的飞行员进行培训的准备，于是就无法应对后来会出现的严重损失。第二次世界大战将成为一场消耗巨大的战争，德国空军也没有为此做好充分的准备。[27]

德国空军的作战单位不仅仅包括飞机。大部分德国高射炮兵也归属戈林指挥，尽管高炮兵经常被用来协助陆军作战，但总体而言，可用的高射炮数量众多，质量很高。德国人在高射炮兵方面也耗费了大量资源。

空降兵是德国空军的重要组成部分。伞兵属于第 7 空降师，师长是库尔特·施图登特中将。当时，伞兵还没有经历过实战检验，不过德国人决定信任这支部队。

总的来说，德国空军的兵种构成让它对战争中的许多方案产生影响，主要缺陷是缺乏经验。当时还不了解空中作战的消耗会有多大，德国迅速重新武装也无法进行充分的跨军种训练。不过，其他国家的航空兵在这些方面是否能做得更好也是令人怀疑的——不切实际的期望和训练不足在别国也很普遍。

德国空军

257 架远程侦察机
356 架近程侦察机
366 架俯冲轰炸机
1176 架轰炸机
40 架地面攻击机
552 架运输机
95 架双引擎战斗机
771 架单引擎战斗机

德国陆军

陆军在德国国防军中仍是最重要的组成部分，尽管它在德国国内的影响力不一定会体现这一点。戈林在纳粹统治集团的地位让他为他的空军获得了资源和影响力，只不过最可能发生的战争意味着陆军会扮演最重要的角色。波兰和法国这样的首要敌人是大陆国家，只能通过地面的迅速攻势尽快击败它们。

1939 年夏，除了对付一个像波兰那样单一的较弱对手外，德国军官们仍不相信德国能在一场战争中取得速胜。从技术上看，德国陆军的机动性不是很强。德国的机动车数量远不够创建一支摩托化陆军，这完全是因为德国经济无法生产足够的卡车和汽车。只有美国和英国有能力组建全摩托化陆军。此外，原油供应能力不足，意味着德国要维护一支摩托化陆军行动所需的全部车辆会承受很大压力。世界上 80%—90% 的原油生产，都被美国或英国通过领土占有和贸易协定控制。而苏联控制了其余产量的大半。[28]

非常明显，拥有一支完全摩托化陆军或大型远程航空军所需的各种资源的大国屈指可数。此外，一支摩托化陆军需要有大容量的汽车工业，而当时只有美国拥有这种能力。英国能将其陆军全摩托化，部分原因在于其陆军规模相当小。[29] 在其余强国中，德国可能拥有摩托化程度最高的武装部队。

捷克斯洛伐克危机之前，德国陆军总参谋长路德维希·贝克为反对希特勒的危险外交政策辞职了，弗朗茨·哈尔德大将出任这一职务，不过贝克对德国陆军会带着大部分过时坦克投入战争的担忧成真了。1939 年 8 月，德军坦克部队大部分由轻装甲和劣等武备的"I"型和"II"型坦克组成。"I"型坦克仅装备几挺机枪，"II"型坦克装备 20 毫米口径的火炮，射弹重量还不足 0.2 公斤。这两种型号的坦克大约占德国陆军坦克数量的 80%。[30]

如果这两种型号的坦克机动性极佳，那么它们的弱点还能接受，可是它们在这方面的能力并非远高于平均水平。德军装甲部队的战斗力几乎得不到坦克技术性能的加持，德国军官也不能指望新坦克的生产能大大改善这种局面。1939 年，德国一共制造了 743 辆坦克。按照这个速度，三年半之后，所有的"I"型和"II"型坦克才能被更强大的新型坦克替换。这似乎不是一段不可接受的时间，但必须记住的是，当时其他国家也在生产坦克，例如，1939 年英国有 969 辆坦克出厂，而同年苏联生产的坦克不下 3110 辆。显然，时间没有站在德国一边。[31]

德国人在其他武器上也没有实质性的优势。与 1914 年的前辈一样，步兵师在 1939 年的德国陆军中仍处于统治地位，但在各步兵师内部存在显著差异，只不过最重要的变化应该是在第一次世界大战期间引入的。1914 年以前，一个德军步兵团包括 12 个步枪连和 1 个机枪连。在步枪连里，所有士兵都装备步枪，机枪连则装备 6 挺机枪。于是步兵团几乎就是一个"纯"步枪部队。第一次世界大战期间发生了巨大变化。1916 年年底，每个步兵营都编有一个机枪连，还包括一个迫击炮排和一个附加的火力支援排。此外，其他兵种，如火焰喷射器和战斗工兵往往配属到营。[32]

所有上述的这些变化，导致了 1916 年一个德军步兵营长拥有的军火库配备比 1914 年的一个团长拥有的更为复杂。在某些情况下，这种趋势在营级编制内得到了进一步贯彻。第一次世界大战期间德国陆军组建的突击营包括若干混编连甚至混编排。

重视结合几个不同兵种的协同战斗，是德国人从第一次世界大战中取得的最重要的经验之一。同样重要的是得出了一个结论：这些兵种的协同应当在建制内的较低层次进行。在两次大战之间的岁月里，无论在陆军的步兵师还是装甲部队，德国人组建新部队都遵循这些原则。

既然德国人的装备几乎没有比对手的好多少，德国陆军就不得不依赖其他优势了。但除了所谓的"智力资本"外，他们几乎没有其他东西可以依靠。这种"智力资本"包括对战争本质的基本认知，德国人更强调人员而非装备。这一点在德国陆军基础野战手册《军事300条》（通称《指挥手册》）中被明确指出：

> 即便有技术，单兵的重要作用仍是决定性的，随着战斗的分散化，他们的重要性也在增加。
>
> 战场的空间需要独立思考和行动的战士，他们考虑每一种情况，并果断和大胆地利用这些情况，充分意识到胜利取决于每一个人。
>
> 指挥官与他的部下的素质决定了部队的战斗力。卓越的战斗力可以抵消数量上的劣势。
>
> 从最年轻的士兵到最高指挥官，在任何情况下都是所有灵魂、精神和身体力量要求的最大的独立承办人。只有这样，部队才能以一种协调的方式实现其最大性能；只有这样，那些即便在最严峻的形势下也能保持住勇气和决心的人才会出现，从而让较弱的战友一同勇往直前。[33]

这种强调独立性、决策和积极主动的态度并非空话，德国军人在行动中往往表现出这些特点。这支持了这样一个观点，即在德国人努力建立的有战斗价值的部队中，最重要的组成部分是人员。这在德国人对战场指挥和决策的看法中也显而易见。《指挥手册》中的一些段落颇具启发性：

> 36. 任务和实际情况是指挥的基础。任务指明要达到的目标，接受任务的人一定不能忽视它。包含若干子任务的一项任务可能会分散对主要任务的注意力。
>
> 不确定性仍然是常态，很少能准确了解敌人。这就要求人们努力争取情况的明朗化。不过，在紧张的局面下等候情报不是一种具有坚强领导力的表现，相反这往往是一种严重错误。

37. 决策是根据任务和情况做出的。如果任务不足以成为决策的基础，或者如果情况已发生变化，决策就必须反映这些条件。任何取消或改变一项任务的人都要承担责任，必须做报告。不过他必须根据全局的情况采取行动……当做出决策时，除非有充分的理由，不然就不应改变。然而，在战争中，硬性遵守一项决策可能导致严重错误。确定做出新决策的适当时机和条件更是指挥的艺术。[34]

以下内容见第 75 段：

只有在可以预见的条件下，命令才具有约束力。不过，必须经常在情况混沌不明时发出命令。

第 3 段根据德国对战争性质的看法，对上述段落的内容做了解释：

战争期间会发生的各种情况具有无限多样性。它们经常变化，且不期而至。这些情况鲜能预料。不可计算的各种独立存在物往往会对各种事件产生重大影响。自己的意志与敌人的独立意志相冲突。摩擦和误差都是常态。

第 37 段开头三句特别有趣，因为在接到命令前就明显先行评估情况。然而，鉴于第 3 段和第 75 段中表达的对战争不确定性的看法，这其实是一个合乎逻辑的结论。

《指挥手册》可以被视为 1921 年发布的较为陈旧的《诸兵种协同作战与指导手册》的更新版。后者的许多段落在新手册中几乎没有改动。上文给出的最后两段就是如此，不过是以一种更简洁，但更清晰的方式表述的。一个重要的区别是这句话："任何取消或改变一项任务的人都要承担责任，必须做报告。"旧版手册写道："任何取消或改变一项任务的指挥官都要承担责任，必须做报告。"即新的野战手册允许每个人都拥有以前为指挥官保留的决策自由和责任——这是一个在组织当中将决策权下放的例子。

德国人的这种做法与法国人的条令形成了鲜明对比。在两次大战之间的岁月里，法国人的兵法里反复出现的一个术语是"有条理的战斗"。这意味着行动必须精确

图 1：良好的通信是关键。德国人使用各种无线和有线通信来传输信息。照片由斯德哥尔摩军事博物馆提供

和谨慎地同步进行，上述条令要求优先于快速决策和局部主动性，强调集中决策，那么给予下层指挥梯队的主动性空间就很小。[35]

这与德国的兵法截然不同，后者几乎在所有层级都要求主动性。此外，德国人对局部主动性的重视与对时间的重视紧密相关。快速决策和发布命令受到鼓励。同样重要的是行动迅速，这需要在所有层级快速决策。如果只有最高指挥官做出各种决策，意外事件——在战争中极为平常——就会耽误行动。德军通过迅速组织战斗和其他行动，意图让敌军部队处于尴尬境地——让他们受惊或处于不利地位。这样德军即便在他们没有其他优势的情况下，也有望能占据上风。最重要的是，由于德军分配决策权、责任和主动权的方式，使他们可以更快地开展行动。这有助于弥补这样一个事实缺陷：德军的车辆和飞机总体上并不比对手的速度更快。

让德国兵法成形的还有一些其他的重要理念。其中之一是对"围绕主要工作"这一观念的思考。通过将各种资源集中到胜利机会最大的地区，可以促使达成快速决策。应当避免资源和努力的浪费，不过，这一观念要灵活运用。例如，指挥官可以将一支部队标示为主要工作单位，从而指示其他各部队，他们的行动应当服从指挥官指定为主要工作单位的那支部队。

德军寻求决定性的结果，因此要避免满足于仅仅击退敌人的进攻。他们要将重点放在彻底击败敌人以防止其再战这一点上。为此他们强调包围，阻止敌人撤退，还有切断敌人的补给线。

对包围的强调与德国陆军最晚自 19 世纪中叶起就处于突出地位的作战思路有关。[36] 取得的不同结果取决于空间和时间因素，尤其是在切断敌人的补给线之后。有时，敌人的战斗能力在补给线被切断后，还要过几天甚至几周才会被严重削弱。许多小规模包围行动就更难实施了，通常需要足够的纵深来防止包围圈因过于松散而难以维持下去。因此如果在战役层面，从军一级到集团军群一级实施包围作战会更为有利。[37]

最后，德国陆军强调进攻。防御被认为是一种暂时态势，无法造成决定性结果。话说回来，防御与进攻的明智组合可能是最好的选择。尽管如此，德军对进攻的重视不应被夸大——进攻训练培养的许多特点在防御时一样有用。

德国陆军

6 个装甲师（加上 1 个特设装甲师"肯普夫"师）
4 个轻型师（机械化步兵）
4 个摩托化师
3 个山地师
84 个步兵师
1 个骑兵旅

大战在即

1939 年，德军在数量上没有优势。一场面对如波兰这样较弱对手的战争，德国能全靠武力取胜，但全靠武力不能击败像法国、英国或苏联这样的主要强国。此外，德国发动长期战争的能力肯定是低下的。鉴于这些局限，一种在短期战事中赢得战争的特定的"闪击战"理念对德国人而言是有利的，但支撑他们的军事力量和工业与经济能力都不是这样设计的。相反，德国人从他们对战争性质的各种基本观点出发，辨别武装部队所需要的各种特质，从而无论遇到摩擦、艰辛、战争迷雾还是战斗中的所有其他困难，都能让部队妥善运转。新技术可能妥善地融入了德国人的理念，但它并非理念的起点。

尽管没有优势，希特勒依然决定继续遂行他的侵略性外交政策。他下令制定在秋雨来临之前全面进攻波兰的计划，同时加强各项外交工作，他坚信西方强国不会为波兰开战。在某种意义上，这个结论是合理的，因为英法没有为挽救捷克斯洛伐克而诉诸武力。或许希特勒更在意斯大林会如何行事。8 月，他派外交部部长约阿希姆·冯·里宾特洛甫前往莫斯科谈判。苏德两强很快就瓜分波兰问题达成协议。东欧的其他部分也被划入德国和苏联的利益范围。

　　在遂行外交策略的同时，德军继续为进攻波兰而筹划和备战。没有人了解一场未来的战争会如何结束，但 8 月底，德国人已经壮起胆来在东方边境集结了一支强大的军队。

注解

1. 例如，Fritz Sternberg 在 *Germany and a Lightning War* 一书用过这个词，Faber and Faber 发行，London，1938 年秋。

2. 关于德国重整军备，以及这一进程是如何受到资源短缺阻碍和大萧条影响的精彩描述，见 Adam Tooze, *The Wages of Destruction, The Making and Breaking of the Nazi Economy* (London: Penguin, 2007)。

3. 这个问题的更多内容，见 A. J. Echevarria, *After Clausewitz, German Military Thinkers Before the Great War* (University Press of Kansas, 2001)。

4. B. I. Gudmundsson, *Stormtroop Tactics—Innovation in the German Army, 1914–1918* (Westport, CT.: Praeger, 1992).

5. 更多内容，见 M. Samuels, *Command or Control? Command, Training and Tactics in the British and German Armies, 1888–1918* (London: Frank Cass, 1995); S. Leistenschneider, *Auftragstaktik im preußischdeutschen Heer 1871 bis 1914* (Hamburg: Mittler & Sohn, 2002); D. W. Oetting, *Auftragstaktik: Geschichte und Gegenwart einer Führungskonzeption* (Frankfurt am Main: Report Verlag GmbH, 1993); 以及 Gudmundsson, *Stormtroop Tactics*。

6. W. Murray 与 A. Millett 辑，*Military Innovation in the Interwar Period* (University of Cambridge Press, 1996), 36–37.

7. BA-MA RHD 487/1.1933 年，the *Führung und Gefecht der verbundenen Waffen* 被新野战手册 the *Truppenführung* (see BA-MA RHD 300/1) 取代。仔细阅读这两本手册会发现 the *Truppenführung* 基本上是 1921 年开始了对 *das FuG* 的修订。

8. 同上。还可见 W. Murray 与 A. Millett 辑，Military Innovation in the Interwar Period, 37–38。

9. 同上，47。

10. *Militärattachen i Berlin*, No. 427, Appendix 2, August 5, 1938, Fst/Und, B I, Vol. 4 (426–625), Krigsarkivet, Stockholm. 应当指出冯·弗里奇主要认为在下级发表意见之前，应当让指挥官把话说完。冯·弗里奇并没有推动对这种开放性讨论的背离。

11. Olaf Groehler, *Selbstmörderische Allianz: deutsch-russische Militärbeziehungen 1920–1941* (Berlin: Vision Vlg., 1992).

12. *Militärwochenblatt*, No. 38, 1366, 1370, 1926; *Militärwochenblatt*, No. 28, 998f, 1926; *Militärwochenblatt* Nos. 19 and 22, 1927–28; *Militärwochenblatt* No. 18, 1926–27.

13. *Militärwochenblatt* No. 22, 1924–25, 一份 1924 年 1 月的题为 *Der Kampfwagen* 的单独补充说明和 No. 47, 1926–27.

14. *Militärwochenblatt* No. 37, 1927–28.

15. Peter Chamberlain, Hilary Doyle and Thomas Jentz, *Encyclopedia of German Tanks of World War Two* (London: Arms and Armour Press, 1978), 18.

16. 对贝克军旅生涯的全面描述，见 Klaus-Jürgen Müller, *General Ludwig Beck* (Boppard am Rhein: Harald Boldt Verlag, 1980).

17. 更多关于德国重整军备的内容，见 Tooze, *The Wages of Destruction*。

18. *Militärattachen i Berlin*, No. 454, Meddelande 94, August 26, 1938, Fst/Und, B I, Vol. 4, 426–625, Krigsarkivet, Stockholm.

19. 同上。

20. Wilhelm Deist, Manfred Messerschmidt, Hans-Erich Volkmann and Wolfram Wette, *Das deutsche Reich und der Zweite Weltkrieg, Bd. 1*, 421; *OKH (Chef H Rüst u BdE) AHA/Ag/H IIa Nr 1911/41, 15.4.41*, BA-MA RH 15/205.

21. 关于这方面的更多内容，见 Roger R. Reese, *Stalin's Reluctant Soldiers* (University Press of Kansas, 1996).

22. 关于 1941 年苏军坦克力量的信息选自 A. Frankson, "Summer 1941," 收入 *Journal of Slavic Military Studies* (September 2000), No. 3, Vol. 13, 132–137.

23. 波兰和捷克斯洛伐克之间的争端证明了当时欧洲各国之间的分歧。得益于后见之明，我们知道希特勒野心的结果，可是对 1938 年欧洲各国的政治家而言，这不是非常清楚的。希特勒远不是唯一的威胁，在西班牙，内战肆虐；苏联看来也是一个威胁；民主国家是少数派。希特勒利用了这种形势，设法进行了一系列的无血征服。

24. Manfred Messerschmidt in A. R. Millett & W. Murray 辑 , *Military Effectiveness, Vol II: The Interwar Period* (Allen & Unwin, Boston 1988), 230f.

25. 同上，231—233。

26. J. S. Corum, "The Luftwaffe in the Spanish Civil War," 收 入 J. Gooch 辑 *Airpower—Theory and Practice* (Frank Cass, London 1995), 84f.

27. 关于这方面的更多内容，见 Williamson Murray, *The Luftwaffe 1939–45—Strategy for Defeat* (Washington, D.C.: Brassey's, 1996).

28. *Statistisk Årsbok 1938, Statistiska Centralbyrån*, Stockholm 1938.

29. 车辆生产数据见 John Ellis, *Brute Force: Allied Strategy and Tactics in the Second World War* (London: Andre Deutsch, 1990), 558。

30. Maier, Rohde, Stegemann and Umbreit, *Das deutsche Reich und der Zweite Weltkrieg,* Bd. 2 (Stuttgart: Deutsche Verlags-Anstalt, 1979), 268.

31. 同上，还可见 Chamberlain, Doyle and Jentz, *Encyclopedia of German Tanks of World War II* (London: Arms and Armour Press, 1978), 261f; S. J. Zaloga and J. Grandsen, *Soviet Tanks and Combat Vehicles of World War II* (London: Arms and Armour Press, 1984), 108, 225; Ellis, *Brute Force*, 555–558.

32. Gudmundsson, *Stormtroop Tactics*, 93–97.

33. RHD 4/300/1 (Heeresdienstvorschrift 300/1 *"Truppenführung I. Teil'* 1933), 2–4.

34. 同上，10–11。

35. Robert A. Doughty, *The Breaking Point—Sedan and the Fall of France 1940* (Hamden: Archon, 1990), 27–30.

36. Karl-Heinz Frieser, *Blitzkrieg-Legende—Der Westfeldzug 1940* (Munich: Oldenbourg Verlag, 1996), 413f.

37. 例如，相对于英国和美国陆军，德国陆军似乎对战役层面更感兴趣。另一方面，苏军也十分重视战役层面。这种共同的兴趣在多大程度上归因于两次大战之间的岁月里的合作尚不清楚。这样的假设可能看似合理，但在合作开始之前，德国人一直在遵循这些路线思考，而苏军似乎是独立发展出他们的观点的。此外，他们对下级主动精神价值的看法也存在差别。

未完成的理念

8 月的最后 10 天，在波兰政府眼中，种种迹象变得越来越清晰。迫在眉睫的战争已无法避免，这不足为奇。归根结底，波兰是因两场战争——第一次世界大战和 1919—1920 年的苏波战争才复兴成为一个独立国家的。[1] 这两场战争的结果是，波兰位于两强——西方的德国和东方的苏联之间。波兰暴露的地理位置立即尽显无遗，不过只要德国根据《凡尔赛条约》在军事上保持弱势，苏联因内战而筋疲力竭，这个年轻的波兰共和国就相对安全。但在 20 世纪 30 年代，危险的阴影越来越大。希特勒掌权意味着来自西方的危险迅速增加。而在东方，苏军已成长得更加强大，但这在苏联之外得到的评价可能还不充分。因此波兰不得不走钢丝。[2]

20 世纪 30 年代下半期，希特勒开始遂行一项更具侵略性的外交政策。到那时为止，波兰的防御计划主要都关注来自东方的威胁，不过随着希特勒军事力量的日益强大，来自德国的危险似乎更加紧迫。

8 月 23 日，莫斯科传来的消息证明波兰面临着能想象的最为困难的局面。以德国和苏联外长的名字命名的《莫洛托夫 - 里宾特洛甫条约》已经签字。明面上，这是一份互不侵犯条约，但秘密协议规定将由两个缔约国瓜分东欧。虽然秘密协议秘而不宣，但条约的公开部分已经足够不祥了。苏德两强已不再相互对抗。波兰只能依赖遥远的法国和英国。

条约墨迹未干，希特勒就决定启动对波兰计划好的进攻。8 月 25 日下午发布的这次进攻的代号，向德军透露了波兰会在次日拂晓遭到攻击。[3]

波兰与英国已签署正式盟约，希特勒为此有了些许踌躇。在最后一刻，进攻命令被取消了。然而，在德军接到取消进攻的命令之前，一些攻击部队已经暴露在波军面前了。尤其是已经准备好突袭占领波兰北部特切夫的跨维斯瓦河铁路桥，以及波兰南部亚布翁卡隘口的铁路隧道的德军。这些目标必须完好无损地占领，在进攻前夜，为这项任务部署的德军部队已经出发了；在他们进入波兰领土后，取消进攻的命令才追上他们。[4]

这次被取消的进攻让波兰军队和政府警惕起来。希特勒没有长时间犹豫不决，可是当他在 1939 年 8 月 31 日再度发出行动代号时，波军已经开始为行将到来的德军的袭击做准备了。

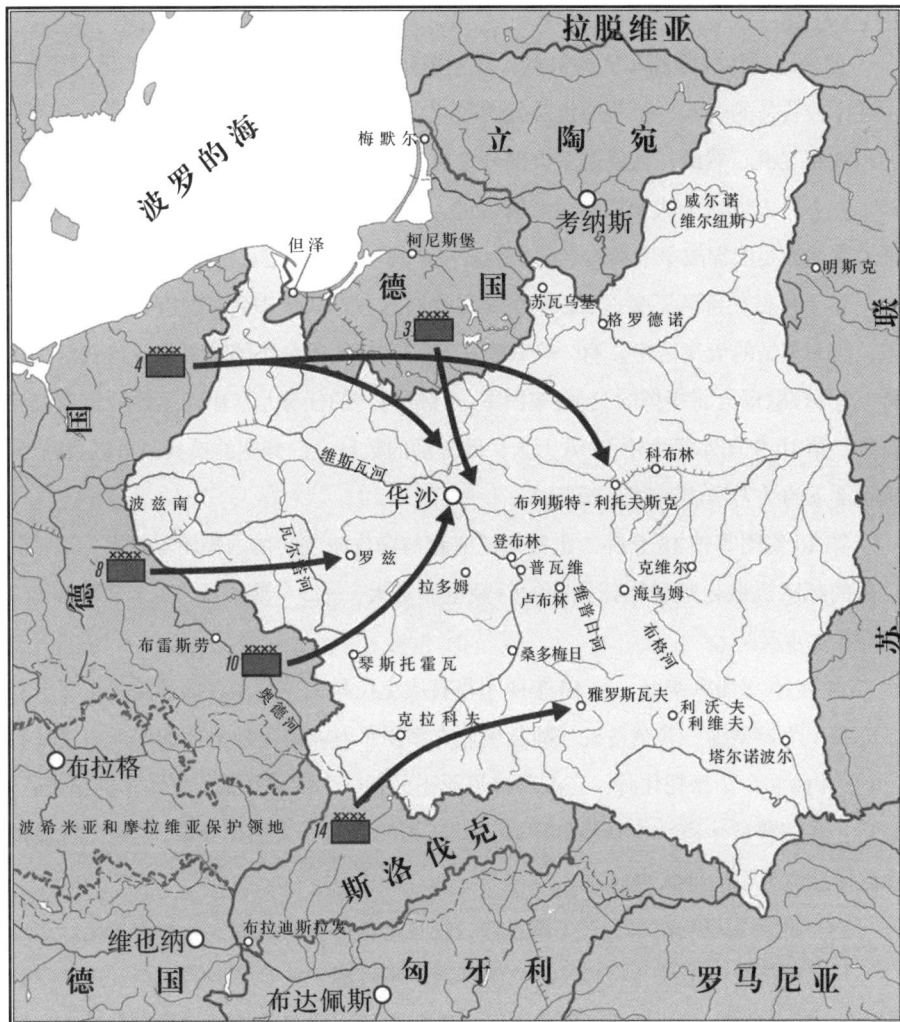

波罗的海

拉脱维亚

立陶宛

梅默尔

威尔诺
（维尔纽斯）

考纳斯

明斯克

柯尼斯堡

但泽

德 国

苏瓦乌基

格罗德诺

联

3

科布林

维斯瓦河

华沙

布列斯特 - 利托夫斯克

波兹南

瓦尔塔河

4

德

罗兹

登布林

克维尔

苏

普瓦维

海乌姆

拉多姆

卢布林

8

布格河

维普日河

布雷斯劳

琴斯托霍瓦

桑多梅日

10

克拉科夫

雅罗斯瓦夫

利沃夫
（利维夫）

布拉格

奥德河

塔尔诺波尔

波希米亚和摩拉维亚保护领地

14

斯洛伐克

布拉迪斯拉发

维也纳

德 国

匈牙利

罗马尼亚

布达佩斯

图 2：德军进攻波兰的全盘计划

白色方案

如果比较作战师和军人的数量，波兰军队并不明显劣于德军集结的入侵部队，但在比较装备的时候，德军的优势就比较明显了。尤其是德军拥有数量远多于对手的坦克和飞机。然而，入侵德军大部分是由步兵师组成的，他们依然占德国陆军的85% 左右。人们认为战士们会用双脚前进，而野战厨房、辎重、大部分火炮和其他辅助部件都要依靠战争中最古老的生物之一——马才能前进。[5]

鉴于机械化部队不多，可以料到德军会将这些部队集中到某些特定区域。事实上，德军集结的大军之中，有一个集团军绝对比其他四个集团军更强。这就是瓦尔特·冯·赖歇瑙大将指挥的第 10 集团军，该部得到的任务是从中西里西亚进攻波兰首都。第 10 集团军兵力不下 16 万人，而之后的数日之内到达的援兵，可以将冯·赖歇瑙部下的兵力增加到超过 20 万人。[6]

第 10 集团军辖 13 个师，比其他任何参与进攻波兰的德国集团军都多。冯·赖歇瑙的部队机械化师和摩托化师的份额也非常大——2 个装甲师、3 个轻型师和 2 个摩托化步兵师。[7]

在第 10 集团军南面，第 14 集团军将直取克拉科夫，德军在该部配备了 2 个装甲师和 1 个轻型师。其余各机动师隶属北方集团军群。波美拉尼亚的第 4 集团军有 1 个装甲师和 2 个摩托化师。在波美拉尼亚还另有一个装甲师留作集团军群预备队。最后，在东普鲁士有一个特设装甲师，即所谓的"肯普夫装甲集群"。这个特设师由陆军和党卫军的部队组成。[8]

这样的部署表明德军会在中路主攻，但也准备好了对两翼实施有力打击。这或许不是一种符合闪击战各项传统观念的部署，不过鉴于波兰防御的弱点，这个问题相对无关大局。奇袭的希望已经破灭，但波军必须去保卫的区域与其有限的各种资源相比实在太大。波军的防线不可避免地变得薄弱，阻止德军的机会也非常渺茫。

9 月 1 日黎明，德军的进攻——白色方案——发动了，标志着将会在史上造成最大破坏的一场战争开始了。坦克和飞机越过边境，但最引人注目的是无数战士向东方奔去，伴随他们的是马车、野战厨房、医疗马车和许多其他不会让他们的父辈在 1914 年感到惊奇的装备车辆。相对而言，很少有德军战士看到坦克，他们也没有看到许多飞机投下炸弹，因为德国空军的主要空袭目标都远离前线。

战争第一天，德国空军的主要任务是设法在机场上空袭波兰空军并将其摧毁。

空中进攻被认为是突然袭击，可以被视为开启一场闪击战的典型方式。只不过，最初的空袭鲜有成功的。由于波兰空军已经采取各种有效措施保护其各单位，德国空军未能打击重要目标。波兰空军在 9 月的大部分时间里都会进行英勇的防御战。[9]

后世对闪击战认知的另一个重要组成部分——装甲师，在战争首日胜负参半。在靠近东普鲁士南部边境的姆瓦瓦，肯普夫的特设师发动了进攻。这次攻击被多个设防阵地的波兰守军击退。在莫克拉，第 4 装甲师直接进攻波兰沃林斯卡骑兵旅。波军没有屈服，在一场代价高昂的战斗中将德军坦克挡住了。[10]

在南面，第 2 装甲师越过喀尔巴阡山脉进攻，战争第一天，波兰最高司令部对此没有特别警惕。第 5 装甲师从边境一路前进了 40 公里到普什奇纳的行动取得了更大成功，但该地区对波兰人并不是特别重要。类似的是，第 3 装甲师成功越过波兰走廊地带进攻，而波兰最高司令部也没有指望能够长期守住该地区。[11]

只有一个德军装甲师取得了所谓的决定性胜利。鲁道夫·施密特中将的第 1 装甲师利用波军防线上的一个缺口，穿过波军主防线并前进了 25 公里。战争的第二天，第 1 装甲师的推进非常迅速，乃至波军的部队都无法跟上。隶属冯·赖歇瑙集团军的施密特师撕裂了波军在维斯瓦河以西的防线。波军因此陷入了无法摆脱的困境。[12]

随后几天，德国空军继续空袭波兰后方与前线相距甚远的机场和交通线。他们没有向德军地面战斗部队提供什么重要的近距离支援。德国空军充当一支"飞行炮兵"的画面很难得到波兰战事作战日志的支持。德国坦克大军一路向前冲的画面也没有从实际发生的事件中找到多少依据。德军的步兵师完成了大部分战斗。[13]

导致德军装甲部队表现不佳的因素有两个。第一是训练不足，第二是坦克较弱。前任总参谋长路德维希·贝克对此提出过警告。9 月 2 日，第 2 装甲师经历了一次笨拙的奇袭战，这次作战的各种不足只能归咎于该师内部的训练不足。在上文提到的莫克拉和姆瓦瓦战斗中，第 4 装甲师和肯普夫装甲集群表现不佳是因为步兵和坦克之间的协调较差，以及德军坦克自身的装甲和武备较弱造成的。这些都是 20 世纪 30 年代下半期迅速扩军的结果。[14]

当然，在波兰战事期间，这些缺点是无法纠正的，不过在德军步兵师打开了一个向东前进的缺口后，肯普夫装甲集群绕过了姆瓦瓦的波军阵地。然后该师向南推进，9 月 5 日到达纳雷夫河。该师将致力于占领鲁然。[15]

坦克攻打鲁然的堡垒

9月5日中午刚过，科林上尉就接到进攻命令。命令很简单，让他的连去占领波兰北部鲁然小镇西郊的两座旧堡垒，这两座堡垒建于第一次世界大战期间。任务明确，无需太多阐述。只不过，科林要向他部下的排长发出指示。除了科林本连的帕罗中尉和施内勒中尉两位排长外，科林还要向为这次任务配属给他的两个排的排长弗里泽中尉和施特尔少尉下达指示。

科林连与其所属营将从位于鲁然西北大约5公里的斯耶伦西北阵地发动进攻。这次进攻会沿斯耶伦和鲁然西面的公路展开。越过一条溪流后，该营会向鲁然西面的一个位置推进，而科林连将会左转，攻击德军编为2号和3号的两座堡垒。[16]

在给部下下令后，科林登上一辆坦克。他所在的团从战争第一天开始就一直在行动，已经蒙受了损失，一些坦克要么被敌军的火力摧毁，要么出了故障。通常，科林在一辆用"I"型坦克改装的指挥坦克上发号施令。一个固定的上层结构取代了旋转炮塔，以容纳一名无线电操作员和用于收发无线电信息的装置。原始的"I"型坦克内部非常拥挤，只能容纳一台无线电接收机。这种限制对指挥官而言肯定是不能接受的，不过"I"型坦克对进行基础训练来说已经足够，而且设计这种型号正是为了这个目的。然而，科林的指挥坦克已经受损，被送进了一个车间。于是他选择了一辆"II"型坦克来指挥，这辆坦克的车长很恼火，只得爬进一辆"I"型坦克。

和科林的常规指挥坦克一样，"II"型坦克有3名车组成员，包括车长。两种车型的驾驶座都在车体前方，不过炮塔要执行的任务不同。"II"型坦克的车长除了其他任务外，还必须盯着火炮。无线电操作员身兼20毫米火炮填弹手之职，这远非理想状态，但"I"型和"II"型坦克的小车身排除了更好的解决办法。

过去几天秋高气爽。除了黎明时有薄雾外，其他时候能见度都非常高，地面保持干燥。9月5日科林连开始向南移动时，天气也很好。连里的几位指挥官将头探出炮塔舱门，看到了前方的太阳。他们的行动有些谨慎，或许是因为还记着战争第一天在姆瓦瓦附近的挫折。

在推进略超过1公里，科林连到达了地势更高的地方后，奉命停止了前进。他透过望远镜仔细观察地形，见不到任何敌人的踪迹，但鲁然显然已燃起大火。到目前为止，教堂还没有着火，可是科林看到火苗已向教堂蔓延。离科林连更近的一些村庄也在燃烧。

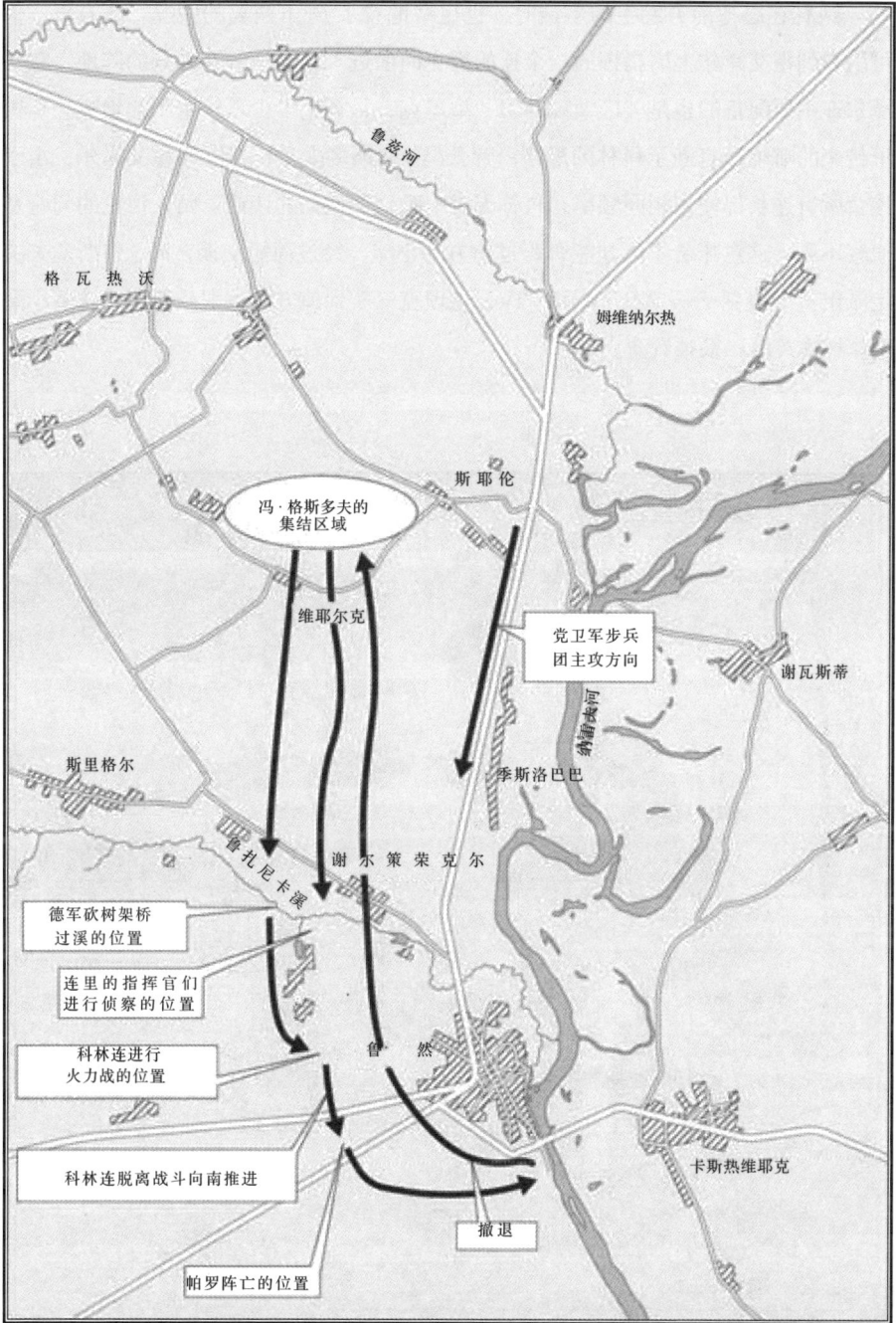

图3：1939年9月5日的鲁然战斗

科林在思考前方发生的事情时，也粗略地看了一下两翼的情况。在右翼，他可以看到霍艾泽尔上尉指挥的一个连的坦克向前进入了与他的连并列的阵地。霍艾泽尔连主要配备的也是"I"型和"II"型坦克，只补充了少量较重型的坦克。耳机里传来的噼啪声打断了科林的思绪。营长冯·格斯多夫少校在呼叫霍艾泽尔，由于该营所有连长都使用相同频率，科林无意中听到了他们的谈话。两人讨论的问题是侦察不利，这意味着不清楚能否跨过前方的小溪。经过简短交谈，冯·格斯多夫决定派出重型坦克——"III"型和"IV"型坦克——到前方侦察那条溪流。这条小溪两岸树木茂盛，很难看清。

图4：装甲车为装甲师的侦察单位提供了火力和机动能力。照片由斯德哥尔摩军事博物馆提供

或许德军希望到达溪流时不被发现，可是坦克制造的巨大烟尘几乎肯定会引起波军的怀疑。虽没有人向德军开火，但远方一定能看见烟尘。更糟糕的是，因为没有找到可涉水而过的浅水区，德军指挥官开始丧失信心，全部攻势可能会因此而停止。

停止进攻还为时过早。由于没有遭到火力攻击，德军指挥官从坦克上下来，徒步去侦察那条小溪。科林命令施特尔少尉带领他的一个排守卫侧翼，同时寻找浅水区。虽然德军装甲兵竭力寻找，但还是没能找到，不过或许仍有一个机会。科林相信只要加固溪流的泥泞溪岸，就可以从一个特定位置越过去。坦克兵很快就成了伐木工人，他们举着斧头，沿着溪流砍伐树木。艰苦伐木的时候，酷热的阳光让他们汗流浃背，一小时后，他们已将溪岸加固，让坦克得以越过这道流水屏障。

坦克过溪之前，士兵们可以休息一下了。一些军官徒步穿过小溪，靠近一个干草堆去观察前方的地形。冯·格斯多夫少校、霍艾泽尔上尉和科林上尉能够清楚地看到他们前方的景象。他们见到了地图上标示的城镇入口的两座风车，于是得出结论：他们走的是正确的道路。根据德国军官的可用情报，1号和2号堡垒应当在靠近风车的位置。他们向左边望去，还能看到党卫军德意志团的步兵在向鲁然前进。炮弹开始在风车周围爆炸。

冯·格斯多夫少校发出了进攻命令。科林连将进攻左翼。他仍有时间亲自向他部下的排长指示方略，除了施特尔，后者的侧翼任务让他距离科林太远了。在干草堆上，科林发出了各项必要的命令，指出了从那里能看到的目标。

在树干的支撑下，科林连的坦克越过泥泞的溪岸，占领了溪流南面的阵地，等候最终的攻击命令。他们没有等候太久。14时左右，科林连就从耳机里听到了"前进！"的命令，驾驶员们转动发动机，引擎发出了巨大的轰鸣声。履带发出的"吱吱"声说明进攻已经开始了。前面的地形相当开阔，但起伏颇大。坦克兵必须小心行驶，避免车身不必要地暴露。

德军坦克车队成功到达了他们将要占领的两座堡垒西面的　个阵地。他们在这里停车，建筑物、干草堆和植被可能将波兰守军掩盖住了。德军坦克前方没有友军，所以在向可疑目标开火时不会有自相残杀的风险。科林试图观察火力的有效性，但要判断是否达到预期效果很困难。不幸的是，科林的车载火炮出了故障。显然灰尘让机械装置的某些部分卡住了。

科林突然接到命令要立即进攻。那门难以射击的火炮还没办法投入战斗，武器只有一挺车载机枪，科林就与连里的其他坦克一起前进。很快，一门波军的反坦克炮就向德军左翼开火了。施内勒中尉立即命令他部下的炮手还击。车载火炮发出的沉闷而尖锐的响声，说明75毫米炮弹已离开炮管。爆炸的炮弹将泥土、石块和弹片掀起，可就像在战争中常见的那样，很难确切地了解爆炸的炮弹发挥了怎样的作用。施内勒在原位继续开火，而其他坦克努力向前推进。

不久，冯·格斯多夫撤销了进攻命令。但科林要脱离现在的阵地，继续向南面进攻。这种机动并不容易，不过科林还是设法将他的连集结起来向南运动了。当坦克穿过从鲁然向西延伸的两条公路中的北面一条时，他们遭到了靠近城镇的波军阵地的火力打击。

帕罗中尉的坦克越过科林的指挥车，占据了一个射击位置。科林看着帕罗发射了三四发炮弹，然后命令他的驾驶员继续前进。失灵的火炮指向正前方，科林的坦克开始移动，但他几乎立即看到一枚炮弹击中帕罗坦克的炮塔。科林几乎还没明白到底发生了什么事情，4名车组成员就从被击中的坦克里跳出来寻求掩护。转瞬之间，另一枚炮弹又命中了帕罗的坦克。科林驱车靠近损坏的坦克，去辨认那些弃车的人员。他先看到填弹手，然后是无线电操作员。片刻后，他看到克勒尔二等兵在为一个流血的人包扎伤口，认出那是伯尔克二等兵。此刻，科林意识到帕罗阵亡了。

目睹帕罗那辆受损的坦克，还有放弃它的士兵们，科林愕然。照顾伤员伯尔克的克勒尔有意识地向科林挥手示意他前进，因为后者的坦克正好在波兰反坦克武器的火力线上。尽管如此，在科林以某种方式从看到帕罗的坦克和4名车组成员的场景中回过神来之前，他仍然精神麻木。直到清醒之时，他才能下令让驾驶员前进，继续越过从鲁然延伸出来的两条公路中的第二条。

突然，一名党卫军德意志团的军士和他的几名部下跳上了坦克。科林警告他们不要这样做，但他们将他的建议置若罔闻。相反，那军士要求科林将舱门关闭，这样他就能获得一个无障碍射界了。"疯子，不过勇敢。"科林和无线电操作员古尔相互说道。

随后是一段长时间的射击和短距离运动。科林诅咒出了故障的机关枪，古尔递给科林一支点燃的香烟，给了他一些安慰，驾驶员德夫勒从他的小扁酒瓶里给了他一些杜松子酒。随后，科林发现那位党卫军军士不见了。古尔相信他已经中弹了。

科林等人的坦克最终越过3号堡垒，靠近了4号堡垒，这代表他和其他德军坦克兵到了一个可以俯瞰纳雷夫河流经的洼地的地方。他们能看见公路桥和河东的开阔地形。科林打开炮塔舱门，发现一名党卫军中尉就在他的坦克上。看来除了一辆"IV"型坦克，没有其他步兵与科林的坦克一起行动。

科林的思绪突然被波军的火力打断。尽管坦克内部拥挤，科林还是确保党卫军军官进入了车内，让他得到了"III"型坦克的薄装甲提供的保护。精疲力竭的步兵军官得到了一支香烟和一些杜松子酒。不幸的是，他被连接到科林耳机上的电缆缠住了，只得将线拔了下来。科林几乎还没将他的装备弄好，耳机里就"噼啪"响起了另一个命令，他的连需奉命沿河向北进攻鲁然——一个他认为不合适的任务。

已经很晚了，太阳开始落山了。太阳太低了，以至于科林面对西方时一度看不见东西。尽管能见度很低，进攻仍会继续。科林连继续前进，越过了一道障碍，但随后有波军的反坦克武器在远程开火。科林很幸运，波军的火力是短暂的。他顺时针转动炮台，突然听到党卫军军官在身后呻吟，这位军官被正在旋转的炮塔的下框挤压到了。而就在同一时刻，发动机突然发出刺耳的响声，然后熄火了。科林几乎被他逐渐增长的恐惧压倒了，不过他和手下的车组成员还是设法续上了备用燃料。

营长冯·格斯多夫少校驾着他的坦克驶过科林静止的坦克时，大喊道："你为什么不动？"片刻后，科林的驾驶员发动了引擎，科林命令他向其他烟尘围绕的坦克驶去。驾驶员反对，因为灰尘让能见度变得很低，他至多接受以非常慢的速度前进。科林催促驾驶员，说他从炮塔里的位置更容易看见障碍物，会给予驾驶员足够的警示。这辆坦克像一头醉酒的大象一样摇摇晃晃地前进，但这次进攻实际上被中止了。科林不得不努力开动坦克追上他部下的几个排。于是德军的这支部队开始经过两座波兰堡垒，而波军开始向坦克的侧翼开火。

科林终于追上了他部下的一个轻型坦克排，但他不知道在哪里能找到他连里的其他部队。他看到几辆重型坦克，但不知道它们属于他的连还是其他连。德军坦克车身上积灰太多，连白十字标志都很难看到，这就存在被友军火力击中的风险。科林的担忧很快就变成了现实，却并不像他预料的那样。一辆德军重型坦克向德军步兵开了火，不过炮弹没有击中目标。科林举起拳头，冲到了另一辆坦克的炮口前阻止它开火。

在这个阶段，科林和他的连再度到达从鲁然向西延伸的两条公路上，这清楚地说明他们正在往回走。灰尘让人不可能看见帕罗那辆损坏的坦克，但科林至少能看见营长的坦克在驶入一片洼地后消失了。科林命令他部下的一位排长施特尔少尉跟上营长。片刻后，几枚炮弹在坦克周围爆炸，地面震动起来。德军坦克加速，试图向北逃走。

当科林将目光向右移动时，突然看到的一些东西，让他怀疑自己的感觉是否正确——德军坦克组成的队列与和平时期游行时所用的一样。科林努力通过无线电让它们移动，但这一次不是很成功。这些坦克最终总算组成了一个更加符合战争现实的队形，继续驶向能够越过小溪的地方。

夜色越来越暗，科林来到小溪边，意识到经过5个多小时的不间断行动，自己已经筋疲力尽。渐渐地，他开始明白这个营蒙受了巨大损失。一些轻型坦克被它们的重型兄弟拖着走，但有11辆坦克被击中后落在了后面。此外，还有一些遇上机械故障或陷进困难地形的坦克也还留在后面。那些仍然能动的坦克在燃烧的房屋发出的火光照耀下越过了小溪。一些筋疲力尽的党卫军步兵都骑在坦克上。

越过小溪后，这个坦克营组成了一个猬集防御阵地，但很快就接到命令前往这次进攻开始的地方——斯耶伦以西地区。科林发现通往集结地的路途太远了——他的坦克燃料很少——不过最终他们还是到达了那里。这段艰苦的旅程结束后，军官们聚集到一起，讨论伤亡情况和这次进攻的无谓，而士兵们在露营。他们得到了食物，但由于沮丧的战斗经历，军官和士兵都很少有人还有胃口。筋疲力尽的坦克兵被送进一些谷仓睡觉，辎重人员则在夜间保卫这个地区。

鲁然战斗很有特点，却是德军在没有充分准备的情况下参战的许多例子之一。在鲁然，轻型坦克攻击防御工事，而坦克、步兵和炮兵之间的协同非常差。在这个特例中，装甲师是在很短的时间内由陆军和党卫军的几支部队拼凑成的。这对协同不利，但陆军的几个装甲师也存在缺点。

一次侦察任务

传统上对闪击战的描述强调空中力量与坦克之间的密切协同作战。然而，俯冲轰炸机和坦克密切合作取得巨大成功的印象看来是在一个大事件之后重构的，或者只是一个宣传神话。诚然，德国空军经常试图支持地面作战部队，但结果几乎没有给人留下深刻印象。具体来说，德国空军过于频繁地空袭过友军的地面部队。地面部队有时也会击落友军飞机。

这些缺陷并不等于德国空军和陆军根本无法从彼此的合作中获益。德军获得了显著的优势，但那是另一种性质的优势。比如，随着德军地面部队的推进，他们占领了波兰的航空基地，从而减少了波兰空军有效抵抗德国空军的机会。这从相反方向也是奏效的，当德国空军主宰天空时，波兰陆军部队倾向于在夜间行动。几天后，睡眠不足的波军战士就会疲劳加剧。后方的空袭也让波军的补给形势紧张。只不过，这类优势很少有立竿见影的效果，在波军的补给形势变得严峻之前，必然要消耗一段时间。因此，在某种意义上，这些努力可以被视为消耗战的一种表现。

显而易见的是，当德国空军空袭波军后方的目标时，自相残杀的风险要小得多。只不过空袭远在后方的目标，空军就不能与陆军密切配合了。造成这种结果的部分原因是缺少跨军种训练，这是20世纪30年代早期迅速扩军的结果。空军和地面部队成功协同作战可以归功于个别军官的主动性，而并非系统性工作。

尽管如此，两个军种之间还有其他相互支持的多种方式。德军的一个经常被忽视但很重要的成功因素是空中侦察。有许多德军航空单位向地面单位提供有价值的情报的事例。9月1日清晨，尽管有雾，侦察飞机还是起飞了，在进攻敌人的德军第3装甲师前方进行侦察。侦察机最初报告说，应当不会遇到任何抵抗，可以让装甲兵快速进攻。而11时前后，侦察机发现了波军的反坦克防御阵地，于是又立即将这些情况报告给第3装甲师。第3师下属的1个装甲团得到通知，迅速采取相应的机动，快速摧毁了波军的防御阵地。[17]

格尔德·施罗德当时25岁，1939年夏季之前，他一直在134步兵团服役。7月中旬，他去侦察单位服役的请求获得批准，被调到了一个名为"1.（H）14Pz"的航空单位，该部被指定与坦克部队协同作战，主要执行侦察任务、充当飞行信使和遂行类似使命。该部拥有12架侦察机和3架联络机。[18]

8月17日，施罗德得到通知，次日他将进行有生以来的首次飞行，他的飞机会由经验丰富的飞行员汉内斯·高布驾驶。按照施罗德所说，此人是一条好汉。不幸的是，飞机的技术问题导致施罗德的首次飞行被推迟。同一天，施罗德的侦察单位接到通知，他们将从8月19日起转隶第2装甲师。这道命令引发了紧张的活动。幸运的是，许多必要的准备工作已经进行过了，例如测试防毒面具、接种疫苗以及执行其他类似的程序。然而，由于该部将从维也纳地区转移到捷克斯洛伐克的恩格斯瓦尔德（今莫斯诺夫）重新集结，装备必须拆包。施罗德和其他人很快就明白，这是他们担心的备战工作的一部分。

8 月 27 日，该部被转移到更靠近波兰边境的日利纳。2 天后，施罗德在执行波兰南方边境沿线的侦察任务时首次飞行。飞机仍极其小心，不会飞入波兰领空，但很快这种谨慎就成了过去式。

8 月的倒数第二天非常平静。施罗德邂逅了一位女歌手，他们在美丽幽静的环境中散步。战争迫在眉睫看起来似乎不可思议，但次日施罗德再度被战争的危险唤醒了。他被派去执行另一项侦察任务，汉内斯·高布再度负责飞行控制，施罗德确保拍摄了大量照片。飞行侦察队的其他侦察机也在当天执行了类似任务。几小时后，9 月 1 日进攻的最后指示发布，航空联络官被派往第 2 装甲师。

施罗德和他的战友凌晨 3 时整点被叫醒。一场战争行将开始看来几乎不真实。20 分钟后，5 名机组成员参加了指示传达会。施罗德察觉到尽管这些人努力表现得坚毅严肃，但他们看起来还是面色苍白。他们全都明白形势严峻，训练和享受已经结束了。指示传达结束后，飞行员们走到了他们的飞机前。每架侦察机有 2 名机组成员——飞行员和观察员，观察员是机长。身为中尉的施罗德军衔高于高布，便由后者驾驶亨舍尔 Hs-126 侦察机。机修工确保了飞机已准备好起飞，4 时 45 分，施罗德和高布登机开始执行任务，在此期间，他们会在指定区域上空施放烟幕弹。他们登机后立即接到起飞指令，高布加大油门，小小的侦察机便迅速加速。空气越来越快地冲击着探出敞开机舱的两颗脑袋，地勤人员看到这架小飞机沿着跑道飞驰，最后起飞。侦察机的机翼位于机身上方，形成了独特的轮廓，与阴暗的天空形成鲜明对比。

高布驾驶飞机进入了一片他和施罗德以前曾飞过的山谷，但这次他们在到达波兰边境之前没有转弯，相反，他们朝巴比亚山飞去了。据信波军的炮兵引导员在山上有几座观察站。然而，施罗德和高布都没有看到证实这一假设的任何东西，他们只见到了一些在幽静的野外风光中点缀的小木屋。

高布和施罗德担心波军的防空火力，保持着相当高的高度飞行，但没有炮弹或子弹飞向这架小飞机。二人没有经验，不知道执行分配给他们的任务的最佳高度是多少。过了一段时间，施罗德决定接下来以较低高度继续飞行，以便看得更明白。突然他发现一些人在地面上移动，便本能地打出了几梭机枪子弹，然后却意识到自己反应过度了。当时施罗德和高布已到达指定位置，他们将开始施放人工烟雾，希望这能让敌军的火力引导员视线受阻。施罗德启动烟雾施放系统，高布操纵亨舍尔侦察机让烟雾覆盖指定区域。施罗德认为高布将飞机操作得像一把漆刷，发烟罐施放的烟雾笼罩了地面。

将指定区域用烟雾覆盖后，施罗德发现在一座小建筑物附近有一些人。如果飞机携载炸弹，他肯定会投弹，但发烟罐的重量让飞机上不能再有任何其他有效载荷。施放烟雾后，高布和施罗德转身向小建筑物附近的可疑人员发射了几梭机枪子弹，结果却没发生什么决定性结果。

当他们飞回航空基地时，施罗德反思了这个任务，他觉得这个任务相当愚蠢。照他所说，使用人工烟雾毫无意义。推测的火力引导员很可能只是想象的产物，地面上的人们也可能只是走访一座小木屋的一家人。6 时 13 分，飞机在跑道上降落，他的思绪被打断了。他被自己的疑虑吞噬了。

洛萨克军士和施罗德在同一个单位服役，他与尼贝尔中士一同走向他们的飞机——一架亨克尔 He-46。在越来越明亮的天色下，机械师在进行最后的准备工作。洛萨克和尼贝尔走到飞机前，与其他机组人员一起根据地图讨论他们的任务。机械师在洛萨克和尼贝尔的飞机下将炸弹安装好时，众人讨论了任务的最后细节。洛萨克心中有种怪异的感觉——这是他的第一次战斗任务，或许也将是最后一次。

当亨克尔飞机的引擎开始转动时，洛萨克和尼贝尔进入了机舱。一名机械师让他看了炸弹的紧急操纵杆。尼贝尔检查了他的机枪，然后轻拍洛萨克的肩膀，表示一切正常。刹车块被移除，飞机开始向前移动。洛萨克开到全速挡，很快飞机就升空了。洛萨克和尼贝尔向前可以看到高布和施罗德的飞机。突然，洛萨克看到一枚高射炮弹爆炸冒出的烟雾令人不快地逼近，尼贝尔和洛萨克迅速发射了一枚识别信号弹。开火的高射炮台是德军的。

地平线之外可以看到烟云，这是第一个战争迹象。黑杜纳耶茨和亚布翁卡在燃烧。他们到达德军前沿阵地上空时，洛萨克发射了更多的识别信号弹，然后设置好飞往巴比亚山的航向。他看到施罗德的飞机喷涌烟雾，然后向航空基地返航。洛萨克继续在低空飞行，在飞过一些木质建筑时，尼贝尔在那里投下了 5 枚炸弹。从洛萨克的位置看，爆炸似乎很美，只不过看不到敌军的观察员。洛萨克为了获得更好的视野，下降到了 800 米高度。一挺机枪开火了，却没能击中飞机。洛萨克再度发信号表明身份，德军的机枪也沉默了。

后来，洛萨克发现他能看到德军坦克。一座被炸毁的桥梁迫使坦克兵停下了脚步，在小河之外能看到波军的战壕，但在800米高度不可能看清它是否已被占领。洛萨克和尼贝尔只得飞得更低，在距离地面仅10米的高度上，他们能看到第一道战线没有设防，第二道战线也未设防。然而，第三道战线显然有人设防，防御武器包括一挺机枪，且机枪向这架小小的德机开了火。洛萨克转过机身，尼贝尔对准机枪投下最后一枚炸弹，但落在了距离波军战壕几米远的地方。

炸弹爆炸后，洛萨克看到了机枪手戴的头盔，和德军的钢盔很像。他突然变得不确定了，他们是否轰炸了自己的战友？不过，尼贝尔积极地认为那些士兵是波军，又转身沿着战壕发射了最后一梭机枪子弹。随后他敲敲洛萨克的脑袋，表示他们应当返回基地了。洛萨克一扭头，看到尼贝尔手上全是血，但后者只是大笑着摇摇头。

当他们靠近日利纳时，尼贝尔和洛萨克看到了下面的当地居民是如何成群结队聚集的，那可能是被德军炮火或道路上拥挤的德军机动车辆粗鲁地惊醒后的反应。在洛萨克和尼贝尔刚到达航空基地时，看不到一个人，但起落架触地时，机械师们突然出来围住了亨克尔飞机。此刻，洛萨克发现尼贝尔那只握住机枪的手负伤了。结果还发现有2枚子弹击中了飞机，但没有造成重大损伤。

降落之后，洛萨克和尼贝尔去向大队长埃伯哈特少校汇报。2名飞行员几乎没有掩饰他们的骄傲，报告了他们执行任务期间的观察结果。该大队的其他人员也做了汇报，不久一份报告就会发送至第2装甲师，说明波军的第一道战线和第二道战线都不设防，但在瓦多夫卡可能遇到抵抗。

以上是战争早期飞行员执行侦察任务的一些例子。飞行员们还执行过更多侦察任务，尤其是德国飞行员。施罗德、高布、尼贝尔和洛萨克等人服役的多个这种单位，是专门为陆军师执行侦察任务而设计出来的，不过德国空军还有许多其他侦察单位。事实上，侦察单位大约占德国空军的1/5。[19]

9月1日，"1.（H）14Pz"飞行侦察队执行了多次后续侦察任务，一直在向第2装甲师报告观察结果。这个装甲师在知道前方的地形无敌军设防时，能够更加有效地机动，在地面上更迅速地前进。此外，如果空军部队报告没有威胁存在，对侧翼的保护就可以减少。

这是一个空中侦察部队做出贡献的例子。重要的情报可以用无线电迅速传递，或者以在地面部队参谋部或指挥所附近空投一个装有书面信息的容器来传送。由于情报可能很快就过时了，所以快速传送至关重要。

当然，各种工作的重要性很难比较，不过可以想见，德军从空中侦察得到的助益比从近地支援得到的多。诚然，随着战争的进行，他们将继续发展更有效的近地空中支援，但空中侦察的价值将一直存在。

该飞行侦察队的例子也表明，身份识别通常存在问题或者会完全错误。侦察飞机会遭到德军高射炮射击，飞行员也会在没有合理确切地了解地面目标是友军士兵、敌军士兵还是平民时，就发动攻击。"先开火后提问"的态度似乎占了上风。这就导致军队产生了许多由友军火力造成的伤亡，也造成平民伤亡。

装甲侦察

德军对侦察的重视不仅在空军中显而易见，陆军同样组建了许多侦察单位。一个正规步兵师就下设一个侦察营，不过一些最新增加的步兵师仍缺乏这样的建制单位。装甲师的装备更为精良，不仅辖一个装备精良的侦察营，往往还有一个摩托营。由于后者的车辆适合侦察，便经常被分配执行这类任务。装甲车是德军各装甲师下辖各侦察营的一个重要组成部分，它们的机动性让它们能够发现和利用敌军防御系统的漏洞，它们的轻型装甲提供了对敌军小口径武器和爆炸炮弹弹片的防护。这些装甲车还配备一名额外的驾驶员，被安置在车辆后部。变速箱里有几个倒车挡，他能很快让装甲车脱离危险。

9月的第一周，各侦察部队为德军提供了良好服务，各种作战行动能以流动方式立即进行，很适合这些侦察部队。在北方，德军在3天内切断了所谓的波兰走廊地带，并在波美拉尼亚和东普鲁士之间建立了陆路连接带。德军从东普鲁士向南进攻姆瓦瓦周围地区，迫使波兰守军撤至维斯瓦河和纳雷夫河。在南方，德军包围了克拉科夫，波军在他们前方的防线崩溃了。[20]

波兰最高司令部没指望能在边境附近阻止德军进攻。相反，西面的军队将会向波兰东南部撤退，当法军进攻德国西部时，波军将发动反攻。但不幸的是，预料中的法军的攻势并未实现。此外，德军的压力让波军的撤退变得更加不协调，特别是在中路。[21]

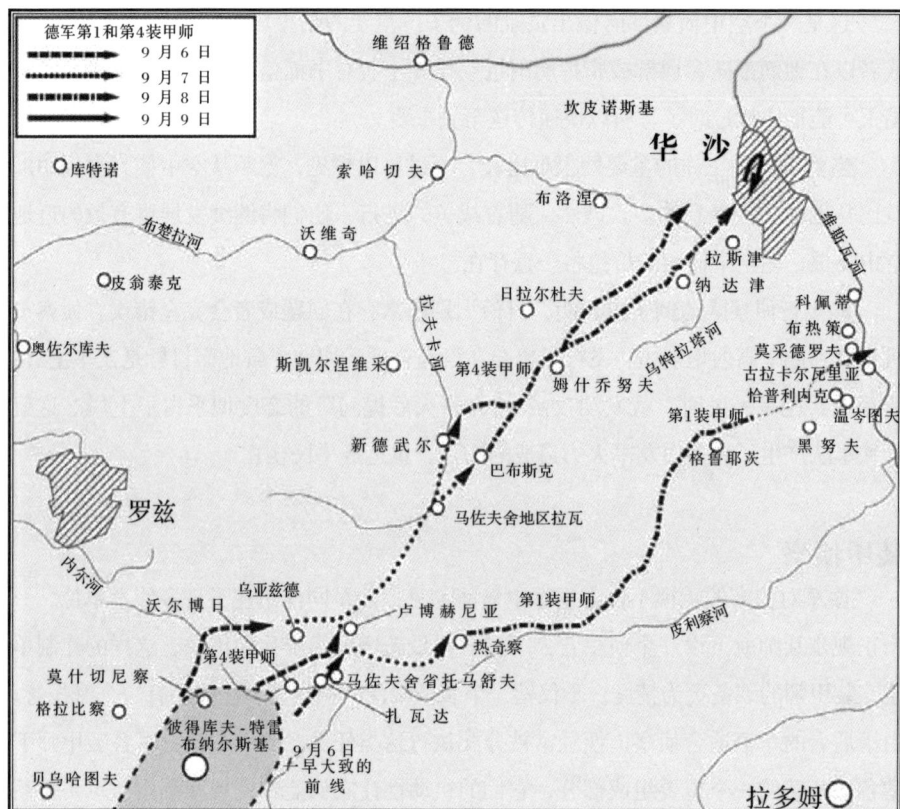

图 5：1939 年 9 月 6 日—9 日，德军在华沙地区的行动

    战争的第一天，德军第 1 装甲师就突破了克沃巴克附近的波军防线，然后一路向东越过瓦尔塔河。一俟建立好桥头堡，第 1 装甲师就会转向东北，进逼华沙。由此将造成一种波军无法摆脱的局面。[22]

    9 月 4 日夜，第 1 装甲师到达彼得库夫正南的一个位置。该师在 4 天内已推进了 110 多公里，将波军的几支部队抛在了身后。次日波军的一次反击失败。9 月 5 日，第 1 装甲师击败波军第 19 师，占领彼得库夫。[23]

    彼得库夫陷落对波兰人是一次沉重打击，而德军没有停歇。第 1 装甲师——还有与其并驾齐驱的第 4 装甲师——马上向波兰首都前进。9 月 6 日同样爆发了数次激战，但两个德军师无情地夺取阵地，占领了托马舒夫，从而打通了前往华沙的道路。[24]

第 1 和第 4 装甲师继续向东北方向进攻，莱因哈特的第 4 装甲师在左，施密特的第 1 装甲师在右，他们的目标是华沙和维斯瓦河。9 月 7 日，第 1 装甲师从特里布纳尔斯基经托马舒夫向热奇察推进，行程约 25 公里。次日，师摩托营奉命组成一支前锋部队，并得到了师装甲旅的坦克和侦察营的 3 辆装甲车的加强。[25]

9 月 8 日凌晨 4 时，摩托车兵接到了给他们的命令。在一周的连续战斗和推进后，他们非常疲劳，前夜 22 时之前，他们还一直在拥挤的道路上行军。尽管缺乏睡眠，摩托营的作战日志上还是提到："这（项任务）对摩托车兵而言是一项真正的任务，消除了所有疲劳。"这种愉快的心情很有帮助，尤其是在整个营只有半小时的时间准备进攻时。[26]

匆忙的各项准备工作让公路沿线挤满了人，摩托车兵及配属的坦克和装甲车将从这些公路上发起进攻。波军撤退后留下的残留物加重了混乱。看上去波军的一个补给单位曾在公路沿线部署过，野战厨房和受损车辆散落在这一地区，部分堵塞了公路。一些配属的德军坦克将受损车辆推到一旁，从而让其他德军车辆得以及时进入阵地发动这次进攻。黎明时分，许多波军士兵双手举过头顶靠近。战俘很快被送到德军的后方部队那里。[27]

尽管各项准备工作很忙碌，摩托营的第 1 连还是与配属的坦克和装甲车一起按时出发了。沃斯中尉指挥的装甲车分队是从侦察营抽调的，人们发现他的部队成了这次攻击的先锋。他回忆说，起初没有看到波兰守军。当他们靠近诺沃米亚斯托时，他部下的士兵发现了一个牧羊人，过了一会儿，牧羊人才愿意提供一些情报。他说波兰骑兵大约一小时前从这里经过，但德军对这个消息半信半疑。[28]

沃斯中尉命令他的分队进入诺沃米亚斯托，他的装甲车进入这个村落西部时没有遭到波军的阻挠。这支德军小部队继续进入村落中部，到达集市广场。据沃斯说，广场看上去像儿童连环画杂志上的场景。装甲车分队继续东进，越过村落郊区，到达了墓地。突然间枪声响起，德军立即反击。摩托车兵停止前进，跳下车来向开枪的地方进攻，与此同时，坦克和沃斯的装甲车也都开了火。[29]

德军的快速反应迅速驱散了守军，装甲车开始追击败逃的波军，他们遭到了德军自动武器的扫射。经过短暂追击，沃斯和他的部下发现了大约 250 米外的一堆波军辎重车辆。他们立即将火力转移到新目标上，并很快将其摧毁。

德军坦克和装甲车没有浪费时间，继续高速前进，在身后留下了大片烟尘——

这或许比波军的抵抗更令人恼火。德军发现了几小股波军骑兵，便向他们开了火，但除了这些小冲突，德军的先遣队在 10 时到达格鲁耶茨前，没有遇到任何抵抗。[30]

到目前为止，德军在不到 5 小时内几乎推进了 60 公里，平均时速约为 10 公里。考虑到摩托车可以开得很快，乍一看这可能不会给人留下特别深刻的印象，但实际上，德军部队展现出的速度已经非常快了。战斗部队很少会无忧无虑地前进，他们必须经常停下，在树林边缘搜索，或在敌军可能准备好伏击的地方开火。这不仅对确保这些人的生存至关重要，更重要的是一辆触雷的车辆可能会堵塞一条重要公路。因此，机械化部队的前进速度几乎不比一个和平时期轻快的步行者快多少。

如果部队很少比一个步行的人前进得更快，那么机械化的意义何在呢？答案在于许多停顿损失的时间——寻找敌军部队的踪迹或雷区、发布命令、休息、进食等活动损失的时间。由于这类活动损失了太多时间，所以在有机会的时候，迅速行动其实更加重要。9 月 8 日上午，第 1 装甲师摩托营的冲锋更像是冲锋和停顿的一种结合，而非以几乎恒定的速度平稳前进。

占领格鲁耶茨后，摩托营的下一个目标是位于东面 16 公里处的黑努夫。一小时后，这个村落被德军占领，他们距离古拉卡尔瓦里亚只有 12 公里了，德军相信在那里会有几座桥梁通往维斯瓦河。在古拉卡尔瓦里亚西面的恰普利内克，这个德军营为更换战斗队形暂停了片刻。第 1 连将在古拉卡尔瓦里亚北面推进，经莫采德罗夫和布热策到达科佩蒂，根据德军的情报，那里是波兰的一座横跨维斯瓦河的军用桥梁所在地。除了配属给第 1 连的坦克排，该连还得到师属工兵营的 1 个排的加强。[31]

第 1 连在 13 时开始进攻，并取得了良好进展。该连经过不设防的古拉卡尔瓦里亚。沃斯在城里的街道上看见了几个犹太人，他们似乎对沃斯的出现非常惊讶，不过德军部队没有浪费任何时间，快速沿着通往莫采德罗夫和布热策的公路北进。这两座小镇都未经多少战斗便被拿下了。德军迅速向科佩蒂前进，此地位于古拉卡尔瓦里亚以北大约 10 公里处。

摩托兵小心翼翼地靠近那个村落，那里不过是一片河岸边的房子而已。与往常一样，在进入建筑区前，德军非常紧张。虽然这种焦虑往往是过度的，但这次不是。德军进入村落前便爆发了激战，沃斯指挥的装甲车参与了进攻，被埋伏在后方的火力突袭。波兰守军在房屋之间奋战，从窗户和地下室的入口开火。德军不得不扫平这片村落，许多房屋在战斗中起火。战斗时间很短，因为这些波兰守军都是无法撤过维斯瓦河的散兵游勇和平民。科佩蒂的桥梁已不复存在，德军只找到一条小渡船来让一个排过河。然而，师长鲁道夫·施密特中将很快就到了，他决定将这个排撤回来。德军不得不努力寻找被遗弃的波兰车辆和手推车。除了大量弹药外，他们还找到许多盒装香烟。沃斯取了大量香烟，晚上回去时，可以慷慨地分给侦察营的战友们一些。[32]

在恰普利内克，接到攻击命令的不只是 1 连，2 连也接到了。该连将越过古拉卡尔瓦里亚南面的温岑图夫，占领波兰的几座军用桥梁。为了这个任务会配属给 2 连一个坦克排，还有 1 个工兵排和 1 个步兵榴弹炮排。后者是营重装连的一部。这种特设战斗群在德国陆军的几乎每一层级都司空见惯。这将会成为德军在整场战争中的一个特点。[33]

德军营通常由 4 个连组成，其中第 4 个连可以是装备重机枪、步兵榴弹炮、迫击炮和其他重武器的重装连。第 1 装甲师摩托营即采用这种编制。[34]

以第 2 连为核心组成的这个战斗群几乎立即发起了进攻。一次快速的冲锋让该战斗群来到了布茹明的维斯瓦河边，此地位于古拉卡尔瓦里亚东南大约 10 公里处。到目前为止，该战斗群还没有被任何值得一提的抵抗耽搁过，可是当摩托兵到达河边时，他们发现波兰人的桥已有五处被毁坏了。可以看到对岸早已准备就绪的波军防御工事，德军向他们开火，波军即实施回击。[35]

不久后，摩托兵遭到空袭。由于这架飞机似乎是德国飞机，他们认为这是另一个自相残杀的事例。空军显然没有意识到德军地面部队已经到达维斯瓦河，以为这些地面部队必然是波军。摩托营的作战日志上写道："……或许我们再度被德国飞机袭击了。"[36]

波军在 16 时 30 分后不久就停火了，不过这对德军无关紧要，因为无论如何，他们都无法在这里过河，且后来的事实也证明能否过河都无伤大雅。9 月 8 日夜间，德军第 3 集团军已抵达华沙以东约 75 公里的布格河。鉴于波军在布格河沿岸的虚弱防御，且维斯瓦河东面地区已经遭到严重威胁，当德军第 19 军以 2 个装甲师和 2 个摩托化师向更东面发动进攻时，波军的局势进一步恶化。同一天，德军第 4 装甲师到达华沙郊区，与第 1 装甲师一同将波军的中路防线撕裂，并将其残部留在了身后。在波兰南部，德军 9 月 6 日占领克拉科夫，再以高速继续东进。波军的防御组织太差，以至于无法对德国侵略军进行一次协同抵抗。[37]

步枪兵

德军第1和第4装甲师在9月8日实施的快速推进是这些装甲兵拥有良好机动能力的一个上佳实例。兵种与兵种比较的话，9月战事期间，德军装甲师无疑比步兵师更加重要。另一方面，步兵师的数量要多得多。总体而言，他们承担了战斗的主要负荷，但他们经常无法与装甲师的前进速度匹配。

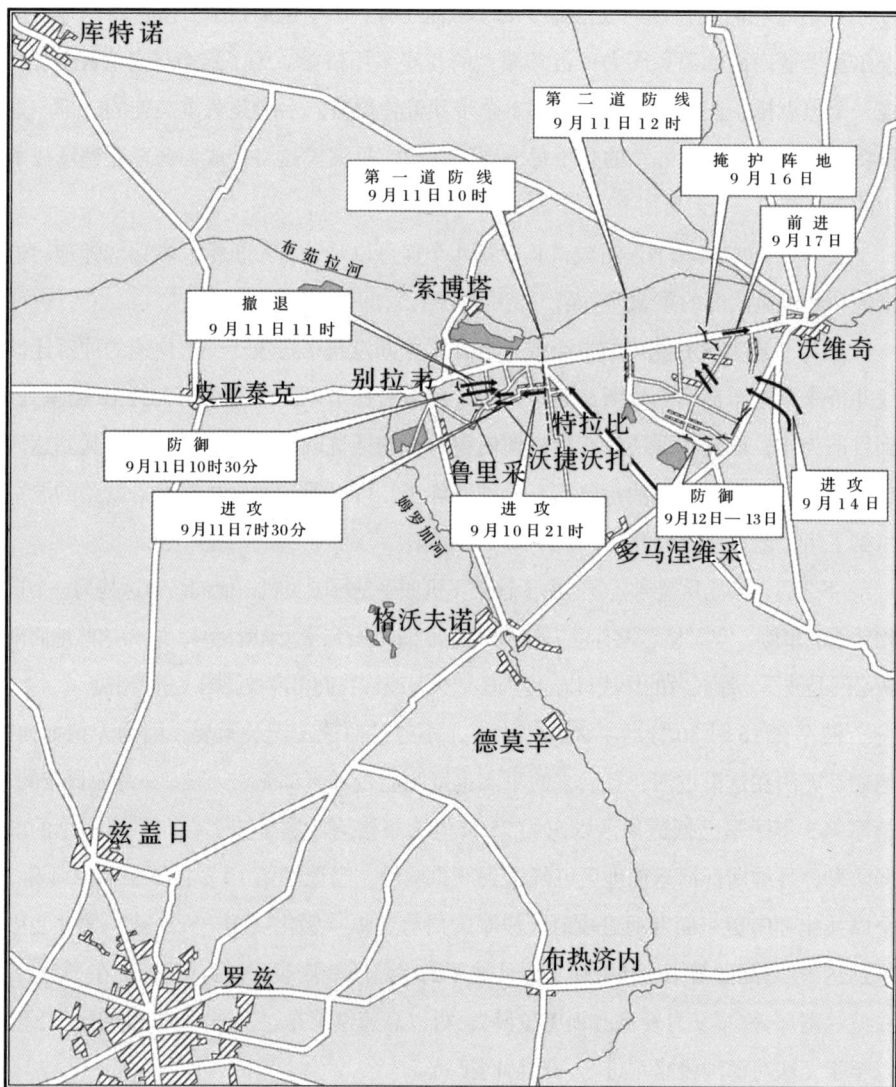

图6：1939年9月11日—17日的沃维奇之战

52

德军步枪兵最常见的行动之一是行军。沙尔纳格尔中尉指挥德军第10步兵师的一个排，这个师属于第8集团军。从布雷斯劳正东的西里西亚集结区出发，他和该师的其他步枪兵在战争的第一周行军约160公里。[38]

9月10日的黎明之后，是一个明亮晴朗的白天。沙尔纳格尔中尉在罗兹东北大约20公里的德莫辛的一座谷仓里过夜。在之前的数日辛劳后，他急需一夜安眠。6时整，他和部下突然听到警报："波兰人来了！"的确能看见波兰骑兵，但这些骑兵看来是要北上。尽管如此，沙尔纳格尔排还是进入了防御阵地，不过波兰人很快就走远，再也看不见他们了。于是，德军部队就又开始为再次行军做准备。许多战士聚集在水井周围洗脸刮胡子。几个巡逻队带着俘虏回来，俘虏会被送到后方。[39]

在战士们准备行军的时候，有人开始散布谣言，说这一天会用来休整。如果是这样，那将是战争开始以来的第一个休息日。然而，战士们的希望在11时45分沙尔纳格尔所属连收到行军命令时破灭了。情报显示波军位于索博塔附近，第20步兵团将负责攻击该部，而沙尔纳格尔排隶属该团3营。[40]

索博塔位于德莫辛西北偏北大约25公里。于是沙尔纳格尔在努力向华沙大步行军后，不得不后退一段距离。身为一名步兵排长，没有人让沙尔纳格尔了解整体局势，如果得到这类信息，他就会知道波军在9月的几次主要反击已促使德军做出回应，而他的排将会参加德军的回击。9月9日黄昏，波兰的库特泽巴将军指挥的波兹南集团军从库特诺地区向南进攻。尽管当德军到达波兰首都郊外时，库特泽巴集团军与华沙的联系几乎被切断，但他们仍继续向南方进攻。沙尔纳格尔排接到让他们行军的命令时，德军第10师的部队已经遭到攻击。[41]

沙尔纳格尔和几乎所有下级军官、士兵一样，不了解更大格局的形势也不足为奇。他们很少会收到远超出其任务范围的大事件的情报。这在一定程度上是德军情报系统能力有限所致，但保密的需要更是主要原因。问题在于，由于缺少情报，致使谣言盛行。

沙尔纳格尔和他的部下路过格沃夫诺时，并未对更大范围的事件进行长时间思索。相反，他们的注意力被吸引到拥挤在公路间的大量难民身上。1939年9月，大量难民在沿着公路行动，他们一边拉着装满珍贵物品的手推车，一边缓缓步行。[42]

沙尔纳格尔和他的部下不用被迫步行太远。他们营的所有连队都转移到了多马涅维采，下午他们会在那里登上卡车，卡车会将他们运送到新的集结区。沙尔纳格尔排被列入最后一批登上卡车的部队，他和部下边吃东西边等待。但他们等候的时间比预期更长，18时，应当将他们送到特拉比的卡车依然没有出现。战士们没有烦恼——等待是军人生活的一部分。然而，这一次他们的等待被一枚炮弹打断，这枚炮弹就在靠近他们的位置令人不适地爆炸了。另一枚炮弹落在了离教堂不远的地方。沙尔纳格尔排转移到了一片较远的田野里，在那里，他们很快就乘上了去特拉比的卡车。[43]

他们在黄昏时到达特拉比，随后开始挖掘掩体。沙尔纳格尔排所属的第9连，就在第10和第11连后面靠近营参谋科的位置挖掘工事。第10连已经投入战斗，占领了沃捷沃扎村，并在那里挖掘散兵坑准备过夜。村落的一部分仍在燃烧，火焰照亮了周围。战斗的代价颇大，德军的一位排长卡默迈尔中尉阵亡。军医施蒂希特决定在离前线很近的沃捷沃扎的一座建筑物里设立急救站。他有许多军人要照顾，负伤的波兰军人和德国军人一样都需要治疗。[44]

当晚没有再发生战斗，不过沙尔纳格尔和他的部下几乎无法获得任何休息时间。午夜，他们被派去为9连运送弹药。弹药本来要被送到特拉比，但运送急需弹药的车辆直到凌晨2时才到。弹药卸车后的工作才是最艰巨的，因为必须靠人力运送到前沿阵地——距离大约有3公里。战士们身背重负，气喘吁吁、汗流浃背，但他们别无选择，几个小时后，前方可能就极其需要弹药了。[45]

弹药被运送到前方后，沙尔纳格尔和他的部下接到了一项新任务。团属步兵榴弹炮必须移动，沙尔纳格尔排将要提供所需的劳动力。5时30分营里发动进攻时，迫切需要榴弹炮。战士们让自己相信这是他们不得不打的最后一战，然后整场战事将会迎来定局。他们从而找到了力量来克服自己的疲劳。[46]

德军的意见是将步兵榴弹炮运送到沃捷沃扎西郊的开火阵地，但较深的沙地形成了无法克服的困难。士兵的体力不足以将火炮——75毫米口径、重达400公斤——运过沙地。进攻时刻到来了，只有步兵榴弹炮的炮弹被送到前方。可是师长冯·科亨豪森中将将这次进攻看得太过重要，容不得任何拖延。他相信这次进攻会对库特泽巴集团军的侧翼形成威胁。这位德国将军和他的参谋部彻夜未眠，设法寻找不同的方法来控制因库特泽巴的进攻而导致的严峻形势。[47]

缺乏火炮不会在一开始就削弱德军的进攻。师属炮兵在步兵攻击前发射了5分钟弹幕，第一个目标116高地没有遇到任何抵抗就拿下了。在这个阶段，德军的火控人员与他们各自的炮兵连都失去了联系。但进攻在继续，很快就到达了鲁里采村。到此时为止德军都没有遇到波军的防御阵地。[48]

占领了鲁里采村后，这个德军营已经前进了大约1公里。在继续进攻之前，营长下令稍停片刻，以便组织他的部队。下一个目标是别拉维东面的一条溪流。在靠近溪流时，德军发现了波兰部队。随后双方进行了一小时左右的交火，尽管沙尔纳格尔和他的一个排在夜间努力运送弹药，但这次火力战后，德军的弹药又不足了。此刻德军炮兵投入战斗，打退了波军的一次反击。[49]

中午，沙尔纳格尔看到2营撤退了——这个营在更北面战斗，被波军的重火力压制，在蒙受较多伤亡后被迫撤退。沙尔纳格尔所在的营也承受了人员损失。该营的一位连长塞夫中尉——在战事期间已经负过伤，刚刚从医院回来——由于一颗步枪子弹受了致命伤。有一位排长也被击中了，不过他非常幸运，一枚炮弹在他身边爆炸，一枚弹片在他裤子上撕开了一道口子，但甚至都没有碰到他的大腿就擦过去了。形势严峻，13时30分左右，第3营的弹药几乎被耗尽了。[50]

另外2个营撤退时，3营发现自己处境尴尬。该营正在被波军的攻势吞没，三面遭到火力打击，却没有足够的弹药还击。最后一刻，这个营接到了向特拉比撤退的命令。这是第10步兵师所属的第13军军长冯·魏克斯中将发出的命令。魏克斯亲自来到前线，目睹了战斗进行的全过程，便发出了撤退命令。由于20团主力各部几乎全部被围，没有时间可以浪费，好在及时撤退让他们得以逃出生天。[51]

几乎不可避免的是，波军的火力在德军撤退时制造了人员伤亡。一位名叫格吕纳的军士以他那个尚有一些弹药的班掩护撤退的德军。他因这次壮举而获得了一枚铁十字勋章，在他所在的连，他是第一位获得这一人人向往的荣誉的战士。然而，尽管有他的奋战，德军依然损失惨重。当天沙尔纳格尔所在营的损失为13人阵亡、49人负伤和8人失踪——几乎为该营人员的10%。[52]

这个战例显示的是德军在防御中的表现，这在1939年9月的战事中并不多见，有些不同寻常。在库特泽巴进攻期间，沙尔纳格尔和第20步兵团的其他人卷入了一场代价不菲的防御战中，许多其他德军团的部队也一样。德军第30步兵师的各部受到的打击特别严重。[53]

库特泽巴将军的波兹南集团军发动的进攻将会被称为"布茹拉战役"。根据波军的主要防御计划，波兰武装部队将逐渐退往该国东半部。波兰地面部队主要为了实现这一意图而作战，库特泽巴的进攻是唯一的例外。然而，在战事的这一阶段——进入9月近2周——德军从根本上破坏了波军的计划。在更东面的位置，古德里安装甲兵上将的第19军正在逼近布列斯特-利托夫斯克，那里是波兰最高司令部在放弃华沙后的所在地。在南面，德军已抵达利沃夫郊外，波军的一大部都在维斯瓦河一线被包围。12天后，战事大局已定，库特泽巴的进攻将以他麾下的大部分战士最终沦为战俘而告终。[54]

牧师的关怀

虽然波兰战事在大约10天后成为定局，波军却仍在继续战斗，哪怕事实上已经不再可能实施协同防御。战斗更多带有局部性质，许多行动的代价都会很高，而结果就是让野战医院承担更多工作。

另一类繁忙的人群是随军牧师。德军努力将其各部与德国的一个特定地区联系起来。例如，一个师的大部分应征新兵往往是从一个特定地区征募的，虽然这一原则不是一直都被完全遵守。由于德国公民由天主教徒和新教徒两部分组成，各部队往往为这两个基督教教派各设一名随军牧师。天主教牧师和新教牧师经常一同工作，因为他们会遇到很多同时怀有这两种信仰的战士。

吕迪格·阿尔贝蒂在波兰战事期间担任一名随军牧师。他的任务包括提供各种宗教服务和主持葬礼，不过他也花了很多时间去医院探望受伤的战士，与他们交谈。那些被送进医院的人所受的创伤可能大不相同，有些人伤得很重，奄奄一息，而另一些人可能幸存下来变成残疾人。但大部分伤员在康复后都能重返战场。[55]

医院为不同伤患设立了不同的部门，阿尔贝蒂访问过几个部门。一天，他和另一名教士到达了德国边境东面大约30公里的琴斯托霍瓦，那里是照顾重伤员的地方。这座医院十分现代化。顶上高悬红十字旗的大厦内，有100多名伤员在接受护理和治疗。大厦外面有一辆卡车，阿尔贝蒂进入的时候，更多被送进医院的伤员正在下车。[56]

他走过一条走廊，很容易就能看到工作人员有许多事情要做。伤兵坐在走廊的椅子上等候。一名伤员的头部被包扎得很厚，他保持安静，也没有动弹。一枚子弹直接射穿了他的下巴，他满脸是血。阿尔贝蒂将一只手放在这个伤员肩上，看着他的眼睛，努力用一些精挑细选的词汇安慰他。这位伤员的头部无法动弹，但阿尔贝蒂察觉到他双眼流露出了一丝感激之情。[57]

阿尔贝蒂与另一位教士一起去看负责接收伤员的内科医生，他几乎认不出那是人类了。那位医生面色惨白，眼中看不到一丝神采，体力似乎完全耗尽了。一位红十字会的护士坐在附近的长椅上，同样显得筋疲力尽。在战争的最初几天，医生和护士都精神矍铄、精力旺盛，可现在他们都因劳累而面色苍白。这种疲劳没有任何例外，一位外科医生在吃午饭的时候睡着了，因为他前晚工作了整整一夜。[58]

两位牧师继续走进一间病房，肺部中弹的战士们在里面休息。里面有 8 张病床，每张床上都躺着一名面色惨白的战士，一些人的脸上已经呈现将死特征。两位教士走过去悄悄和这些战士交谈，安抚他们。这非常困难，因为这些战士极为沮丧。只有一个军士相对愉快，他为这次访问感到高兴，牧师许诺以后会再来时，他变得更加欢悦。他非常想从床上坐起来，可他不能——肺部损伤，每一个动作都让他相当痛苦。[59]

阿尔贝蒂和另一位教士为每一位伤员祝祷。他们走访了大约 2000 名伤员，这是一项繁重的工作。但二位教士在他们第二次来访时，因看到 8 名肺部负伤的战士似乎精神更饱满了这一事实而得到了一些慰藉。他们的眼睛更有生气，面色也不那么苍白了。但是，阿尔贝蒂再度来和这些人交谈时，发现其中一张床空了。一个寡妇的儿子、年轻的二等兵以前躺在这张床上。两名教士顿时惊恐起来，问这张床为何空了。回答令人沮丧，这名年轻士兵昨晚去世了。他突然迫使自己从床上起来，去冰水里洗澡。洗完后，他开始狂热地谈起他的母亲，说今天是她的生日，他必须写信给她。然后他的体力让他失望了，于是那个可怜的寡妇失去了她唯一的孩子。[60]

在隔壁病房里，阿尔贝蒂看见门边的病床上躺着一个高大的男人。他的肺部也中弹了，看起来特别痛苦。他面色蜡黄、眼神空洞，抽搐着、呻吟着。当阿尔贝蒂和另一位教士走进病房时，这个伤员正将脸埋在报纸后面，没有注意两个牧师。他们就让他一个人待着。他们走向一位头发花白，缠着厚厚绷带的男子。一只皱巴巴的、染着血污的脏手从雪白的绷带里微露出来，他是一台蒸汽引擎的司炉。一座被毁的桥梁让他的旅程走向了残酷的终点，但他在猛烈的撞车事故中幸存了下来。他身上多处骨折，两位牧师安慰了他，他非常感激。[61]

一张床上悬挂着一块写着"祖国"的牌子。寥寥十几个字母，表达了每个伤员的愿望——被允许回国，或是回家或是去一个被称为"后备医院"的地方。后者是军人故乡的一个医疗机构，伤者在被宣布康复之前，都在那里接受治疗。每天，躺在床上的伤病员都希望被送回国。个别士兵经常会问阿尔贝蒂，是否会允许他们很快回国。当然，他在这些事情上没有发言权，但他至少努力灌输给战士们一种希望和安慰。

取得的经验教训

将 1939 年 9 月的战事视为一次实弹演习，认为一支现代化的德军在演习中运用一种革命性的理念，迅速击败了一个用过时方式战斗的对手，这种看法带有极大的误导性。阿尔贝蒂对伤兵的多次访问强烈表明，德军并非没有大量流血就取得了胜利。早期的报告显示，德军的减员人数达到 8082 人阵亡、27278 人负伤和 5029 人失踪。[62] 大部分失踪人员再也找不回来，一些伤员最终也会死去，这意味着后来的报告会将死亡人数提高到 15450 人。[63] 与两次世界大战的总伤亡人数相比，这个数字几乎微不足道，但与持续时间类似的大多数其他战争相比，德军在波兰的伤亡并非不值一提。

波兰武装部队顽强战斗的事实也能用他们蒙受的伤亡来证明。准确的数字很难得出，但给出的估计数字为 7 万人死亡、大约 13 万人负伤，当然还有大量人员被俘。[64] 德军擒获大量俘虏，部分当然是波军战败的结果，但事实上大约 20 万名波军战士阵亡或负伤，证明波兰人确实在努力阻击侵略者。1939 年 9 月的波兰战事不是演习。

德军的装备损失同样也说明这是一场艰苦的战事。坦克和飞机的损失特别严重。最初的报告表明，德军的 819 辆坦克被击毁，其中轻型坦克为 703 辆。[65] 虽然后来的报告显示，损失的大部分坦克实际上在修复后再度服役，但有 244 辆还是彻底损失了。[66] 飞机的损失也很大，德国空军不得不注销 285 架飞机，另有 279 架飞机严重受损。波兰空军的 435 架飞机损失了 327 架，剩余的飞机主要都撤到罗马尼亚去了。[67] 更多的资源，诸如更多的战士、坦克、飞机和枪炮，让德军几乎不可能失败。德军付出的代价说明，他们并没有让一种革命性的新战争模式，即以坦克和飞机协同作战赢得一场轻松的胜利付诸实践。大多数德军机械化部队隶属于 4 个军——第 15 军、16 军、19 军和 22 军。这几个军的作战日志中，鲜有对跨军种协同作战事例的记录，却有许多对友军火力误伤事故的抱怨。[68]

轰炸机和坦克紧密协同作战的看法看来是一个神话，这可能是德国宣传机构造成的。另一方面，宣传没有强调侦察任务。这几乎不足为奇，因为与斯图卡轰炸机向地面目标呼啸而去的画面相比，侦察任务的价值相当不易察觉。一份宣传信息必须简单而醒目，才能被有效传达，而侦察任务既不简单也不醒目。

应当被质疑的不仅是德国空军近地支援的有效性。事实上，德国空军参战是波兰战败的一个主要因素这种说法也是可疑的。德国空军没有对敌人造成决定性打击，而是做了一些类似向机器里抛沙子的工作。尽管德国人进行了种种努力，波兰空军在战争爆发后却没有立即在地面上被歼灭。对波兰地面作战部队空袭的战果也很一般。然而，对交通线和相关目标的空袭造成了波军行动的延迟，还常常导致波兰部队在黑暗中行动。渐渐地，德军对交通线等目标的空袭使得波军越发疲劳，补给也日渐稀少。例如，指挥罗兹集团军的波兰将军罗梅尔就认为，食品供应不足让许多战士感到沮丧，容易觉得恐慌。波军的补给困难主要是后方组织涣散造成的，但德军装甲兵和空军的攻击加剧了这一事态。另一项事例是德国空军在战争第一天对姆瓦瓦和切哈努夫之间的铁路的空袭，此举阻碍了波军为炮兵提供急需弹药的努力。[69]

这样一来，德国空军似乎不是让波兰垮台的主要因素，不过这也许是不可避免的。因为波兰经济以农业为主，工业稀少，给空军提供的合适目标很少。[70]对原材料补给的空袭也不能产生德军追求的那种速战速胜的结果。由于地面和空中部队的密切协同作战没有得到充分训练，德国空军除了空袭交通线和阻碍波军的动员外，几乎没有任何现实的备选方案。然而由于大多数波兰武装部队在9月1日已经动员起来，集中力量打击这类目标无法取得决定性战果。剩下的就只有袭击交通线了，这会阻挠波军的各种努力。事实上，还有另一个选择——空袭城市。德军空军确实实施了这类空袭，尤其是对华沙，但对结果几乎没有影响。

波兰战败是因为德国陆军击败了波兰的作战部队、征服了波兰的领土，这一程序似乎相当传统。人们可能会合理地询问，几个装甲师在歼灭波兰陆军的过程中扮演了什么样的角色。9月1日入侵开始时，德军在东普鲁士部署了1个装甲师、在波美拉尼亚部署了1个装甲师、在西里西亚中部部署了2个装甲师、在西里西亚南部部署了1个装甲师、在喀尔巴阡山脉部署了1个装甲师、在波美拉尼亚还有1个装甲师作为预备队。在最初的几天里，上述这些装甲师只有1个——鲁道夫·施密特中将的第1装甲师，可以说是发挥了关键作用，突破了波兰的罗兹集团军和克拉科夫集团军之间的边界。第 3 和第 5 装甲师在第一天也取得了良好（但谈不上决定性的）进展。而其他几个装甲师在最初几天没有出色表现。

由于装甲师在德国国防军里相对较少——德军投入了 7 个装甲师、4 个轻型师、4 个摩托化师、3 个山地师和 37 个步兵师——他们早期阶段的综合表现说明，他们没有发挥独特的决定性作用。[71]

很难认为德军的几个装甲师在以一种与步兵师迥然不同的方式战斗。因为他们的战斗都遵照同样的基本原则。只是由于装备原因，装甲师能产生更多的火力和拥有更强的机动性，但这是一种程度上的差异。装甲师和步兵师都强调进攻行动、主动性、独立性、快速决策和兵种的联合协同。[72]

尽管德国陆军强调主动性、快速决策和独立行动，但最高统帅部并不认为军官和士兵在这些方面的表现够好。德军将领的期望值可能很高，然而毫无疑问，快速扩军和后来的训练不足都造成了各种缺陷。[73]

德军对局部主动性和独立行动的强调有一个阴暗面。在波兰战事的最初几天里，德军已经对战俘和平民施加了各种暴行，这至少有部分与分散决策有关。例如，由地方指挥官和个别士兵决定该如何对待平民，蓄意破坏分子可以被当场枪决，而波兰平民是否就是蓄意破坏分子往往是由个别士兵判定的。此外，德国陆军根据局部主动性原则劫持人质，威胁如果不遵守他们的法令，就枪决人质。[74]

鉴于大幅度授予局部主动权和分散决策权，德军各部对待平民和战俘的态度大相径庭不足为奇。很难找到一个清晰的模式，且随着大量德军战士越过边境，受到鼓励迅速独立行动，人们对各种暴行的发生几乎不会吃惊。授予个别官兵的这种大幅度自主决策权必须通过对道德的强调来平衡，但这在希特勒政府这样一个政权是不可能实现的。事实上，这个政权将波兰人描绘成劣等人。

话说回来，得出分散决策要比集中决策更易导致暴行的结论是草率的。在波兰战事之前，德军所做的大量集中决策就将导致大规模暴行的产生。尤其是党卫军被赋予了实施无情的"日耳曼化"和"净化"波兰的下等波兰人与犹太人集团的使命。[75]

纳粹德国的秘密警察头子莱因哈德·海德里希奉命负责执行征服波兰后的野蛮暴行。根据他收到的指示，波兰社会的领导阶层将被消灭。普通百姓可以幸免，但贵族、神职人员和犹太人也将被消灭。陆军的态度相当重要，因为党卫军在野战军的后方地区行动。直到战争爆发时，德国陆军总司令瓦尔特·冯·布劳希奇大将还宣布"陆军不会将波兰人视为敌人，应当遵守国际法"。[76]

事态的发展与冯·布劳希奇的意愿截然相反，德国陆军对占领区的疑似或实际动乱采取了严厉行动。然而，这并非陆军与敌军作战部队战斗方式的先决条件，也并非一种合乎逻辑的后果。考虑到希特勒、希姆莱和海德里希这样的人把持中央大权，在这方面认为更为集中的决策会更好的观点也是值得怀疑的。10月中旬，对波兰的军事管制停止，取而代之的是所谓的"波兰总督府"。[77]

德国国防军必须继续为未来的任务做好准备。由于法国和英国已向德国宣战，根据两国对波兰的义务，预计在西线会有一场战事。希特勒本以为他对波兰发动的战争不会遭到任何干预，此时却发现自己处于一种全然不同的局面之中。波兰被一种相当传统的战争模式征服，这种模式通过提高作战部队的各种战术能力得到改进。下一次，将会进行一次截然不同，相当非传统的战役。

注解

1. 关于 1919–1920 年战争的更多内容，见 Norman Davies, *White Eagle, Red Star: the Polish-Soviet war, 1919–20* (London: Orbis, 1983).

2. 关于苏联军事建设的更多内容，见 Lennart Samuelson, *Soviet Defence Industry Planning—Tukhachevskii and Military-Industrial Mobilisation 1926–1937* (Stockholm School of Economics, Stockholm Institute of East European Economies, 1996).

3. Marco Smedberg and Niklas Zetterling, *Andra världskrigets utbrott—Hitlers anfall mot Polen 1939* (Stockholm: Norstedts, 2007), 66f.

4. 同上，68, 101ff, 161f. 细节也可见 Herbert Schindler, *Mosty und Dirschau* (Freiburg: Rombach, 1979).

5. 102 个师之中，仅有 15 个装甲师、轻型师或摩托化师。其余各师或是步兵师，或是山地师。见 Leo Niehorster, *German World War II Organizational Series, Vol. I* (Hannover: Leo Niehorster, 1990), 10f.

6. G. Tessin, *Verbände und Truppen der deutschen Wehrmacht und Waffen-SS* (Osnabrück: Mittler & Sohn, Frankfurt am Main und Biblio Verlag, 1966–1975); Klaus-Jürgen Thies, *Der Ostfeldzug, Heeresgruppe Mitte—Ein Lageatlas der Operationsabteilung des Generalstab des Heeres* (Bissendorf: Biblio Verlag, 2001); *AOK 10 Qu*, "Truppenkrankennachweis 26.8.39–31.8.39," NARA T312, R79, F7600622; *AOK 10 Qu*, "Truppenkrankennachweis 1.9.39–10.9.39," NARA T312, R79, F7600958.

7. 埃里希·赫普纳指挥的第 16 军，是冯·赖歇瑙集团军的一部。除了 2 个步兵师外，该军还包括 2 个装甲师——第 1 和第 4 装甲师。还有维特斯海姆的第 14 军，辖第 13 和第 29 摩托化师，隶属第 10 集团军。此外赫尔曼·霍特的第 15 军，辖第 2 和第 3 轻型师，隶属第 10 集团军。最后，另一个辖 2 个步兵师的军也由冯·赖歇瑙指挥，原先留作预备队的 1 个轻型师也是如此。另外隶属陆军总司令部预备队的 2 个步兵师，很快也划归冯·赖歇瑙集团军。

8. Niehorster, *German World War II Organizational Series, Vol. I*.

9. Smedberg and Zetterling, *Andra världskrigets utbrott*, Chapter 6.

10. 同上，110–112, 149–152。

11. 同上，121–132, 162–167。

12. 同上，152–154, 187。

13. 同上，尤其是 Chapter 6。

14. 同上，110–112, 149–152, 162–167。

15. 同上，179–182。

16. 这段内容是根据科林在日记中的描述写成的。见 BA-MA RH 39/511. 在波兰战事期间，科林指挥的第 7 装甲团第 8 连是肯普夫（师级）装甲集群的一部。

17. *KTB XIX. A.K. (mot) Ia, 1.9.39*, NARA T314, R611, F606-9.

18. 这段内容是根据施罗德在 BA-MA M VII b 24 中的描述写成的。

19. *The Rise and Fall of the German Air Force 1933–1945* (Kew: Public Record Office, 2001), 46.

20. 这方面的更多内容，见 Smedberg and Zetterling, *Andra världskrigets utbrott*, 99–171.

21. 同上，144ff。

22. 同上。

23. 同上，186–194。

24. 同上。

25. 同上；*KTB 1. Krad.Sch.Btl.*, BA-MA RH 39/31.

26. 同上。

27. 同上。

28. BA-MA RH 39/31; *Die Aufklärungsabteilung 4 in Polen*, BA-MA MSg 2/3552.

29. 同上。

30. 同上。

31. 同上。

32. 同上。

33. 同上。

34. 该营的编制与装备列表，见 Niehorster, *German World War II Organizational Series, Vol. I*, 19.

35. BA-MA RH 39/31.

36. 同上。

37. 同上；Smedberg and Zetterling, *Andra världskrigets utbrott*, 172–210.

38. 同上；Chapters 9 and 15.

39. *Aus meinem im Polen geführten Notizheft (Lt. Scharnagl)*, BA-MA MSg 2/3232.

40. 同上。

41. Smedberg and Zetterling, *Andra världskrigets utbrott*, 223ff; *AOK 8 Ic, "Die 10. Division im polnischen Feldzuge'*, NARA T312, R37, F7545470ff.

42. BA-MA MSg 2/3232.

43. 同上。

44. 同上。

45. 同上。

46. 同上。

47. 同上；NARA T312, R37, F7545470ff.

48. 同上；*Aus meinen Notizen als Bataillons-Adjutant (Oberleutnant Bürger)*, BA-MA MSg 2/3232.

49. 同上。

50. 同上。

51. 同上。

52. 同上。

53. 见 Smedberg and Zetterling, *Andra världskrigets utbrott*, Chapter 16.

54. 同上，Chapter 15.

55. Rüdiger Alberti, *Als Kriegspfarrer in Polen* (Leipzig: Verlag Ludwig Ungelenk, 1940).

56. 同上，16f。

57. 同上。

58. 同上，18。

59. 同上。

60. 同上。

61. 同上。

62. Robert M. Kennedy, *The German Campaign in Poland (1939)* (Washington, D.C.: US Army Center for Military History, Publication 104–20, US Government Printing Office, 1988), 120.

63. BA-MA H4/35.

64. Maier, Rohde, Stegemann and Umbreit, *Das deutsche Reich und der Zweite Weltkrieg, Bd. 2*, 133.

65. 德军在波兰战事期间的装备损失，见 BA-MA RW 19/1933 档案。

66. BA-MA RW 19/1938, Bl. 1–19.

67. Zaloga and Madej, *The Polish Campaign 1939*, 148.

68. 第 15 军的作战日志和附录能在 NARA T314, R550-552 中找到；第 16 军的作战日志和附录，见 NARA T314, R567-568；第 19 军的作战日志和附录，见 NARA T314, R611-614；第 22 军的作战日志和附录，见 NARA T314, R665。

69. *Dowodztwo armii "Łódź', Sztab, L.dz. 155/1/III Op. M.p., dnia 7 wrzesnia 1939 r.godz.8-m a, Meldunek opolozeniu,* IPMS A.II 15/20, doc. 2; *Armia "Modlin' Sztab, L. 1324/3/III op., 2.IX., 00.30, Meldunek sytuacyjny wieczorny z dnia 1.IX.39,* IPMS, A.II 10/21, doc. 1.

70. Zaloga and Madej, *The Polish Campaign 1939*, 7.

71. 根据 Kennedy, *The German Campaign in Poland (1939)*, 74, Fig. 4.

72. 关于这一点的更多内容，见 Niklas Zetterling, *Blixtkrig* (Stockholm: Försvarshögskolan, 2003) and Smedberg and Zetterling, *Andra världskrigets utbrott*.

73. 见 Williamson Murray, "The German Response to Victory in Poland—A Case Study in Professionalism," in *Armed Forces and Society* (Winter 1981), No. 2, Vol. 7, 285–298.

74. 对这个问题更为详细的讨论见 Smedberg and Zetterling, *Andra världskrigets utbrott*，尤其是 Chapter 22。

75. Alexander B. Rossino, *Hitler Strikes Poland: Blitzkrieg, Ideology and Atrocity* (University Press of Kansas, 2003), 4.

76. Borodziej and Ziemer, *Deutsch-polnishe Beziehungen 1939–1945–1949* (2000), 37f.

77. 同上，71f。

奇袭敌人

闪击战与奇袭往往被联系在一起。然而，奇袭有许多含义，可以通过许多方式实现，奇袭的作用也是多方面的。通常，为了达成奇袭必须冒许多风险。1940年德国进攻挪威就非常符合这一描述。

导致德军进攻挪威的条件有两个。首先是对德国的军备工业极其重要的瑞典的铁矿石；第二个是寻求位置更为优越的海军基地，以便进攻英国的大西洋运输护航船队。不过，在战争早期，希特勒无意进攻斯堪的纳维亚半岛。只要挪威和瑞典保持中立，铁矿石的进口就不会受阻。而第二个论据——德国对更优越的海军基地的需求——对希特勒似乎没有特别的说服力。他对海上战略不太感兴趣，且德国会与英国进行长期战争并非必然。只要相信挪威和瑞典不会介入战争，他可能就会克制自己不去进攻它们中的任何一个国家。[1]

1939年12月，德国人开始计划进攻挪威，但目的只是给某些不测做好万全准备。虽然还没有真正决定进攻，但1939年冬季发生的大事会影响德国的计划。苏军在11月30日进攻芬兰，鲜有人相信这个小国能够抵挡住苏联这个巨人。而令举世震惊的是，芬兰武装部队确实让苏军在距离他们边境不远的地方停下了前进的步伐。尽管如此，守军能够挡住进攻狂潮多久还有待观察。

法国和英国决定派遣一支远征军为芬兰人助战，而这支部队要越过纳尔维克和瑞典的铁矿区是意料之中的。丘吉尔还主张在那些通过船运向德国提供矿石的地区采矿。希特勒开始意识到西欧两强在关注挪威和瑞典的铁矿矿床。渐渐地，他开始相信英法两国会尝试占领斯堪的纳维亚的重要部分。

起初，德国进攻挪威的计划是试探性的，企图探索会促成一次未来战役的各种机会、困难和主要条件。直到1940年2月19日，尼古劳斯·冯·法尔肯霍斯特步兵上将奉命出任未来战役的司令官时，进攻计划才得以坚决执行下去。3月初，德国人的计划已经发展到只需要确定战役开始日期的地步了。[2]

在许多方面，德国入侵挪威都是战争史上的一个里程碑。这是第一次依靠陆军、海军和空军部队的成功部署进行的重大战役。这也是一次企图让一个国家瘫痪，而不是像德军在波兰所做的那样仅仅击败其武装力量的战役。在挪威境内和周围进行的多次战斗也表明，空中力量能够让敌军的制海权无力化。后勤对军事行动总是非常重要的，但在挪威战事期间，后勤可能更加重要。作战行动的成功取决于从海上、空中及陆路运输部队和物资的能力。机场、港口和关键公路的重要性至高无上。因此挪威战事在很大程度上由战役层面决胜。

出于各种原因，交战双方都被迫依赖临机应变。盟国必须在德军先发制人的条件下，大幅修改它们的计划。而德军自身也不得不为另一个原因——低估了将会遇到的反抗而依靠临机应变。进攻挪威和丹麦的战役被称为"威瑟堡"行动，相关计划的构思必须基于这样一种假设，即很少遇到抵抗，甚至不会遇到抵抗。这一假设会被证明是错误的，德军将被迫去构想他们事先没有准备的各种措施。

德军计划的关键因素是短时间内占领所有主要机场和港口。登上军舰的陆军各部队将驶入纳尔维克、特隆赫姆、卑尔根、埃格尔松、克里斯蒂安桑、阿伦达尔和奥斯陆，同时空降部队会占领奥斯陆和斯塔万格的机场。德军认为挪威军的防御将因此瘫痪。而由于德军掌握了机场和港口，盟军将无法在挪威的土地上部署地面部队。

这次行动最脆弱的部分是前往偏远的特隆赫姆和纳尔维克港口的海上运输，这两座港口都处于德国空军的有效作战范围之外。而两支奉派前往这些遥远目标的德国船队，非常容易受到英国海上力量的打击。离开突袭因素，德军要成功攻打纳尔维克和特隆赫姆是无法想象的，偏偏北方的这两座港口至关重要，德军必须设法占领。如果没有占领这两座港口，英军可能会控制它们，停止向德国运送铁矿石。[3]

如果英法盟军占领了纳尔维克的话，进攻挪威对德军就毫无意义了。德军必须确保他们最终能占领纳尔维克，所以必须调兵去那里，而要调兵就只能依靠军舰完成。遥远的距离还要求必须使用快速军舰，它们的火力在实际登陆期间也会有用。装载重装备、燃料、弹药和粮秣的补给船要提前出动，但要乔装航行，不参加对两座港口的实际进攻。[4]

奉命参加"威瑟堡"行动的德军地面作战部队背景各异。第2和第3山地师是参加过波兰战事的正规军，但大多数其他部队都是新近组建的，缺乏作战经验。为安全起见，不能针对将要作战的地形进行任何训练，也不能进行任何海上登陆演习。由于德军预计只会遇到非常微弱的抵抗，所以缺乏训练没被当作一个严重问题。德军计划在挪威人进行动员之前，迅速采取行动占领他们的动员中心、军需仓库、交通枢纽和政府建筑物，彻底摧毁其决心。[5]

由于德国舰船要神不知鬼不觉地抵达挪威的港口，这就需要有利的天气和长夜。但另一方面，这种条件又不适合空中作战。于是，德军的计划中就存在矛盾，

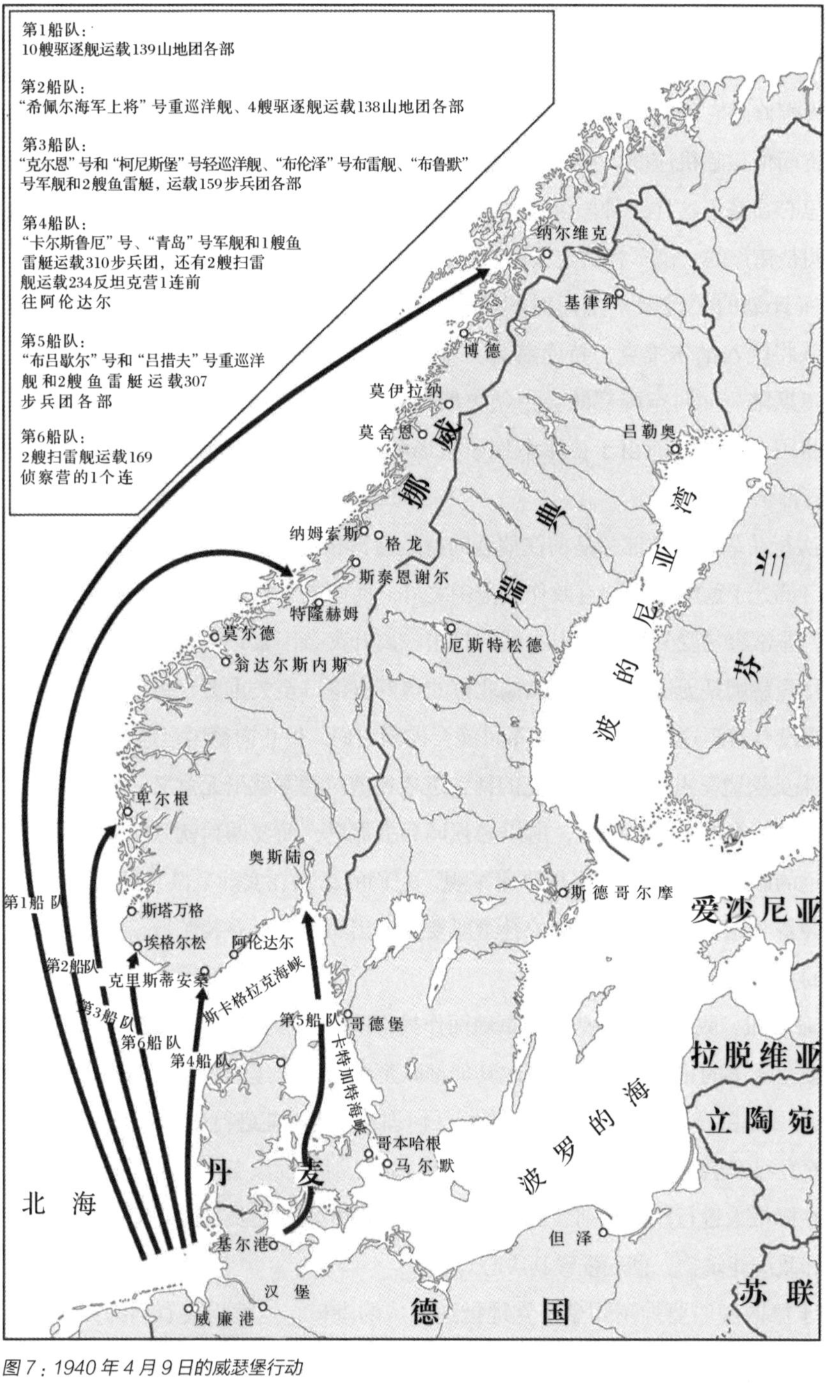
第1船队：
10艘驱逐舰运载139山地团各部
第2船队：
“希佩尔海军上将”号重巡洋舰、4艘驱逐舰运载138山地团各部
第3船队：
“克尔恩”号和“柯尼斯堡”号轻巡洋舰、“布伦泽”号布雷舰、“布鲁默”号军舰和2艘鱼雷艇，运载159步兵团各部
第4船队：
“卡尔斯鲁厄”号、“青岛”号军舰和1艘鱼雷艇运载310步兵团，还有2艘扫雷舰运载234反坦克营1连前往阿伦达尔
第5船队：
“布吕歇尔”号和“吕措夫”号重巡洋舰和2艘鱼雷艇运载307步兵团各部
第6船队：
2艘扫雷舰运载169侦察营的1个连
纳尔维克
基律纳
博德
莫伊拉纳
莫舍恩
吕勒奥
挪威
瑞典
纳姆索斯
格龙
斯泰恩谢尔
特隆赫姆
莫尔德
翁达尔斯内斯
厄斯特松德
波的尼亚湾
芬兰
卑尔根
奥斯陆
斯德哥尔摩
爱沙尼亚
斯塔万格
埃格尔松
阿伦达尔
克里斯蒂安桑
斯卡格拉克海峡
第1船队
第2船队
第3船队
第6船队
第4船队
第5船队
哥德堡
卡特加特海峡
拉脱维亚
立陶宛
哥本哈根
马尔默
波罗的海
丹麦
北海
基尔港
但泽
汉堡
威廉港
德国
苏联

图7：1940年4月9日的威瑟堡行动

但他们不选择有效的折中方案后果也不是太严重。1940年4月初进攻的决策反映了天气和夜晚的重要性。如果德军等候的时间更长些，夜晚就会变短，出现阴天的可能性也会更小。

奇袭仍然是德军计划依托的支柱。这一点不仅有助于削弱挪威阻止入侵者的决心，也有助于防止英国海军攻打德国海军。当德国舰船离开北海和波罗的海沿岸的基地时，船上的官兵还不知道他们将会遇到的情况。他们也不知道波涛汹涌的大海很快会让不谙航海的旱鸭子晕船，由几艘驱逐舰运往纳尔维克和特隆赫姆的山地部队将承受的晕船之苦尤为严重。

第一批出海的德国军舰是前往纳尔维克的船队。4月7日前夜，弗雷德里希·邦特海军准将指挥的10艘驱逐舰向北行驶，去北海与吕特延斯海军中将指挥的战列舰"沙恩霍斯特"号和"格奈泽瑙"号会合。前往特隆赫姆的船队——由重巡洋舰"希佩尔海军上将"号和4艘驱逐舰组成——配属给纳尔维克船队前往北海。"威瑟堡"行动已经开始，而第一批补给船三天前就已出航。[6]

英国人不知道德军的各种活动，他们也在发动一次名为"维尔弗雷德"的行动，在纳尔维克的海岸线布雷。惠特沃斯海军少将4月5日出海，率战列巡洋舰"声望"号和5艘驱逐舰一同执行布雷任务。然而，英军侦察机4月7日就发现德国军舰正在驶向纳尔维克和特隆赫姆。这架侦察机很快失去联系，但英国人已经根据机组人员发回的报告，意识到德国人正在采取行动。对德军而言幸运的是，德国军舰驶向两座挪威港口的场景可以有很多解释。尽管如此，福布斯海军上将指挥的英国本土舰队还是离开了斯卡帕湾去截击德军舰队。[7]

英国的军官们看来还没有察觉德军已经发起了一次规模达到"威瑟堡"行动的战役。他们看来尤其无法理解德军打算用军舰攻打特隆赫姆和纳尔维克的行为。相反，他们倾向于将观察到的情况解释为德军意图冲进大西洋攻打英国船只。于是德军做了敌人几乎无法想象他们会做的事情，达到了奇袭效果。挪威人同样被骗了，因为他们不相信德国人会袭击英国皇家海军控制的海域。

德国军舰继续向它们的目标前进。公海和糟糕的能见度隐匿了他们的行踪，但船只在波浪中颠簸，船上的许多人都晕船了。他们或许诅咒过天气，但天气肯定对"威瑟堡"行动有利，让德军能够在被发现之前靠近挪威港口。4月8日，英国驱逐舰"萤火虫"号在特隆赫姆东北海域遭遇德国军舰。但"萤火虫"号的无线电在发送完"正在维斯特福德西南 150 海里处与一支优势敌军舰队交战"的电文后就静默了。英国无线电操作员没有收到后续信息,意味着他们对德国人的意图仍一无所知。[8]

不到一天,英国战列巡洋舰"声望"号就与"沙恩霍斯特"号和"格奈泽瑙"号相遇了。这次德军企图欺骗英国人,于是德国的两艘战列舰设置了一条西北航线,给人留下了他们正沿着大西洋护航船队的路线航行的印象。尽管英国战列巡洋舰有几炮命中了"格奈泽瑙"号,但还是渐渐被速度更快的德国战列舰落下。德军指挥官想将英国人从纳尔维克地区引开,但英国战列巡洋舰随后就去执行其主要任务——保护纳尔维克外海的布雷行动了。[9]

与此同时,邦特海军准将正率领他的 10 艘驱逐舰驶入奥福特峡湾,准备攻打纳尔维克。而同一时刻,其他德军船队也已经到达足够远的距离,开始了这次战役最后也是最危险的阶段。

4 月 9 日

4 月 8 日下午,哈拉尔德·策勒才得知他的目的地是哪里。从 3 月 28 日接受任务以来,他一直不知道这一点。在他乘火车来到威廉港时,知道了这次任务包括海运。他和第 69 步兵师的其他数以百计的战士一同被送到北海的这座港口,在他们登上轻型巡洋舰"克尔恩"号时,仍不知道这次任务的目标是什么。那一刻,林克少校将包括哈拉尔德·策勒在内的一群战士聚集起来。他告诉大家他们的目的地是卑尔根,并在地图上给他们指出了卑尔根的位置。为了到达那座港口,他们必须在挪威军岸炮炮台的炮口下穿过狭窄的水域。林克和他周围的士兵都不相信挪威人会进行什么抵抗,那么他们必然就不认为岸炮炮台是一个严重的威胁。林克专心向部下交代任务。挪威人的无线电发报机将很快被无力化。同样,德军也会搜索法国和英国领事馆的无线电发报机。策勒属于一个将会去夺取哈特尔小型机场的集群,他们的任务是让一台无线电发报机无力化,这座机场位于哈特路亚岛上。进攻会在 4 月 9 日 5 时 15 分开始。[10]

施蒙特海军少将指挥的德国海军部队到达前往卑尔根的水道入口时,天色依然昏暗。除了"克尔恩"号外,他的舰队由该舰的姐妹舰"柯尼斯堡"号、布雷舰"布伦泽"号、2 艘鱼雷艇、5 艘摩托鱼雷艇和母舰"卡尔·彼得斯"号组成。这几艘舰船运载了第 69 步兵师的 1900 名官兵。[11]

哈拉尔德·策勒在舰桥上方的位置拥有极佳视野。他与一些战友在舰桥上安置了一部无线电台。策勒看着前方的"布伦泽"号、鱼雷艇"沃尔夫"号和一艘摩托鱼雷艇。久久不去的昏暗天色让狭窄的海湾很难航行。德军已经从南面进入科尔斯峡湾，随着与克瓦文炮台距离的缩短，海峡越发狭窄。德军很快意识到挪威的海岸观察人员在岸上看着他们。信号灯要求船只表明自己的身份，但没有得到应答。[12]

从策勒的上佳位置，能在峡湾沿岸的山坡变得越发靠近时，看到德军船队是如何坚定地逼近他们的目标的。为了安全航行，德军的船只行驶缓慢，并将噪音降到最小。突然间，策勒看到一个探照灯被打开，光束聚集在"柯尼斯堡"号上。到卑尔根只剩下很短的距离了，但那是最危险的一段航程。在德军舰船为了前往港口的最后一程而转向东方时，他们的担忧变成了现实。炮口的闪光让策勒的视线严重受阻，不过他仍可以见到一枚炮弹落入水中，随后便听到了那枚炮弹的巨响，雷鸣般的炮声在山坡间回荡。但对挪威人会坚决抵抗这一点他仍持怀疑态度。

阳光越来越盛，缓缓照亮了周围。策勒发现这里景色宜人，山脉直接从海平面上缓缓升起。在海湾里，他看到卑尔根城在大山脉下伸展开来。几艘舰船在港口里锚泊。看上去这座挪威城市里的市民仍在安睡，或者在听见挪威炮台传出的雷霆般的炮声后，刚刚开始揉去眼里的疲倦。不过，据策勒所见，挪威炮手似乎没能正确测量射程，所有炮弹都落入了水中。在舰桥上，德军开始讨论是否应当还击，但施蒙特海军少将决定不开火。到目前为止，"克尔恩"号已经行驶得足够远，几乎逃出了那些射界受到地形限制的挪威炮台的打击范围。

"克尔恩"号未中一弹就到达了港口，而在入港之前，这艘军舰已派出一艘小艇。艇上装载着将会去占领岸炮炮台的步枪兵。策勒从他所在的较高位置，能看到这艘巡洋舰到达其预定泊位时，是如何开始移动锚链的。一艘载有陆军官兵的艇被送出，稍后又有另一艘艇跟上，艇上有第69步兵师师长赫尔曼·蒂特尔少将。他开始与地方当局谈判，谈判在15分钟内便结束了。策勒很快就看到了约定好的表示目标已达成的信号——六枚类似白星的光点。同样的信号也在一座挪威炮台里出现了。

策勒和他的战友们已经让无线电台开始运作，立刻就接收到岸上的一组人员发出的信息："岸上一切秩序井然。"德军看来已经完全控制了局面。"克尔恩"号缓缓起锚。突然间，这艘巡洋舰前方掀起了巨大的水柱。一座挪威炮台开炮了，看来这次对射程的测量要比一大早更准确。另一发炮弹几秒钟后落在德国巡洋舰旁边的水

图 8：德军在挪威大范围使用自行车，以此增加机动性，更快地在复杂地形中前进。照片由斯德哥尔摩军事博物馆提供

面上，这次在船舷附近。策勒和一名叫默勒的军士站在一起，眼看着第三枚炮弹落在了靠近舰桥的水里。他们觉得下一发炮弹肯定会击中这艘舰船，在这艘巡洋舰战栗之前，他们的脑海里几乎不会闪过这个念头，不过他们很快发现这是巡洋舰的舰炮产生的后坐力。片刻后，"克尔恩"号上的人员都深感欣喜，因为悬崖上发出的一道亮光说明德舰的第一次齐射是精准的。那座挪威炮台陷入了沉默。

与此同时，船上的大多数陆军官兵都上岸了，不过策勒和他的战友们仍留在舰桥上方操作无线电台。策勒看到了"克尔恩"号的炮术官在成功射击后是如何走动，又是如何与一些舰员握手的。不久就听见扬声器里传来"干得好，年轻人！"的声音。

只不过，一切并没有按照德国人的计划进行。策勒注意到舰桥正下方的"柯尼斯堡"号已经中弹，而且其他军舰也已中弹。然而，他没有多少时间来考虑这些舰船中弹造成的影响。他所在的集群已接到命令转移到一艘艇上，这艘艇会将他们送上岸去。时间大约是 11 时 15 分，策勒是最后一批被送上岸的德军之一。

登上挪威的土地后，策勒和其他德国人在卑尔根引来了许多年轻人好奇的目光。

策勒感受到挪威人的感情在担忧、绝望、轻率、惊讶和疑惑之间摇摆不定。卑尔根城内，看来已经根据从奥斯陆来的指示开始疏散群众了，但这座挪威的第二大城市里仍有大量居民。

几个年轻人向德国人吐口水，同时其他几个则想戏弄他们。策勒让这些人走开，任何可能刺激当地居民的不必要的事情都必须避免。反之，他和其他德军士兵的目光都落在了当地的年轻女子身上，她们的美貌得到了刚下船的战士们的称赞。

德军士兵不能长时间东张西望，码头上卸下的大量武器、辎重以及其他装备必须看管。此外，冯·法尔肯霍斯特步兵上将——指挥参加"威瑟堡"行动的德军地面部队的第21集群司令官签署的一份公告——在卑尔根被四处张贴。由于不能排除英军从海上进攻的可能性，德军必须占据各处防御阵地。

白天策勒一直在操作无线电台，不过临近夜晚时，他被送去了一个电报站。强占了卑尔根的几艘军舰上还有德国的几位文官。在路上，他能看见德军未经任何战斗就控制了这座城市。然而，当他从电报站返回时，有人提醒他一场战争其实正在进行，黄昏时分，英国的俯冲轰炸机空袭港口。但就策勒所见，炸弹都落入了水中。

哈拉尔德·策勒在4月9日的经历绝非独一无二。德军几乎能够按计划占领卑尔根。挪威岸炮炮台对"柯尼斯堡"号巡洋舰的炮击对德国人来说是个挫折，因为这艘军舰晚上不能再与其他德国军舰一同返回德国了。这艘巡洋舰留在卑尔根维修，不过4月10日拂晓后，它被英国的"贼鸥"式飞机投下的炸弹击沉。这是对德国人的一次打击，但没有危及"威瑟堡"行动。

事实证明奇袭因素至关重要，挪威的防御体系对德军进攻卑尔根没有准备。然而，在一座港口取得成功是不够的，全胜需要所有关键区域在同一天被占领。

特隆赫姆

午夜的钟声在重巡洋舰"希佩尔海军上将"号的司令舱内响起。舰长赫尔穆特·海耶海军上校召集138山地团各连连长举行指示传达会：

"先生们，"海耶说道，"现在是4月9日。2小时后，在我们驶过挪威炮台时，将会升起德国国旗。战役中最危险的阶段就要开始了。如果我们穿过特隆赫姆峡湾的障碍物时遇到任何抵抗，这艘船就会变成一座'火山'，到时我们会强

行杀进去。陆军各部要留在甲板下面，直到团长发令下船。先生们，要说的就
这些。谢谢你们。"[13]

阿尔克上尉是参加海耶传达会的连长之一。他回到自己的连队后，和他的部下
一样紧张地注视着周围。每个动静都被记录和解释，以尝试理解发生了什么事。人
们相信"咔嗒咔嗒"的响声是锚链发出的，但震动表明巡洋舰在高速行驶。[14]

昏暗的夜间，即使那些站在甲板上的人也看不到多少情况，不过这其实对德国
人有利，因为挪威的炮手在这种糟糕的能见度下很难准确射击。阿尔克尚未充分意
识到，舰上的所有战斗岗位都有人值守，所有武器都已准备好开火。德军分舰队——
除了重巡洋舰"希佩尔海军上将"号，还有 4 艘驱逐舰奉命进攻特隆赫姆——迅速
靠近岸炮炮台所在的阿格德内斯。当锅炉被点燃，为涡轮机提供充足的蒸汽压力时，
军舰的烟囱里涌出了道道浓烟。阿尔克不由自主地去留意引擎在推动巡洋舰前进时，
这艘舰船内部的舱壁是如何震动的。[15]

巡洋舰以一种阿尔克认为是"急速"的速度前进，这艘舰船已驶入岸炮炮台的
射界。一艘挪威巡逻艇要求德军分舰队表明身份，但没有得到答复。相反，"希佩
尔海军上将"号来到一个与炮台并列的位置。一台探照灯的光束扫过这艘巡洋舰周
围的区域。阿尔克认为这只是挪威军在徒劳地寻找德国国旗，想在开火前确认舰船
的身份。无论如何，德国分舰队在挪威人开炮前已越过射界。或许阿尔克的想法部
分正确，但挪威炮台人员也遇到了其他困难。首先，让岸炮准备开火就需要 12 分
钟。然后很明显电子火力系统出了故障。当炮手切换到机械射击时，射击线已经
移位了。[16]

德军军舰继续驶入特隆赫姆峡湾。然而，第二座炮台已经得到警示。虽然为火
炮装填炮弹需要一段时间，但这座炮台还是设法向德国人开了火——可是炮弹都落
进水里了。"希佩尔海军上将"号的舰长立即还击。第一轮齐射就命中了挪威炮台的
供电电缆，探照灯顿时熄灭了。第三座挪威炮台同样失败了。在"希佩尔海军上将"
号上，阿尔克被告知分舰队已经突破挪威人的防线，离到达特隆赫姆港大约还有 1
个小时。[17]

与此同时，德军的一个营已乘 2 艘驱逐舰出发，然后登陆了。这个营得到的任
务是占领炮台，然后让这些炮台为击退一次可能的英军进攻做好准备。"希佩尔海

军上将"号和 2 艘驱逐舰继续靠近特隆赫姆,未出任何意外状况就到达了这座城市。
5 时,这艘巡洋舰已全副戒备地停在了距离码头大约 1000 米的地方。舰炮已对准多
个目标,但没有开火。一架水上飞机从这艘巡洋舰上弹射起飞,监视着在逐渐放亮
的天色下显得越发清晰的城市及其港口。阿尔克上尉和其他山地部队接到命令下船
进攻这座城市。[18]

陆军官兵匆匆收拾他们的装备,登上小船。这些小船会将他们从 200 多米长的
巡洋舰送到特隆赫姆的码头上去。这座古老的挪威王国加冕之城几乎没有设防。德
军未遇阻拦,一路沿着城中街道前进。阿尔克注意到团长魏斯上校带领一批部队最
先上岸。他很快找到一辆汽车,并直接征用。他与 3 名同伴一起驱车前往挪威陆军
第 5 师的参谋部。在那里,他得知该师师长已经离开特隆赫姆。不过副师长仍在办
公室里,那位师长意识到任何反抗都是徒劳,他将钥匙也留在了办公室。[19]

德军山地部队在小型仪式举行的同时控制住了这座城市。德国国旗很快就在旧
堡垒上空升起。进攻目标已经达成。除了"萤火虫"号驱逐舰撞击"希佩尔海军上将"
号造成的损害之外,进攻特隆赫姆的进展和德国人希望的一样顺利。[20]

总体而言,德军对挪威沿海城市的进攻取得了巨大成功。纳尔维克、特隆赫姆、
卑尔根、斯塔万格、克里斯蒂安桑和阿伦达尔都已按计划占领。然而,德军的行动
并非在每处都进行得很顺利。

奥斯陆

维尔纳·伯泽上尉乘火车来到斯维内明德市,奥德河就在这里汇入波罗的海。
在这里,他和同一节车厢来的部下,将会报告他们的进展。经过平坦的野外田园的
旅途平静无波。4 月 5 日 13 时 30 分,伯泽向城市卫戍司令官报告,后者对伯泽的
任务知之甚少,他只听说要进行某种登船演习。[21]

伯泽和他的部下到达斯维内明德时,不得不待命。因为他们将会登上的重型巡
洋舰"布吕歇尔"号还没有到达。伯泽被告知应找到当地的航空基地,在那里他会
得到情报和帮助。事实证明空军基地的参谋人员非常乐于助人。寻找他们帮忙的建
议显然不仅给了伯泽一人,不久一位岸炮营长和他的参谋人员也来了。

伯泽和他的部队接到通知后,开始讨论接下去会发生什么。除了其他事情外,
伯泽还得知次日之前都不能指望"布吕歇尔"号进入斯维内明德港。这艘巡洋舰确

实是在 4 月 6 日中午到达的。这艘军舰停泊后，伯泽和那位岸炮营长登船，向库梅茨海军少将报告。

库梅茨解释道，陆军部队会分别登上几艘军舰。除了"布吕歇尔"号外，轻巡洋舰"埃姆登"号和 3 艘鱼雷艇也会参加这次行动。此外，他告知伯泽，地面部队会以一种与原计划有别的方式登船。库梅茨曾与他的上司、163 步兵师师长恩格尔布雷希特少将讨论过这个问题。库梅茨海军少将希望突击部队能够按照执行战斗任务的序列迅速上船，这样步兵和岸炮兵在他们各自的舱位就会混编在一起，就像他们共同执行许多任务时一样。毫无疑问，这样的方案有许多好处，不过意味着会增加一些额外的工作——至少对伯泽而言如此。

4 月 6 日黄昏，陆军部队开始登船。一些部队被火车送进港口。登船过程进行得很顺利，所有部队都按时上了船。4 月 7 日凌晨 4 时，几艘军舰起锚向东航行。然而，这只是一个诡计，在航行了大约 50 海里后，军舰编队就转向西行了。在伯恩霍尔姆南面海域进行了一次简短的射击演习后，库梅茨指挥的舰船继续西行，20 时左右在基尔港锚泊，重型巡洋舰"吕措夫"号在那里加入了这个船队。

4 月 8 日 4 时 15 分，库梅茨部起锚，向大贝尔特海峡航行。穿过这样一条狭窄航道，要冒很大的风险，但那里离挪威首都很近。所以，即便德军舰船被发现，敌人也只有不到 24 小时的时间来准备所有的应对措施。此外，信息应该不会很快从中立国丹麦传到另一个国家。

伯泽提议将救生衣分发给他部下的战士们，还要指导他们如何在紧急状态下迅速离舰。他的建议被否决了，因为这些措施被认为是没有必要的。战士们也没有获得救生艇的任何操作指南。在行动的这个阶段，缺少训练和指示看来没有引起任何明显的恐慌。

身穿陆军军装的战士们要留在舱内，以免暴露他们都已登上军舰的事实。伯泽向海军军官借了一套海军军服，于是获准留在甲板上。他注意到海陆军战友之间的关系很好，前者竭尽所能让"旱鸭子"们在军舰拥挤的隔舱内部舒服一些。

德军在中午神不知鬼不觉地通过大贝尔特海峡的愿望未能实现。奥斯陆电台报道，在丹麦的贝尔特海峡地区发现强大的德国海军部队。然而，挪威首都的决策人员会得出什么结论仍有待观察。他们会决定动员军队吗，还是会下令采取其他加强戒备的措施？

17时，伯泽被告知"布吕歇尔"号遭到了一枚鱼雷的攻击，不过鱼雷没有命中目标。几艘军舰采取"之"字形航线，以降低被潜艇击中的风险。到这个阶段，船上的官兵已经得知自己的任务。午前，巡洋舰舰长海因里希·沃尔达格海军上校用扬声器发表了一次简短的演说，描述了此次行动的目标。

黄昏时分，库梅茨率领的舰船到达了奥斯陆峡湾海口南面的一个位置。1艘挪威海警船出现并打开了探照灯，光束落在德国重型巡洋舰上。挪威船只向"布吕歇尔"号实施了警告性射击，但马上遭到回击，这艘小小的挪威船不多时就受到重创。当"布吕歇尔"号继续向北航行时，那艘海警船遭到了另一艘德舰的撞击。

伯泽很难解读形势，他知道4月9日凌晨1时30分左右，轻巡洋舰"埃姆登"号的地面部队已经下船。据他所见，行动正在按计划进行。在霍尔滕，他看到了挪威本土的点点灯光。在此之前，海岸一直一片黑暗。伯泽开始相信挪威人不会进行任何反抗。在波勒恩的挪威海军基地，一些较小船只上的德军地面部队下了船，然后库梅茨的舰队经过这里，继续从奥斯陆峡湾向北航行。5时，他指挥的舰船就要进入德鲁巴克附近奥斯陆峡湾最狭窄的区域了。伯泽在舰队司令舱下的一个舱里等候，与他在一起的有普拉尔上尉、冯·贡塔德上尉和凯斯勒少校。凯斯勒是一名海军军官，与三位陆军上尉不同。[22]

他们的表走过5时，一切看来都在顺利进行。狭窄的航线要求谨慎航行，不过这不足为奇。突然间，伯泽听见一声猛烈的爆炸。他意识到一枚重磅炮弹已击中这艘巡洋舰，且离他的位置不远。舱内的人立即做出反应，迅速转移到了装甲甲板下方。另一枚炮弹又击中了"布吕歇尔"号，距离第一发炮弹命中的位置不远。伯泽后来才知道发生了什么事，但此刻，他只想去装甲甲板下方。显然，敌人已在与"布吕歇尔"号交战了。

伯泽来到一个隔舱，这是将炮弹上送到重型舰炮的系统的一部分，是舰上防护最佳的区域之一。几分钟后，灯灭了，弹药升降机停了下来。猛烈的爆炸让舰船不停摇晃，舰身也开始倾斜。突然间，炮火似乎停止了，应急灯亮了起来。虽然没有接到弃船命令，但有些人警告要预防瓦斯中毒，而一些经验丰富的海军军官解释说他们发现的是舰炮的火药粉末气体，这让他们平静下来。

舰身的倾斜在加剧，半小时后，伯泽决定离开这个隔舱。他还没有接到任何命令，于是就决定只沿着船体向上走。舱里的其他人都跟着他。伯泽来到了另一个隔舱，发现里面有几位海军军官，包括一位海军少校。伯泽询问他们是否有必要命令大家弃舰，他们回答说倾斜不是太严重。这个答复没有让伯泽安心，他又迈出了几步，找到朔尔茨中尉。与此同时，一阵猛烈的爆炸让舰体大震，紧接着又遭一击。伯泽相信两枚鱼雷已击中这艘战舰。

伯泽仍留在甲板下面，但在这两次爆炸后，他就接到了命令，舰船上的所有人都要到甲板上面去。倾斜度在急剧增加，步行向上已不再可能，不过伯泽和朔尔茨中尉找到一道梯子，设法走到了上甲板。他们尝试前往舰队司令参谋部的隔舱，那里有他们的辎重和武器，但他们的尝试因火势而受阻。火焰无法熄灭，附近的弹药和航空汽油还有可能被火焰点燃。

在他们到达甲板时，伯泽看到了几个身穿救生衣的水兵和陆军士兵。他问他们哪里能找到更多救生背心，一个军士却告诉他没有更多的了。在这个令人恐慌的回答后，紧接着就是一道弃舰命令。伯泽脱下靴子，走向最近的舷梯，一些水兵比他先到，他只能排队等待离开。

在等待的时候，伯泽看到一艘小艇被放到水中，一个人从舷梯下到艇上，却发现小艇上没有舵和桨。他带去一把铁锹，便用它将小艇推到伯泽旁边的绳子处。此刻，一位海军军官出现了，命令水兵们让陆军官兵先上救生艇。水兵们没有任何怨言，服从命令让伯泽登上了舷梯。他没有看到任何恐慌迹象，还目睹了熟练的游泳健将把他们的救生衣递给不太会游泳的人。

伯泽是最后一个登上那艘小艇的人。冯·内克尔少校和普拉尔上尉已经在艇上了。没有工夫进行长时间思考，也没有人知道挪威人的部队是否正在海岸上守卫。机关枪火力可能会在那里扫射德军，但除了到达陆地他们别无选择。大约200米外有几个小岛，而距离大陆大约300米。游泳的人的目标是最近的海滩。伯泽和其他乘小艇的人用手划水，不过他们很快发现用头盔更有效。他们到达陆地时都已筋疲力尽。靠了岸，冯·内克尔少校和另一人又返回正在下沉的"布吕歇尔"号，营救更多的幸存者。水温只比冰点高几度，游泳的人在这种条件下很快就会丧失体力。

伯泽在来到岸上后，便去帮助那些已经游近小岛的人。他将绳子扔进水里，从而在筋疲力尽的战士们安全登上陆地之前，帮他们最后一把。普拉尔上尉点起一堆火，供那些已到岸上的官兵取暖。普拉尔和伯泽将自己还干着的野战衬衣借给了两名一路游水来到小岛的士兵。

缓缓下沉的"布吕歇尔"号倾斜得越发厉害，可是仍有陆军士兵和水兵正在离开。舰船逐渐向左舷方向倾斜，最终变成右舷朝上，继而沉没。当船被波浪吞没时，油从它身上涌出，浮在水面上，片刻后就开始燃烧。不过对德军而言幸运的是，风将燃烧的油污吹向了远离他们设法避难的海岸。许多已到达陆地的人开始唱起德国国歌。

"布吕歇尔"号遭受的灾难不仅导致了大约 1000 人死亡，还打破了德军从海上占领挪威首都的意图。德军成功占领了所有其他目标，偏偏最重要的目标逃过了德国海军的进攻。德国人并不知道这一点，但他们在奥斯陆南面的对手奥斯卡堡岸炮炮台的指挥官埃里克森上校决定主动求战，阻止前进的敌军。[23]

当库梅茨的海军部队在奥斯卡堡受阻时，整个德军的行动都陷入了危险之中。奥斯陆地区至关重要，挪威政府和许多即将调用的军事单位都位于奥斯陆市内或周围。除非德军迅速占领该地区，否则挪威人就可以组织起他们的防御体系，阻止德军的占领。德国军舰没能让大量地面部队登陆，总的来说，它们送来了相当于一个步兵师的部队，但缺少大部分重武器。这样一支部队远不如一个完全动员起来的挪威集团军。再者，山区地形也对防御方有利。[24]

奥斯卡堡的灾难意味着"威瑟堡"行动可能会变成一次尴尬的失败，但德军对奥斯陆的进攻与对其他目标的攻击有着非常重要的区别：纳尔维克、特隆赫姆、卑尔根、克里斯蒂安桑、阿伦达尔和埃格尔松只受到海上部队攻击，斯塔万格和附近的索拉机场完全是从空中被占领的；然而奥斯陆却受到空中和海上的两路进攻。阻止库梅茨的部队无法让挪威首都免遭危险。在伯泽到达的海滩上，他可以听见头顶上空高处的飞机传来的遥远的发动机噪音。[25]

德国空军已经策划好一次大规模行动来占领奥斯陆。至少有 165 架运输机奉命将隶属 163 步兵师的 324 步兵团空运到福尼布，第 1 伞兵团 1 营也将在福尼布着陆。因此根据该计划，4 个步兵营会在入侵第一天就空降奥斯陆。[26]

就像在战争中常见的那样，诸事没有按计划进行。运载伞兵的飞机被大雾和低云层所阻。他们没能占领机场，从而使 324 步兵团着陆的计划无法实现，整个行动都受到了威胁。步兵团的战士们没有接受过任何跳伞训练，他们的任务是在一座已经被占领的机场上着陆，然后立即向挪威首都进攻。没有伞兵，从空中夺取奥斯陆的计划也就落空了。第一批运输 324 步兵团的飞机已经飞往挪威，但此时接到了返航命令。于是德军占领挪威的整个计划都命悬一线了。如果海运部队和空降部队都没有到达奥斯陆，挪威政府和军队就能在人口相对稠密的奥斯陆地区动员起来。[27]

在这个关头，德军的行动由于误解和个人主动性的共同作用得救了。一支空中攻击部队的指挥官瓦格纳上尉接到了返航的命令。但这则命令是"第10航空军"发出的，而不是他隶属的"空运登陆部"。看来瓦格纳要么认为这道命令有误，要么认为对他的部队不适用。总之，他决定继续飞往福尼布，然后在那里着陆。

当瓦格纳从空中俯视福尼布时，他断定，在那里着陆是可能的。他的飞机降落了，但就在几乎到达着陆跑道的时候，遭到了冰雹般的机枪子弹的射击。瓦格纳的飞机被击中了，他本人也成了阵亡人员之一。然而，飞行员毫发无损，他全速滑行，设法让飞机脱离了挪威守军的射程。另一架运输机的机组人员意识到他们如果尝试着陆会发生什么，就在福尼布上空久久盘旋。[28]

福尼布上空还有其他机种的德机。几架梅塞施密特 Bf-110 双引擎战斗机也在等候机会降落——它们别无选择，因为它们没有足够的燃料回到德国的航空基地。在向地面目标开火后，Bf-110 的机组成员已经别无他法。德军战斗机一架接一架向福尼布降落。挪威机枪手在着陆的德机，以及跟随战斗机降落的运输机之中造成了人员损失。然而，当守军弹药耗尽时，他们撤退了。运气、混乱、误解和主动性将福尼布机场交到了德军手中。[29]

占领福尼布之时，通往挪威政治和军事中心的大门已向德国人敞开。324 步兵团大部在入侵第一天被空运到了福尼布。挪威国王和王室成员不得不逃往首都东北方的埃尔维鲁姆和哈马尔。[30]

尽管遇到不少挫折，德军还是设法在最初的 24 小时内夺取了他们计划占领的所有关键阵地。这一结果主要归功于德军的出奇制胜和挪威人糟糕的防备。挪威岸炮兵人手不足，弹药储备量也少。关于何时可以开火的问题，炮手们没有得到明确指示，造成了战机延误。关于突袭对挪威防御体系的影响，德军的估计大体是正确的。只不过，德军必须考虑到今后更多的危险，特别是英国皇家海军，然而突袭再度大大帮助了德军。可是这里有一点不同：挪威人的防御力量还没有动员起来，这说明挪威人认为德军进攻的可能性不大；另一方面，英军动员了他们的武装力量，开始将经济置于战争基础上，且在许多方面，英国都领先于德国。因此，德国人不能指望面对没有做好战争准备的英国人。所以他们必须在一个不同的层面上给对手一个出其不意。

在战争中，敌人的意图和选择往往难以揣测。备选方案无数，而不完整的情报让人很难了解敌人已经定下的是哪个，即便在一次行动已经开始的时候也是一样。此外，一个人的成见往往会影响对观察结果的解释。最重要的是，英国海军担心德军企图突入大西洋，袭击英国航运船只。1939年秋，德国军舰曾在大西洋行动，这证实了英国人的担忧。1940年4月9日之前的几天，每当德国军舰被发现时，都被解释为德国人确实在试图去做英国人担心的一些事情。

另一个会干扰英国人的情况是：德军跨过公海入侵挪威被视为可能性非常小的事件。根据传统看法，这样一次作战的前提是制海权，而德国人显然没有。在英国皇家海军干预之前，德国海军充其量只能到达挪威南部海岸的几座港口，如阿伦达尔、克里斯蒂安桑和奥斯陆。诸如卑尔根和斯塔万格这样的挪威西海岸港口与英国海军基地相当接近，德军对卑尔根和斯塔万格的任何行动都很可能会处于英国皇家海军的打击范围之内。

在这一背景下，德军对挪威南部的一次进攻看来充其量只是可以想象而已。然而，如果德军只占领挪威南部，他们会将自己置于一个尴尬的境地，即未让挪威的防御体系无力化，就与其交战。英国和法国干预斯堪的纳维亚的大门将会敞开，再也不会有更多的铁矿石运出纳尔维克。无论英国人如何考量这个问题，他们都得出了同样的结论——德军进攻挪威是鲁莽之举，其实对英法盟国有利。

英国的推理方式没有脱离现实。事实上，德国人似乎低估了挪威人的决心。挪威的动员确实受到德军入侵的严重破坏，且各种错误加剧了这种局面，但与德国人的预期相反，挪威人一直在抵抗。英国和法国的作战部队被派去协助挪威人与侵略者斗争。德军发现自己陷入了一种与计划入侵时的预料不符的境地。

战斗在继续

德军进攻之后，挪威随即下令全面动员。由于德军已占领最重要的几座城市，夺取了许多动员兵站，切断了交通线，挪威人的动员不可能顺利地全面完成。而挪威当局犯下的错误又加重了这种困难。政府和军队之间的沟通不畅，导致外交大臣霍尔夫丹·柯特已经在电台宣布动员令后，军官们却因还在等待政治家的许可而实际上尚未进行动员。能够携带武器去动员兵站的人，只能发现他们被锁了起来。所以当他们随后收到正式动员令时，都不愿意再遵守了。[31]

尽管出现了各种错误和困难，相当规模的挪威军队还是动员起来了，不久英军、法军和波军的部队也会加入。鉴于德军已登陆的部队规模还很小——在被攻击的城市里大约相当于一个小规模轻装团——德军很容易就会发现自己在数量上处于严重劣势。对他们而言，从海上增援是危险的，从斯塔万格和更北方增援也几乎是不可能的。德军向斯塔万格、卑尔根、特隆赫姆和纳尔维克提供弹药非常困难，也几乎不可能向那里增派援兵。

然而，德军确实拥有一种手段可以化险为夷，那就是德国空军。可以断言，德国空军对德国在波兰大获全胜并不重要，但他们对德国在斯堪的纳维亚取得成功的重要性怎么强调都不为过。诚然，占领和控制城镇和其他重要地形的是地面部队，可这不等于他们就因此在入侵行动中扮演主角。无论德国还是英法盟国，在挪威都只能投入本国陆军的一小部分，其他地区显然需要各国的大部分地面部队，不过在挪威的陆军部队的规模也受到后勤因素的限制，这正是德国空军贡献的关键所在。首先，德国空军的运输机向挪威空运了大量援兵和补给；其次，德国的空袭——或仅仅是他们形成的威胁——严重阻碍了盟军调兵增援挪威的各种努力。

挪威现有的机场很少，德军迅速占领了它们。3座机场尤为重要：斯塔万格的索拉机场、奥斯陆的福尼布机场和特隆赫姆的维欧内斯机场。此外，德军在迅速征服丹麦后，可以使用奥尔堡的机场。德军向特隆赫姆和纳尔维克运送援兵和补给的唯一方法就是空运。当他们控制住奥尔堡、奥斯陆和特隆赫姆的机场时，就拥有了一条适合这一目标的机场链。4月13日，一个德军步兵营被空运到特隆赫姆附近的维欧内斯机场。接着还有更多地面部队被空运到那里。[32]

盟军不得不跨海运输地面部队去挪威。由于德军已经占领所有机场和大部分主要港口，盟军面临的是一项艰巨任务。他们不得不让自己的部队在更小和位置更差的港口登陆。他们还受到德国空军的威胁，因为德国空军在海上和盟军地面部队与补给登陆的港口内空袭他们的舰船。

4月19日，希特勒发布命令，英国人控制或者声称控制的港口将会遭到轰炸，而且不会顾虑平民。[33]夜间路透社报道英军已在特隆赫姆东北偏北大约130公里的纳姆索斯登陆。[34]次日，德国空军对当地的空袭造成了相当大的破坏。空袭最初是从高空发动的，可是当德军飞行员发现纳姆索斯没有防空设施时，就下降到300米高度再放下致命的载荷炸弹。木结构房屋着了火，城里的大部分地方都被烧毁。鉴于这次空袭的范围，平民伤亡的数量比预料的要少，但房屋和工作场所都被点燃了。火车站、弹药库、仓储建筑物和港口设施遭到的破坏对德军具有重要的战略意义。[35]

对纳姆索斯的空袭不仅在解释挪威战事的最终结果时说明了德国空军的重要性，也是一个鲜明的事例，说明了区分恐怖袭击和对军事目标的袭击到底有多困难。纳姆索斯的市民当然（也有理由）将这次事件视为一次恐怖袭击。但另一方面，德国人可能会主张，他们空袭的是合法的军事目标，如港口和火车站。英国人和法国人利用这些设施将陆军部队送去与特隆赫姆的德军战斗。糟糕的轰炸精度才是罪魁祸首，使大量炸弹落到了远离预定目标的地方。在城镇里，这往往导致许多平民伤亡。因此可以主张这个问题是一种技术缺陷。然而，看来德军很少或者没有倾向于为了减少平民伤亡而去（仔细）选择目标来降低精度不足的负面影响。相反，平民的伤亡似乎被视为不可避免的或可以接受的。因此恐怖袭击和对合法军事目标的袭击之间的区别对那些下令执行轰炸任务的人来说可能已经很清楚了，可是对于承受其后果的人而言肯定没那么清楚。

然而，这并非故事的结局。一个军事目标能够证明一次轰炸任务的正当性这一事实并不能排除其他动机。这类其他动机偶尔可以在书面命令里找到，在德国空军对1939年9月空袭华沙的指示中就可以发现这样一个例子。[36]

在挪威有两个地区特别重要——特隆赫姆周边地区和奥斯陆周围地区。4月10日，发生了两起重要事件。第一件是挪威决定放弃尼特尔文河沿岸的防线，这条河从北面向南流向奥斯陆正东。这个决策是误判，给予了数量不超过一个团的驻奥斯陆德军更多的行动自由。第二起重要事件是奥斯卡堡投降，这让通往奥斯陆的海上航线畅通无阻。这两起事件让德军有机会在挪威南部发动更为深入的军事行动。[37]

最初在挪威登陆和空降的德军地面部队必须努力占领分配给他们的目标，然后建立尽可能坚固的防御。然而，一旦占据了上述各机场和奥斯陆的港口，德军就能发起攻击行动。在特隆赫姆地区，德军的主要目标是扩大他们的控制区，让其在面对预料中的盟军的反击时不那么脆弱。另一方面，奥斯陆地区会成为更具野心的多次进攻的集结地。这些进攻的意图是建立与卑尔根、克里斯蒂安桑、斯塔万格、特隆赫姆和阿伦达尔的陆路交通。此外，德军将会击败挪威南部的挪威军部队或阻止其动员。这项任务相当艰巨：复杂的地形阻碍运动，对防御方有利；公路和铁路很少，往往要沿着积雪覆盖、群山环绕的陡峭山谷前进；天气也很恶劣，因为严冬才刚刚开始松手；地理上可供选择的前进路线很少，地形特征也使得在计划要突破的位置集中一支强大的部队十分困难。这些情况导致德军没有在一个方面集中一支压倒性的进攻部队，而是在援兵逐步抵达的时候从多个不同方向进攻。总之，大批德军被送往挪威。在这场战事持续的 2 个月里，270 艘货船和 100 艘拖网渔船将 107581 名战士、16102 匹马、20339 辆汽车和 109400 吨补给运往那个国家。德国空军将另外29280 人和 2376 吨装备空运到了那里。[38]

将这些增援送到挪威需要时间。虽然德军的人数看起来可能令人印象深刻，但增援速率仅相当于每天增加 2000—2500 人。所以冯·法尔肯霍斯特在战事的前几周没有多少兵力可倚仗。尽管资源匮乏，他几乎还是立即决定进攻。4 月 11 日，他发布了一道攻击令，几乎所有奥斯陆地区的部队都会参与进攻。远未完整的 196 步兵师得到的任务是进攻奥斯陆东南地区，实际上，该师仅有 4 个营投入这项任务。类似的是，163 步兵师得到指示去扫平奥斯陆以西地区。163 师还要负责奥斯陆的防务，不过得到的指示是仅需为这项任务投入最少的人力。[39]

对于一个不关注自身问题，而是一心寻找敌人的弱点，再努力为其制造困难的组织而言，这是一个由攻击精神激发决策的典型事例。德军必须通过临机应变来达到这个目的，没有现成的合适计划。各部队的建制已被打乱，增援部队的到来情况还不明朗。各部队抵达后立即投入战争，无法让战士们得到时间重整。一个很好的例子就是 362 步兵团，该团在 4 月 11 日夜间看到其第一批部队下船登陆。12 日 10时，它的 2 个营被派去进攻摩斯和弗雷德里克施塔德。他们因征用公共汽车、卡车、小汽车和其他车辆而获得了机动能力，很快完成了任务，擒获了许多战俘。[40]

5 天后，德军开始从奥斯陆地区北上。攻击逐渐获得更多动能，4 月 21 日，他们到达利勒哈默尔略南面的一个位置，距离奥斯陆大约 120 公里。这意味着他们已经走完了从奥斯陆到特隆赫姆路程的 1/4。[41]

斯泰恩谢尔

181 步兵师师长库尔特·沃伊塔施少将飞赴特隆赫姆，接掌驻该地区的德军指挥权。他的师逐步到达，让他不久就能更富攻击性地行动。4 月 24 日，334 步兵团第 1 和第 2 营（以及第 14 连的 2 个排和 6 门反坦克炮）经空运来到了特隆赫姆地区。

此外，359 步兵团第 1 营和第 2 营的大约 300 人已经到达。[42] 4 月 9 日，沃伊塔施与第 3 山地师的部队一起着陆，战事开始 2 周后，他在特隆赫姆地区拥有了大约 3500 人。

手头的兵力并不令人感叹，沃伊塔施也知道敌人每天都在变得更强。因此德军本可选择守势，却选择了进攻。4 月 15 日，第 21 集群发布了关于特隆赫姆地区未来军事行动的命令。命令指出纳姆索斯的局势不明朗，英军可能会登陆。据估计，挪威军在翁达尔斯内斯地区的兵力大约相当于一个团，但英军在那里登陆的可能性看起来很小。特隆赫姆的德军部队将尽快前进，占领斯泰恩谢尔的狭长地带，对确保通往瑞典的铁路安全而言，此举会产生意外的连带后果。德军一旦有足够的资源可用，就会开始向纳姆索斯和格龙前进。[43]

这个决策在许多方面都令人印象深刻。首先，这意味着德军通过攻击行动来化解特隆赫姆面临的威胁；第二，这一攻击行动在奥斯陆地区的援兵仍在数百公里之外时就会进行。沃伊塔施采取的解决方案会成为运用临机应变和主动性的上佳事例。

4 月 20 日，沃伊塔施接掌指挥权。他立即命令一个 375 人的山地营启程走水路进入特隆赫姆峡湾的北支贝特斯塔峡湾，那里的冰随着春天的到来在逐渐消融。该营登陆后将切断斯泰恩谢尔和莱旺厄尔之间的公路，还要占领斯泰恩谢尔这个地方。再往南，359 步兵团的 2 个连会进攻韦尔达尔瑟拉。[44]

在夜色掩护下，山地部队登上"保罗·雅各比"号驱逐舰，75 毫米轻山炮也被送上了这艘军舰。当大多数官兵设法在甲板下睡觉时，驱逐舰正从特隆赫姆向北航行。这艘驱逐舰越过几处狭窄的海峡后，进入了贝特斯塔峡湾。那些没有睡着的战士可以听见驱逐舰的舰体在峡湾的浮冰上摩擦的声音。[45]

天气和冰冻造成了各种延误，但似乎没有产生任何重要影响。4 月 21 日 5 时，德军山地部队开始在斯泰恩谢尔西南 16 公里的基奇内斯瓦根登陆。经过一轮耗时的下船和卸货工作，他们开始向东北移动。他们将发现的一些机动车辆用于运输装备。他们还找到一些普通雪橇和船型雪橇，也用来运输装备。地上的厚雪迫使德军只能沿着公路前进。[46]

9 时 30 分，德军先遣队到达冈斯泰德，并在那里与英军遭遇。经过一次短暂的战斗，德军俘获了一名英国士兵。经过审讯，他透露在斯泰恩谢尔有 3 个英军营。根据多次观察，德军先遣队估计有一个英军排在守卫附近克洛胡斯的农庄。德军营长施拉茨少校决定暂时占据多个防御阵地进行侦察。[47]

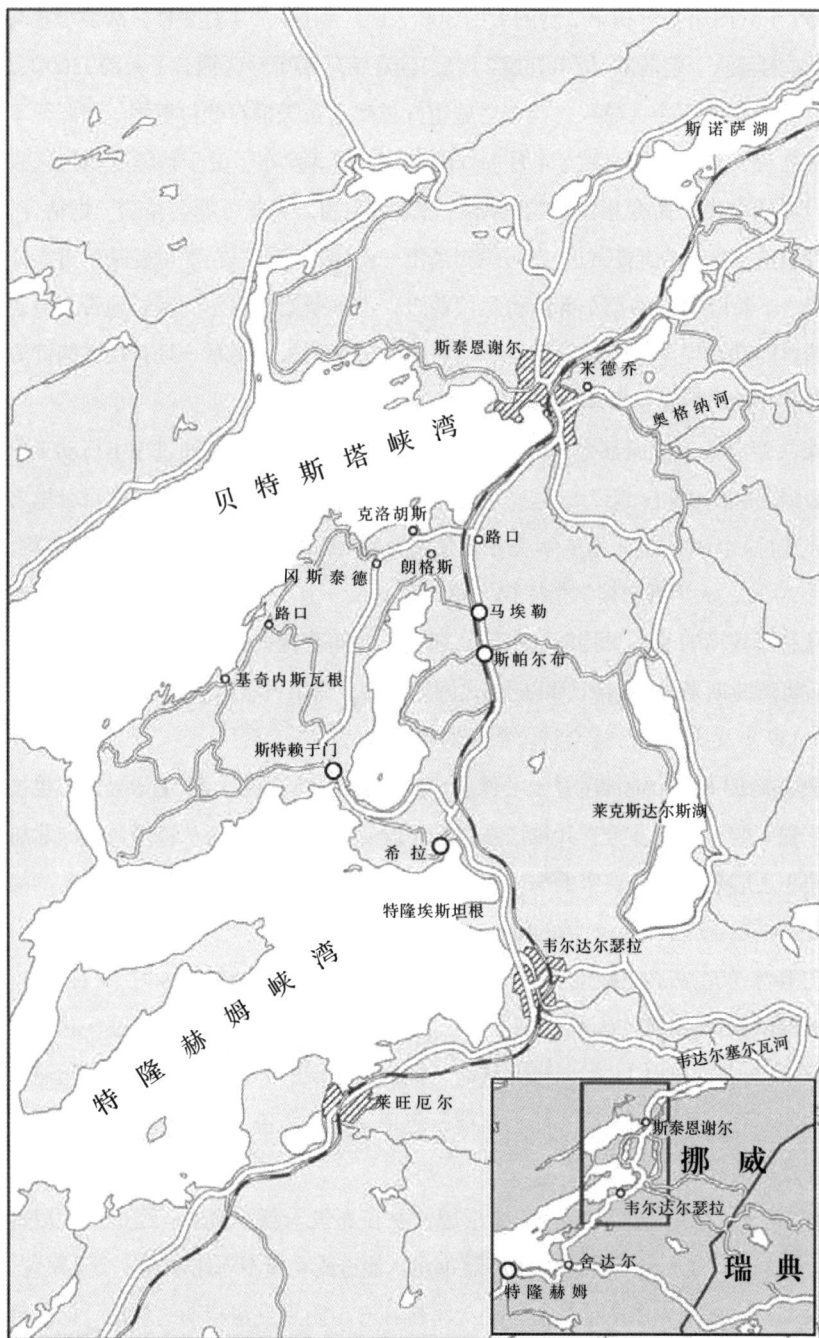

斯诺萨湖

斯泰恩谢尔　米德乔

奥格纳河

贝特斯塔峡湾

克洛胡斯

路口

冈斯泰德　朗格斯

马埃勒

路口

斯帕尔布

基奇内斯瓦根

斯特赖于门

莱克斯达尔斯湖

希拉

特隆埃斯坦根

韦尔达尔瑟拉

韦达尔塞尔瓦河

特隆赫姆峡湾

莱旺厄尔

斯泰恩谢尔

挪威

韦尔达尔瑟拉

舍达尔

特隆赫姆

瑞典

图9：韦尔达尔瑟拉－斯泰恩谢尔地区，1940年4月20日—22日

86

德军将重型迫击炮和轻型野炮也带到了驱逐舰上，然后这些火炮被转移到冈斯泰德的射击阵地。在重武器的火力掩护下，一个德军排强攻克洛胡斯的农场，擒获了 18 名俘房，没有任何伤亡。此后，多个巡逻队被派出去确定敌军的阵地，结果发现了一支大约 300 人的英军部队在兰加斯的一片林地占据了防御阵地。施拉茨决定暂停战斗，到第二天再恢复进攻。[48]

再往南，359 步兵团的 2 个连在 6 时开始进攻韦尔达尔瑟拉。他们面对的是严阵以待的 162 名挪威战士和 20 名英军战士，不过，尽管不占据任何实质性的数量优势，德军还是很快占领了他们的目标。他们得到了这样一个事实的帮助，即守军被告知德军在韦尔达尔瑟拉以北约 5 公里的希拉和特隆埃斯坦根登陆，从而危及盟军阵地后方。[49]

当韦尔达尔瑟拉和冈斯泰德爆发战斗时，德国空军空袭斯泰恩谢尔。这座城镇的大部分被烧毁。此地本身几乎没有军事意义，但它位于一道狭窄地峡上，主要公路干道和铁路都经过这里。空袭本身没有造成任何显著的军事损失，但有助于让英军指挥官相信，斯泰恩谢尔南面的各部队必须撤退。于是这些部队奉命在夜间撤回了斯帕布和麦尔。[50]

一个寒夜之后，施拉茨部下的战士们继续战斗。施拉茨首先派出更多巡逻队去确认敌军阵地的情况，获得更多的地形信息。但巡逻队除擒获了几名俘房外，其他收获却很少。14 时 30 分，施拉茨向东发起了一次更为坚决的进攻。在位于斯泰恩谢尔和韦尔达尔瑟拉之间的公路沿线的路口，德军遇到抵抗。施拉茨将轻型野炮投入战斗，它们的火力压制了守军。他的部下立即不断向斯泰恩谢尔进攻，在这个阶段，从韦尔达尔瑟拉推进的 2 个连的先头部队与他们会合了。[51]

德军沿着峡湾向斯泰恩谢尔推进，起初没有遇到任何抵抗，但就在他们几乎到达目的地时，遭到了斯泰恩谢尔所在海湾另一侧的海滩上的火力袭击。德军的轻型野炮再度证明了它们的价值。它们成功压制住了抵抗的火力，打通了前往斯泰恩谢尔的道路，那里几乎完全被焚毁，且许多地方仍在燃烧。[52]

当步兵团的战士们占据防御阵地的时候，施拉茨的部队继续向米德乔的重要桥梁前进。结果这座桥被卡车堵塞了，3 挺挪威军的机枪在向该地区扫射。德军再度将一门轻型野炮送入射击阵地，它提供的火力支援让 1 个排得以越过结冰的奥格纳河，占领挪威军的阵地。于是 4 月 22 日，德军山地部队几乎没有蒙受任何损失——

只前一天有一名士兵阵亡——就实现了一个非常重要的目标。而 359 步兵团的 2 个连由于某种原因承受的伤亡人数较多。[53]

德军对斯泰恩谢尔的进攻在许多方面都很有意思。首先，这是德军运用机动能力迫使敌军放弃一个适合防御的阵地的极佳案例。在这个案例中没有可用的机械化部队，但通过使用军舰，沃伊塔施能够制造一种将盟军部队置于险境的牵制效果。德国空军也产生了类似影响。德军的空袭不是针对盟军地面作战部队的，但德军在空中的活动影响了盟军指挥官的决策。

沃伊塔施的可用资源在数量上不如特隆赫姆地区的盟军部队。[54] 尽管实际上援军距离奥斯陆比特隆赫姆更近，但他还是决定进攻。于是他不仅确保了至关重要的特隆赫姆地区，还在奥斯陆和特隆赫姆之间的交通打通后，为德军继续向北方进攻创造了有利条件。

在此例中，宁可在情况尚不明朗的时候诉诸进攻手段，利用战术机动和机动能力去采取行动，也不被动等待的愿望显而易见。从奥斯陆地区出动的部队也以同样的方式采取行动。为了抵达特隆赫姆，他们沿着居德布兰德斯河谷和埃斯特河谷前进。4 月 18 日，德军沿着埃斯特河谷进攻，到达了康斯维恩格以北大约 45 公里的弗里萨，而在居德布兰德斯河谷推进的部队则同时到达了艾德斯沃尔以北约 30 公里的坦根，与特隆赫姆的距离仍有大约 360 公里。12 天后，在埃斯特河谷前进的德军部队与他们在特隆赫姆的友军取得了联系。[55]

虽然特隆赫姆的部队向南进攻推进了一段距离，但两处之间的大部分距离，大约 320 公里的路程，是向北进攻的部队走过的。这一速度与半年前在波兰的几个德军装甲师相当。此外，挪威的德军各部必须沿着被群山环绕的狭窄河谷里的糟糕道路，在恶劣的气候条件下前进。由于公路稀少，一座桥梁被毁就会造成严重的延误。在这种背景下，德军从奥斯陆到特隆赫姆的前进似乎更加令人印象深刻。

在奥斯陆和特隆赫姆之间建立了陆路联系后，剩下的就是让挪威南部的德军去迫使其余挪威部队投降。5 月 4 日，德军第 21 集群宣布特隆赫姆南面的战斗结束。不过，仍然要与距离最远的纳尔维克的德军部队取得联系。爱德华·迪特尔少将的山地部队 4 月 9 日占领了纳尔维克城，但随后他的对外交通就被切断了，只能获得零星的物资补给（主要通过空运）。纳尔维克与特隆赫姆的直线距离超过 600 公里。两地不仅距离遥远，且所经地形也特别崎岖，多山、河谷蜿蜒，而且公路稀少。此外，迪特尔的部队一直都受到盟军派去夺取纳尔维克及其重要港口的部队的较大压迫。[56]

狂野行动

征服斯泰恩谢尔让德军获得了一个向北进攻的适宜集结区。第 2 山地师师长瓦伦丁·福伊施泰因中将奉命负责与迪特尔的部队建立陆路联系。或许斯泰恩谢尔北方非常复杂的地形是选择让福伊施泰因指挥这次推进的诱因。这一任务需要山地部队，也需要一位熟悉前方山地地形的指挥官。基于这两个原因，第 2 山地师在 4 月 23 日接到命令，准备调往挪威。[57] 这次海上航行并非毫无损失就完成了，英国潜艇用鱼雷攻击德军运输舰船，造成一共 50 人死亡和 64 人负伤。当时还不清楚的是，这些损失将构成第 2 山地师在挪威战事期间蒙受损失的大约一半。[58] 由于奥斯陆以北的许多桥梁和公路都被破坏了，该师主力和部分补给都要从奥斯陆空运到特隆赫姆。[59]

福伊施泰因 5 月 4 日开始行动时，只有几支小部队可用。他的进攻部队由 137 和 138 山地团的各一个营，以及 136 山地团的一个连组成，还得到了 3 个山炮连和 1 个工兵排支援。这不是一支强大的部队，但福伊施泰因相信敌军的防御薄弱，于是就用他现有的兵力进攻了。[60]

5 月 3 日，航空部队和地面巡逻队进行的侦察结果显示盟军部队正在撤退。次日，福伊施泰因进攻了。德军进攻期间没有发生什么大事。5 月 5 日，福伊施泰因报告他已经到达纳姆索斯—格龙一线，并擒获了许多俘房。[61]

5 月 5 日夜间，福伊施泰因的部队已经从格龙匆匆北上逼近莫舍恩，行动速度极快。24 小时内，德军便到达了格龙北方 60 公里处的福斯莫弗森，那里一座被毁的桥梁暂时阻碍了他们的前进，但他们很快就越过了这个障碍。2 天后，福伊施泰因的部队抵达菲林福斯，在那里击败了挪威守军。[62]

然而，莫舍恩只是一个中间目标。福伊施泰因集群将立即继续向东北方向推进，只不过那里的地形极为崎岖，特别是埃尔弗斯峡湾和科尔根之间的地区。该部很快就设想出一个大胆的计划。5 月 7 日，德军征用了"诺德诺奇"号客轮。5 月 8 日晚，霍尔茨英格尔上尉指挥的一个加强山地连登上这艘客轮，随后客轮起锚。设定好的航向是前往莫舍恩和莫伊拉纳之间的海姆内斯贝格。这次行动被称为"狂野"行动。[63]

出发不久，"诺德诺奇"号就被一艘英国潜艇发现了。由于这次行动有被揭穿的风险，德军就此返航，但第二天22时30分，"诺德诺奇"号再度起航了。这一次没有发现任何敌人的迹象，于是这艘船继续向目的地航行，需要行驶约380公里。[64]

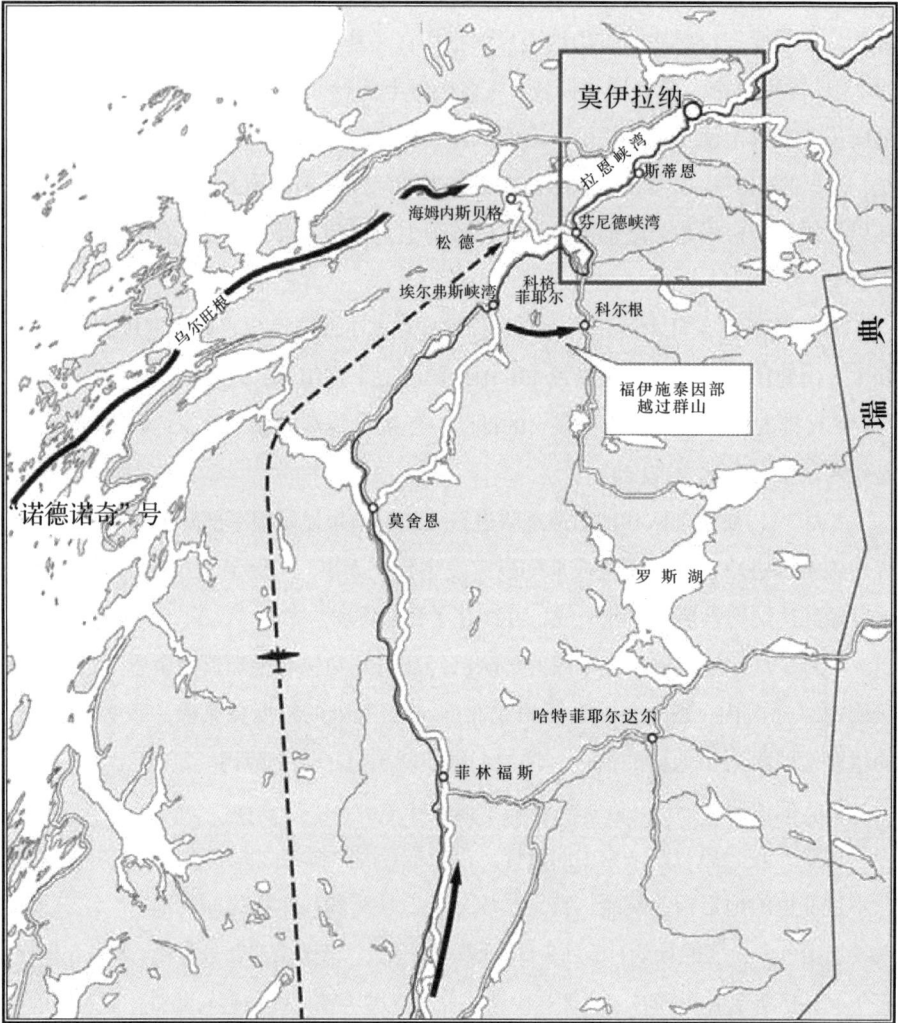

图10：1940年5月10日的"狂野"行动

事实上，挪威海岸警卫队向哈施塔德的盟军报告，他们观察到了"诺德诺奇"号的动向。但德军不知道这件事，继续向他们的目的地前进。在航行了40个小时后，"诺德诺奇"号的船员能够看到前方的海姆内斯贝格了。他们向码头驶去，在距离码头仅40米时，步枪的枪声破空而至。德军立即将一挺重机枪送到甲板上的射击位置，对可疑的敌军阵地进行扫射。他们还使用了"诺德诺奇"号甲板上的一门20毫米高射炮。[65]

陆上的火力在"诺德诺奇"号上的德军士兵中造成了伤亡。在船逐渐靠近码头时，射击声与伤员的呻吟声混在一起。一个水手带着一根缆绳从船上跳下，将船系泊起来。一个步枪班立即冲到岸上，另外两个班紧随其后，还有两个排不久后也下了船。随着德军夺路杀进村庄，近战也接踵而至。战斗逐屋进行，十分激烈。苦战之中，德军送上岸的一个迫击炮班展现了巨大价值。房屋一栋接一栋被点燃，伤员数量在不断上升。2名德军排长中弹，所有岸上的部队全部由一名仍留在火线上的排长指挥。[66]

突然，德军遭到了可怕的突袭。1艘英国驱逐舰在战场出现并向"诺德诺奇"号开炮，"诺德诺奇"号很快便沉没了，德军的辎重和大量弹药因此全部被毁。更糟糕的是，许多伤员被送到船上，现在随船一起沉入了峡湾底部。好在德军已经将他们的重武器送到岸上，此时他们转向那艘驱逐舰开火，驱逐舰就此离去，驶出了他们的视线。[67]

到了午夜，战斗的喧嚣开始消失。由于夜间不是漆黑一片，德军能再次辨认出峡湾水面上的英国驱逐舰，但它仍然没有开炮。相反，舰上派出了多艘小艇，让德军相信敌人的援兵正在上岸，但实际上是守卫海姆内斯贝格的残余部队被后送出去了。[68]

海姆内斯贝格位于一个半岛的顶端，而福伊施泰因集群走过的路线经过半岛底部的芬尼德。在海姆内斯贝格和芬尼德之间建立联系非常重要。对战俘的审讯让他们得知在海姆内斯贝格南面大约1公里的松德也有德军部队。在迫击炮和轻型火炮准备好支援这次推进时，一个德军排出动了。突然，一枚手雷在这个前进的排附近爆炸，炸伤了4名士兵。德军的重武器当即回击，敌人安静下来了。[69]

这个德军排继续向松德前进，后来再没有遭遇抵抗。当他们到达松德时，确实发现了德军战友。138山地团7连的大约70人乘坐7架水上飞机已飞到那里。在鲁道夫中尉的带领下，这 70 人得到了 3 架斯图卡俯冲轰炸机的支援，进行了一次与霍尔茨英格尔部经历类似的夜战，确保了一片登陆场的安全。这两次战斗让德军在海姆内斯半岛获得了一个立足点。霍尔茨英格尔连已有 9 人阵亡、10 人负伤和 3 人失踪，而鲁道夫部则仅 1 人阵亡、1 人负伤。[70]

当霍尔茨英格尔和鲁道夫的部队在海姆内斯贝格和松德战斗时，福伊施泰因集群继续北进。5 月 11 日，该部占领莫舍恩。要与根据"狂野"行动的指示在海姆内斯半岛登陆的部队建立联系，还有大约 50 公里的路要走。由于地形太过崎岖难行，这段距离无法快速通过，但联系最终还是在 5 月 16 日建立起来了。与此同时，霍尔茨英格尔得到了空运补给，让他能进攻芬尼德，并在 5 月 15 日占领这个地方。这个目标达成时，霍尔茨英格尔派出巡逻队去北面的莫伊拉纳和南面的科尔根侦察。这些巡逻队获得的情报会让福伊施泰因集群随后的推进获益。[71]

"狂野"行动在不止一个方面很有意思。当地面、海上和航空部队协同行动时，这次行动几乎可以被视为"威瑟堡"行动的缩影。然而，在海姆内斯贝格，协同作战是发生在战术层面的。除了航空运输和斯图卡俯冲轰炸机的火力支援，空中侦察对 2 个德军连也非常重要。[72]

对海姆内斯贝格的进攻也说明了德军设法对敌人实施迂回战术的倾向，以及他们利用机动性和快节奏的习惯。在这次战斗中，没有机械化部队可用。相反，他们必须在短时间内临机应变提出解决方案。从奥斯陆向特隆赫姆推进的过程中，德军频繁使用迂回机动困扰敌军。在"狂野"行动后不久的战斗中，这一战术会被再度使用，并发挥巨大作用。

斯蒂恩之战

空中侦察让佐尔科中校得知英军部队已在芬尼德和莫伊拉纳之间的斯蒂恩建立了坚固的防御阵地。这个情报是正确的。英军苏格兰近卫团的 2 个连确实在斯蒂恩的达尔塞尔文河沿岸占据了防御阵地，且那里的几座跨河桥梁都已被炸毁。而苏格兰近卫团的另一个连和一个独立连在达尔塞尔文河略北面通往莫伊拉纳的公路沿线充当预备队。另外，在预备队的射击阵地里有 4 门 25 磅榴弹炮。英军士兵负责靠近峡湾的地区，再往东，2 个挪威滑雪排保护比埃尔克蒙和里里阿科尔舍恩，对付德军的迂回机动。挪威军还告诉英军，他们应当占据达尔塞尔文河北面的科帕纳格伦山，但这一警告被忽视了。[73]

佐尔科中校指挥的一支混编部队会进攻敌人在斯蒂恩的阵地。这支混编部队的大部分属于他自己的营（137 山地团 2 营），不过该营的 1 个连奉派去守卫莫舍恩了。他还从 136 山地团得到 2 个连和一个名为"卡罗卢斯"的滑雪排，112 山炮团的一个排也会提供火力支援。佐尔科意识到地形会让一次正面进攻代价高昂，且不太可能成功。

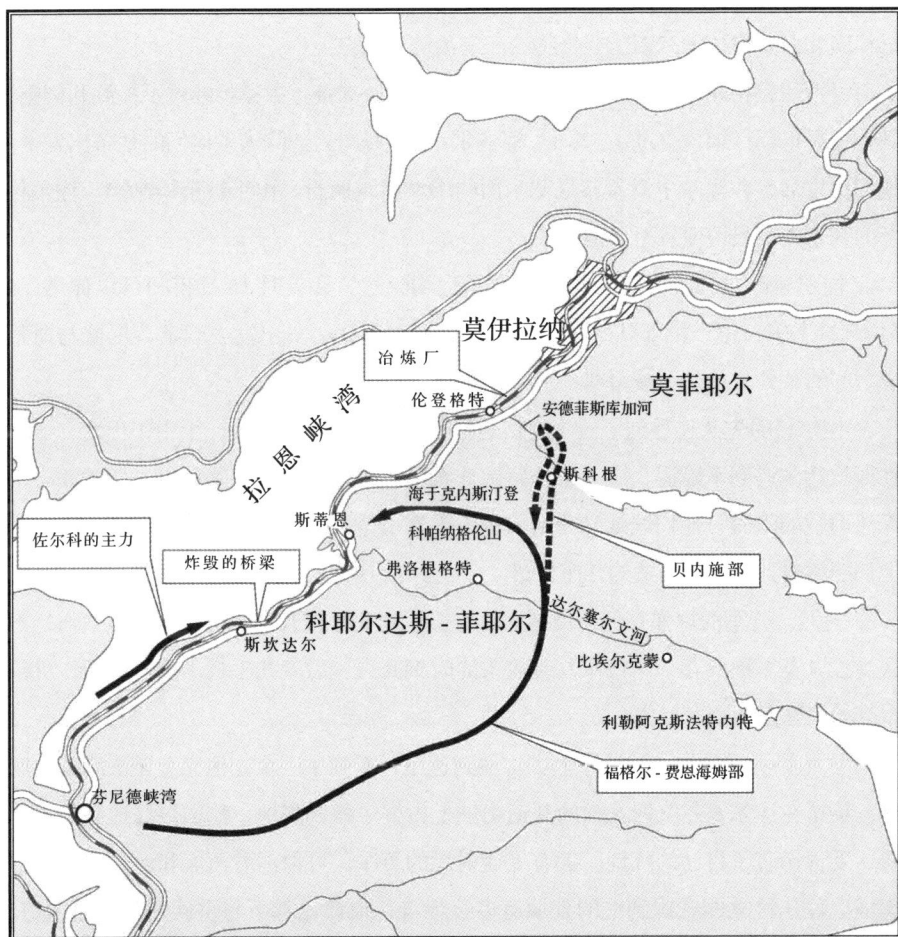

图 11：1940 年 5 月 16 日—18 日的斯蒂恩之战

从芬尼德到斯蒂恩的公路顺着峡湾海岸延伸；在东面，沟壑、悬崖和其他障碍会阻止所有的推进。于是佐尔科选择了范围更大的迂回行动，他麾下所有可用的部队都会被用于这次进攻。霍尔茨英格尔上尉与参加"狂野"行动的部队奉命守卫芬尼德地区。[74]

5月16日10时，佐尔科向福格尔 - 费恩海姆上尉发出了必要指示。后者身为第6连连长，会组织一次深入内陆的迂回包抄行动。除了本连之外，他还得到了卡罗卢斯滑雪排，这个排是由精选的山地部队人员组成的。福格尔 - 费恩海姆起初会指挥他的部队从芬尼德东进，在这个方向上推进10公里后，他会转向北面，然后在河湾上游大约5公里的弗洛根格特越过达尔塞尔文河。克服河水的阻碍后，他的主力会转向西面，沿着科帕纳格伦山南坡前进。而贝内施少尉指挥的卡罗卢斯排会继续向北面莫伊拉纳东南伦登格特的一座冶炼厂前进。[75]

下午，福格尔 - 费恩海姆一直在为这次任务做准备。雪橇都经过了检测和调整，其他装备也都仔细检查过了。23时，福格尔 - 费恩海姆的部队为了他们的任务出发了。他们出发后，在黑暗中沿着芬尼德东面的山坡滑雪而行。由于被植被遮挡，佐尔科部的其余人员很快便看不见他们了。[76]

佐尔科的主力不必在崎岖的地形里运动太远，在5月16日夜间可以休息。5月17日上午，第一批部队——一个小型自行车部队——出发去确定芬尼德与斯蒂恩之间的某处公路是否被堵塞。[77]

佐尔科的先头连得到了一个迫击炮排和一个工兵排的加强，于中午出发。他们在斯坎达尔遇到了障碍，有一段公路被炸毁了。对佐尔科的部队而言，这并非一个无法逾越的障碍，他们继续沿公路前进，来到了达尔塞尔文河的入海海湾。在这里他们能够看到河上被炸毁的几座桥梁。[78]

突然，英军的炮弹在他们周围爆炸。德军先头排排长兰佩茨少尉身负重伤，不久身亡。英军炮兵在一个德军易受攻击的时刻开火，后者几乎找不到掩蔽所。机枪也开始向暴露的德军射击。[79]

佐尔科听见枪炮声就冲了上去。他到达后，看到了一个让他完全无法满意的场景。英军在达尔塞尔文河北面的几道山坡上占据了瞰制阵地。他们很好地利用了地形，妥善伪装了自己的阵地。拥有上佳射界的英军，可以沿着河流和海湾洞穿整个南坡。佐尔科立即意识到他的处境有多么艰难，他命令部下将重武器——迫击炮、轻型步兵榴弹炮，以及山炮团的一个排送入射击阵地。[80]

这是一项艰巨的任务。如果重武器安置在公路上,则要么暴露在英军的火力之下,要么只能获得非常有限的射界。唯一现实的选择是,将重武器拖运到多石山坡上,找到更好的射击阵地。德军战士不得不竭尽全力移动火炮和迫击炮,16时,所有轻型步兵榴弹炮和一门山炮终于准备好开火了。[81]

16时15分,佐尔科命令先头连向公路上方的位置前进,同时重武器提供火力支援。一个机枪排已经在科耶尔达斯-菲耶尔北面的山坡上就位,从那里可以向英军的各处阵地射击。连里的战士们向东越过山坡上的森林,占据射击位置,而从这里可以对达尔塞尔文河及其北方地区发动攻击。[82]

英军没有静悄悄地休息。他们注意到德军在森林里活动,便使用迫击炮向那片林地开火。当其他英军部队不开火时,德军无法以足够的准确性来确定它们的位置,可是17时30分,他们得到了德国空军的帮助——尽管是以一种不寻常的方式。一架德军侦察机在英军上空出现。后者向飞机开火,从而让佐尔科的部下查明了许多英军的位置,更好地理解了英军是如何组织防御的。[83]

这个阶段,佐尔科还没有关于福格尔-费恩海姆下落的任何消息。一架德国陆军侦察机观察了福格尔-费恩海姆的部队应当前进的区域,却只能报告找不到他们。[84]

与此同时,福格尔-费恩海姆同样不清楚佐尔科缓慢机动的主力在河口附近出了什么事。他的部队在黑暗中继续前进,直到凌晨2时才遇上敌人,当时出现了一架英军侦察机。德军到达树林上方的秃山地区时,为免被发现,不得不在岩石之间保持静止。过了一段时间,英国飞机消失了,行军才得以重新开始。经过几小时的行军,他们暂停休息了一小时,然后在6时继续前进。[85]

暂停过后,福格尔-费恩海姆的部队继续北进。他们很快就遇到了一个挪威滑雪巡逻队。这是一个不好的征兆,因为突袭的关键因素可能已经消失了。在雪中还能看到其他巡逻队的滑雪痕迹,却没有看到什么敌人。尽管福格尔-费恩海姆很担心,但他还是决定按计划继续进行。他与部下已经到达北面很远的地方,可以准备下山进入达尔塞尔文河流经的山谷了。在这个阶段,福格尔-费恩海姆命令贝内施带领他那个23人的排北上。由于他们必须走更远的路,所以行动必须更快。贝内施选择了一条比福格尔-费恩海姆连更偏东的路线。[86]

两支德军部队都必须下坡越过达尔塞尔文河。这道斜坡陡峭崚嶒,很难通过。

福格尔 - 费恩海姆的部下不得不扛着他们的雪橇步行。贝内施的部队比他们幸运，只在山坡上搜索了片刻，就发现了一片狭窄却有用的洼地。他们没有遇到多大困难，就用雪橇滑下斜坡，越过了达尔塞尔文河。福格尔 - 费恩海姆不那么走运。在他的连到达河边时，发现冰层正在破裂，过河已经不可能了。他们在上游侦察后，最终发现了一片足以支撑他们的冰带。可是他们由于寻找路径耽误了时间，直到 14 时才到达北岸。虽然进度落后，但除了继续前进别无选择——该连过河时，薄冰层破裂了。[87]

河北面的地形非常复杂，峭壁和积雪让前进费时费力。福格尔 - 费恩海姆意识到他不能按时发动进攻了，但他仍要按照计划继续前进。他希望继续下去的话，至少能对佐尔科的进攻有利。[88]

16 时前后，福格尔 - 费恩海姆和他的部下听到西面传来战斗的声响，他们推测声音源于斯蒂恩地区。尽管他们已经因在深雪和崎岖的地形中艰难行进而筋疲力尽，那战斗的声音还是在敦促着他们继续前行。与此同时，贝内施继续向冶炼厂前进。17 时，他和他的部下抵达斯科根。从那里，他们可以进攻据估计盟军设在安德菲斯库加河沿岸的阵地。[89]

佐尔科只能隐约猜到迂回部队应当在的位置。他偶尔能听到莫伊拉纳方向传来的射击声，但这几乎无法让形势更加明朗。经过仔细考虑，佐尔科决定观望，不过为防患于未然，他命令自己的 2 个连在不被敌人察觉的情况下向东移动，越过达尔塞尔文河，然后进攻敌军阵地侧翼。[90]

这些机动没有让斯蒂恩之战的喧嚣结束。火炮和迫击炮继续开火，但片刻之后，德军不得不节约弹药了，因为除了用雪橇拉来的弹药之外，他们几乎没有其他可用的弹药了。几次从严重受损的桥梁上过河的尝试都没奏效，佐尔科只有等候侧翼包抄行动成功了。[91]

日光逐渐隐去，不过 5 月下旬这个纬度地区的夜晚没有变得一片漆黑。佐尔科仍不知道福格尔 - 费恩海姆的下落，但 23 时，他猛然听见了敌军东翼附近地区的机枪射击声。噪音很容易辨别出来，德制 MG34 机枪极高的射速形成了一种与他国军队使用的机枪截然不同的特有开火声。红白两色火光证实了侧翼迂回部队已经出现。[92]

这成了佐尔科的部下发动攻击的信号。山地部队悄悄向英军阵地移动的同时，重型武器加强了火力。守军开始用轻武器开火时，德军就能看到他们，并指示迫击炮和榴弹炮准确地向英军阵地开火。与此同时，德军山地部队在进攻敌军右翼，并逐渐将其压制。[93]

英军顽强抵抗，一场激战随之而来，可是侧翼包抄行动已经让德军占据了优势。当德军从东面进攻时，英军阵地变得难以维持，凌晨 3 时，战斗结束了。英军越过达尔塞尔文河北面的山脊撤退，德军则继续向他们开火。[94]

斯蒂恩激战进行之时，贝内施排在进攻冶炼厂。在斯科根，有一座横跨安德菲斯库加河的桥梁被德军完好无损地占领。桥上的挪威警戒队猝不及防，甚至没有机会开火。如果这次突袭失败，贝内施可能就不能继续前进——河流的屏障在其他任何地方几乎都无法逾越。[95]

贝内施和他的部下赶紧向岸边的冶炼厂冲去，可是在他们到达目标前，遭遇了比约克曼上尉率领的一支由 38 名瑞典志愿兵组成的部队。瑞典人在贝内施部所装备冲锋枪的射程以外打响了他们的机枪。德军从地形上找到了良好的掩护，但对贝内施而言，看上去他就要被包抄了。他决定撤退，他的部下也成功做到了这一点，只是与一个 8 人战斗组失去了联系。德军士兵再度从桥上越过安德菲斯库加河，藏在附近的一个农场里。然后他们停下休息了一段时间。[96]

5 月 18 日黄昏前，贝内施和他的部队一直留在斯科根地区。在此期间，他观察了附近的盟军部队，然后决定返回芬尼德，为此他的排行军整整 17 个小时。目前尚不清楚贝内施的任务对德军在斯蒂恩的胜利贡献有多大，不过他的突袭可能引起了保卫莫伊拉纳西南地区的英国和挪威部队的警觉。[97]

野战让佐尔科的部队筋疲力尽，不过 5 月 18 日 8 时，他们已开始追击撤退的敌军。德军在 11 时左右到达伦登格特的冶炼厂，然后在那里进行了一场数小时的战斗，击破了敌人的抵抗。佐尔科派出的几个巡逻队在 20 时返回，报告说敌军已经放弃莫伊拉纳。[98]

经过 5 月 17 日和 18 日的战斗，佐尔科战斗群蒙受的损失为 14 人阵亡和 26 人负伤。英军伤亡超过 70 人，挪威和瑞典部队的损失也可以加入其中。尽管没有任何显著的数量优势，佐尔科的机动依然成功将敌人逐出了一个坚固的防御阵地，而承受的伤亡人数只有敌人的一半。[99]

纳尔维克

当佐尔科在斯蒂恩战斗时，纳尔维克的局面变得越发不祥。迪特尔中将的部队仍占据着相当大的一片地区，但正受到兵力远比他多的盟军压迫。迪特尔的部队与福伊施泰因部仍相距约 300 公里。迪特尔与他的山地部队在 4 月 9 日登陆后，迅速占领了纳尔维克，不久就确立了一个相对宽阔的控制范围。然而，由于油轮未能出现，运送他的部队的 10 艘驱逐舰无法返回德国，只能留在纳尔维克。英国海军随后发动进攻，击沉了德国驱逐舰，上面的舰员只能被当作地面部队使用。补给舰船仅有 1 艘"扬·韦勒姆"号到达，却在卸货之前就被击沉在港内。德军设法从残骸中打捞出了一些宝贵物资，但迪特尔的补给状况仍不稳定，这让他的选项非常少。[100]

和在挪威战事期间的许多情况下一样，德国空军在为陆军部队战斗的偏远地区提供补给方面发挥了重要作用。在很短一段时间内，运输机可以在冰封的哈特维舍恩湖上降落，水上飞机也能在纳尔维克码头附近降落，以运送补给。可是，即便补给被送到纳尔维克，将物资运送到防御阵地——在一米厚的积雪中进行，仍是一项艰巨的任务。[101]

崎岖的地形、深厚的积雪和稀缺的道路不仅对迪特尔不利，他的对手也同样因恶劣的环境而受苦。由于他们打算驱逐德军，所以必须面对如何在当前的条件下让所有战斗部队向前推进的问题。这一事实在很大程度上解释了迪特尔在 5 月之前为何不必面对一次坚决的进攻。盟军指挥官之间的动摇也给了德军一些喘息的机会。[102]

1940 年 5 月，盟军在纳尔维克附近地区集结的兵力已经达到让迪特尔的部队陷入重大危险的程度。当盟军在纳尔维克以北的比耶克维克登陆时，形势变得尤其危急。迪特尔必须防御的地区很大，而敌军的数量优势又几乎是压倒性的，德军急需增援。由于福伊施泰因集群是否能在为时太晚之前与迪特尔会合还不明朗，德军尝试了许多替代方案。[103]

空中力量对向纳尔维克调运援兵至关重要，但德国空军在其他几个方面也做出了贡献。德国伞兵部队隶属于空军，其中一些可以派往纳尔维克。第 1 伞兵团 1 营在 5 月参加了荷兰境内的多次战斗，随后被派往德国北部的施滕达尔，5 月 19 日到达。2 天后，该营又接到命令立即转赴挪威，在纳尔维克紧急空降。[104]

弗里茨·朔伊林中士在这个伞兵营服役。与战友一样，他开始将执行一次战斗任务所需的设备、武器和其他一切装箱打包。这一回，他们得到指示带上山地靴和雪地战斗服。由于报纸上已经刊登了几篇关于迪特尔山地部队战斗的文章，伞兵们在登上开往西北方向的火车时，已经能够猜到自己的任务是什么了。[105]

在弗伦斯堡，朔伊林上了他未来几周内在德国境内的最后一次早间厕所。然后火车继续开往丹麦，前往奥尔堡。火车到站时，已有卡车在等着将伞兵送往城外的机场了，他们将会在那里登上 JU-52 运输机。他们要乘飞机去挪威，不能浪费一点时间。当所有人员物资都上了飞机后，飞行员就启动了发动机。伞兵们都分配到了救生衣，不过他们只是大笑着说在飞行时什么都不会发生。很快他们就能看到飞机下方斯卡格拉克海峡的碧波了。

朔伊林心不在焉地留意着丹麦本土是如何逐渐落在飞机后面的。发动机发出的"嗡嗡"声让他昏昏欲睡，但片刻之后，他就被一声"挪威在前面！"的大叫惊醒了。他走到窗前，看到了海岸。没多久，他的目光就落到了正沐浴在阳光中的山谷、树木茂盛的山峰和湍急的河流上。挪威的瑰丽美景给他留下了深刻印象。一些人站在几座房屋旁，向德国飞机挥手致意。

再往北风景就比较荒凉了。运输机不得不在更高的高度飞行，因而遇到了云层。朔伊林能听见无线电操作员调到地面控制中心使用的频率和他的呼叫声。不多时操作员就大喊道："离我们到达目的地只剩几分钟了！"飞行员缓缓下降，结果发现导航几乎完美，距离特隆赫姆不远的拥挤航空基地出现在重载的容克式运输机前方，尽管地面上忙碌不停，降落还是安全完成，没出任何问题。可是，一架运输机在离奥斯陆和特隆赫姆之间的雷纳不远的地方被击落，机上的所有人员都死了。这可能是一个自相残杀的案例，因为 5 月的这个时候该地区没有任何盟军部队。[106]

好在朔伊林从载他飞到特隆赫姆的容克式运输机上安全下机了。他发现这个小型航空基地的组织好得令人惊叹。轰炸机、战斗机、运输机和俯冲轰炸机都被分派到不同的独立区域。卡车为准备执行不同任务的飞机运来炸弹和弹药。装满为纳尔维克的部队提供的补给的密封罐，被固定在亨克尔 He-111 和容克 Ju-88 飞机上。一架运输机发出震耳欲聋的噪音飞走了，身后留下一团巨大烟尘，部分遮挡了朔伊林的视线。突如其来的警报信号打断了他的思绪。警报声是因另一架飞机即将着陆而发出的，这架飞机运载着他营里的更多人员。

伞兵很快被带到他们的兵站——一座巨大的木质建筑里安顿下来，里面为他们准备了草席。当天剩余的时间都在聊天，可是到了夜间，当朔伊林的手表显示已经22时的时候，外面仍然很亮的天色让他吃了一惊，因为他从未到过这么遥远的北方。他问几个已经在特隆赫姆待了一段时间的士兵："这里的夜晚什么时候开始？"

"这里没有夜晚。"有个士兵大笑道。

伞兵们意识到尽管夜色明亮，他们还是要设法睡上一觉。他们都是久经考验的军人，知道下次休息可能要等上很长时间。只不过，要在机场附近睡觉太难了。因为夜色从未变得漆黑，飞机整夜都在起降。当士兵们想要入睡的时候，飞机的噪音就会来打搅。那些设法入睡的士兵在凌晨2时被唤醒，他们必须准备降落伞和其他装备。不久，朔伊林和其他人就走向了正在等候他们的容克式飞机。一个参加过第一次世界大战的老飞行员在将要送朔伊林去纳尔维克的飞机旁边候着。他向伞兵们致意："好吧，小伙子们。进入机舱的时候到了。"

问题在于，上飞机不是易事。为了让容克式飞机能往返纳尔维克，德军对它们进行了改装。机舱内装了额外的燃料，留给陆军士兵们的合适空间就不多了。然而，飞机很快就准备好起飞了。飞行员让发动机快速运转，容克式飞机沿着跑道加速，不多时就足以携带沉重的负荷起飞了。

纳尔维克伞降

朔伊林分配到了一个靠近机舱门的位置，到达目标区域时，伞兵们会从这个门跳下去。从这个位置，他将下面的地形尽收眼底，阳光在群山、泥沼、悬崖、雪原和结冰的湖面上闪耀。飞行员利用地形躲避敌人的侦察，几架容克式飞机的飞行高度相当低。据报告，有英军战斗机在该地区行动。朔伊林站在无线电操作员旁边，无法掩饰他对飞行员的钦佩。这位无线电操作员说，他和飞行员从一同为汉莎航空公司工作开始，一起飞了十多年了。

容克式飞机已向北飞了几个小时。朔伊林发现北方的风景较为荒凉，除了山脉、悬崖和冰雪，他什么都看不到，甚至连公路都看不到。他试图想象纳尔维克的样子，推测那里激战正酣。他意识到自己不久就会参加一场恶战。突然，一声大喝打断了他的思绪——"准备！"

朔伊林系好了跳伞绳，从飞机上跳下后，他很快就会打开降落伞。值得一提的是，他能看到一面巨大的纳粹党旗，鲜红的颜色与周围的环境形成鲜明对比，纳粹党旗四周是悬崖和白雪荒原中的一小片绿色区域。他的双眼还发现了一些小屋和看起来像是一条铁路的东西。

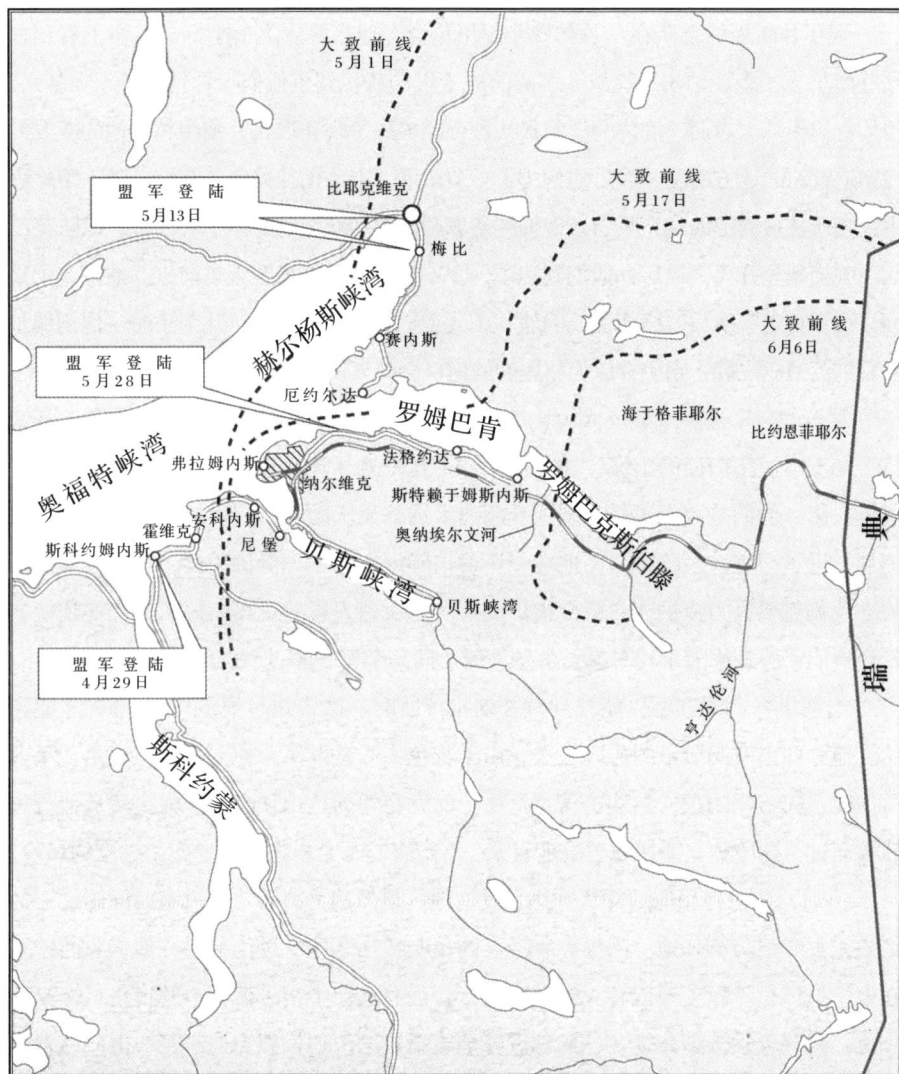

图12：1940年4月—6月的纳尔维克地区

朔伊林身后的人喊道："准备跳伞！" 他抓住开口处的把手，向前走去。寒风让他热泪盈眶。他仍在等待跳伞信号，在他最终听到信号前的这一刻，时间仿佛凝固了。他几乎本能地做出了反应，让自己跳入空中。他落叶般地向着地面盘旋下降，然后打开降落伞缓缓降落。教科书般地着陆后，朔伊林立即解开保护背带。2 架梅塞施密特 Bf-110 飞机在他上方盘旋，在他寻找战友之前，只是"屈尊"瞥了一眼这 2 架飞机。最终这批伞兵只有一人负伤，其他所有人都安全着陆了。

朔伊林所属的部队在一片林中小屋里集合，他在跳伞之前刚好从飞机上看到过这些屋子。一些在纳尔维克战斗多时的战士很快就找到了他们。看到援军正在赶来，他们喜出望外。然而，愉快的气氛很快被残酷的战争现实取代。朔伊林和他的战友们在靠近铁路的地方着陆，然后他们爬上一节车厢，准备前往前线。在这一趟铁路旅程中，朔伊林被周围的风光吸引。他们到达罗姆巴克斯峡湾时必须小心前进，以防英国驱逐舰出现和开火。最后，他们到达了一个不能再轻率地靠乘火车前进的地方，伞兵们只得步行走完最后一段相当长的旅程。战士们沿着铁路步行了几个小时。他们偶尔会看到英国驱逐舰，朔伊林以为驱逐舰的炮口会开火发光，却什么都没发生。

艰苦的行军还在继续。大雨让情况更加惨不忍睹，片刻后，这群伞兵就离开铁路，爬上了铁路南面的山坡，在山上找到了几个战斗阵地。最后，朔伊林看到一些灰色人影。他们是敌人还是德国人？距离太远，无法确定。朔伊林和其他几名伞兵悄悄靠近了一些。为防万一，他在一个射击阵地安置了一挺机关枪，一旦继续前进的士兵们需要火力掩护，它就会提供支援。与灰色人影的距离缩短了，最终朔伊林看到他们穿的是德国伞兵军服。这些人属于同一个营，不过着陆的时间早些。

当朔伊林询问在哪里能找到营长的指挥所时，被告知必须步行 20 分钟才能到达。他立即出发向所示的方向走去，由于灰色人影是友军，他不必再担心了。不多时他就走向一座山顶，到达了营指挥所。而就在他到达山顶时，子弹突然从他身边呼啸而过。朔伊林立即找地方隐蔽起来，下定决心不会再将自己暴露给过度的风险。

最后，朔伊林和他的部队到达了目的地，虽然极为疲劳，但没有时间睡觉。他们被派去守卫防御阵地。因为穿着浸湿的军服，当寒风吹过山头时，他们只能蜷缩在地下掩体里。除了等待和观察周围地形，没有其他事情可做。时间过得很慢。有一次，这些伞兵接到命令在一座邻近阵地重新集结。他们费力地起身，诅咒这费劲儿的行动，却于事无补。

在奥恩河附近的一些房子里进行的一次休息令人振奋。伞兵们还得到了温暖的食物，这对挨冻的饥饿士兵而言是一种奢侈。他们也能将湿衣服挂起来晾干。吃过饭又料理好军服后，朔伊林进入了梦乡。哪怕炮火轰鸣，他还是继续睡觉。与此同时，德军在纳尔维克地区的局势恶化。在朔伊林睡醒后——他不知道自己睡了多久——他和他的部下被派去守卫靠近罗姆巴克斯伯滕的几座阵地。

新阵地遭到了猛烈的火力打击，英国驱逐舰也参与了炮击。朔伊林希望至少有一门德国火炮回击，但他和其他伞兵唯一能做的就是蹲下身躯。他看到战友中弹负伤，却无能为力。医务兵努力将伤员送到安全的地方，但这是一项困难而危险的任务。由于炮击，后送无法进行，一名伤员苦等了 3 个多小时，最后还是死了，朔伊林觉得他的尸体就像一具蜡像。

盟军的火力不时切断电话线，重火力也让德军很难将弹药送到前线。个别士兵奉派携带弹药和食物到战壕，可这也是一项非常危险的任务。朔伊林看到有几人头部被狙击手射中后突然倒下。

自朔伊林在纳尔维克着陆以来，天气一直很恶劣，不过在这个阶段，天空其实已经放晴了。阳光绝对舒适，都将战士们的衣服晒干了。朔伊林也为另一种景象所振奋：德国空军的轰炸机在空袭盟军阵地，从而让压力颇大的伞兵们缓了一口气。朔伊林和他的战友们挥手致意，但机组人员可能没看见他们。不过，他注意到盟军的火力在空袭之后有所缓和。几小时后，他又目睹了德国俯冲轰炸机的一次空袭。

朔伊林和德国一方的其他任何人都不知道的是，盟军在 5 月 25 日已决定放弃纳尔维克。尽管事实上迪特尔部的兵力严重不足（虽有援兵），但盟军对尽可能多地破坏港口和铁路已经满足。与此同时，他们对迪特尔的部队尽可能多地施加压力，特别是为了掩护即将到来的撤退行动。[107]

再往南，福伊施泰因集群在 6 月 1 日占领博德。迪特尔的战况报告显示，他的部队孤悬在纳尔维克以东靠近瑞典边境的一个区域，形势岌岌可危。德军构思了几个方案增援迪特尔，但除了"比菲尔"行动，没有一个实现。技艺精熟的山地部队负责"比菲尔"行动，他们越过了博德和纳尔维克之间地形极端崎岖的山脉，那里没有现成的公路。然而，这段距离相当遥远，直到盟军撤离纳尔维克，他们才与迪特尔会师。剩下的只是接受挪威北部的挪威军队投降了。[108]

独一无二的行动

乍一看,"威瑟堡"行动在德军的闪击战中似乎是一种反常现象。德军在挪威使用过坦克,但数量非常少,贡献也不大。而所谓俯冲轰炸机和坦克的协同作战更加不值一提。假设闪击战首先是基于技术发展——诸如坦克和作战飞机的理念的话——那么挪威战事在闪击战的发展过程中确实像是一次停滞。然而,如果将闪击战视为德国兵法的持续发展,那么挪威战事就不会显得异常。努力依靠奇袭、巧计、主动性、机动能力和速度快速取得决定性成果,是"威瑟堡"行动计划和实施时的特点。

德军的小型装甲部队参加了挪威的战斗,特别是在居德布兰德斯河谷和埃斯特河谷沿线的推进过程中。它们为德军的胜利做出了贡献,但与它们在本书讨论的其他战事中的表现相比,这次的贡献显然不那么重要。然而,即便装甲部队的贡献与实质性贡献相差颇远,也肯定不能说德国空军的成功对这场战事所做的贡献不是实质性的。德国空军几乎在各方面都做出了贡献,但或许最不重要的就是为地面战斗部队提供直接火力支援。尽管炮兵短缺,在挪威作战的德国陆军各部也只是偶尔才得到空中火力支援。第21集群将地面和航空部队之间的协同作战描述为"害群之马"。因为有许多自相残杀的案例,还有对敌人没有防御的阵地进行空袭的例子。复杂的地形强调娴熟的导航能力,这在一定程度上反映了为何地空协同不利,而地面和航空部队之间的通信环节同样过于冗长,这在变化多端的战斗中尤其不利。[109]

然而,存在一种更为基础性的解释,这一点在第3山地师的报告中强调过。报告强调,在和平时期,空中和地面部队的协同行动几乎无法得到演练。因此许多近地航空支援的问题只有到作战开始以后才能暴露。例如,飞行员往往拿到比例尺不准确的地图。[110]

话说回来,有问题且往往无效的近地空中支援不应抹杀德国空军的整体贡献。德国空军让盟军向挪威的海上运输变得十分脆弱,大大降低了盟军的行动自由度。而德国空军运输人员、装备和物资的能力增加了德军对替代方案的选择。仅这两个方面就足以说明德国空军对德国的胜利至关重要,不过德国空军的价值甚至还要更大。例如,佐尔科在斯蒂恩的战斗中得到侦察机助战,而这绝非孤例。在"狂野"行动期间,德国空军空降地面部队,提供火力支援。朔伊林在纳尔维克观察到的对盟军炮兵的多次空袭,不仅减少了向德军伞兵发射的炮弹数量,还提高了德军的士气——可能还对他们的对手产生了相反的影响。[111]

许多德国空军军官以前在陆军服役，这可能对跨军种协同作战有利。尽管如此，德军跨军种协同作战的各种缺点也明显可归咎于20世纪30年代后半期的快速扩军。有人声称1940年德军在挪威的战事，是三个军种联合行动取得战役胜利的第一个重要战例。这一评论看来是正确的。这种协同作战主要是通过所有层面上的个别协同作战来实现的，而并非一种塑造其行动的明确理论实现的结果。[112]

陆军作战部队在战斗中也依赖下级指挥层的主动精神。佐尔科在斯蒂恩自行应变，他对允许一位下级军官在没有进行任何联系的情况下，独立实施一次大范围的重要侧翼行动没有迟疑。这一点在斯泰恩谢尔和"狂野"行动期间也可见一斑。此外，这些战斗在非常短暂的准备活动之后就开始了。

一项关于德军地面战斗部队如何在挪威作战的研究表明，他们的战斗与被视为典型的装甲部队的战斗有许多相似之处。实际上，德军地面部队在挪威的推进很快。例如，德军从阿斯马尔卡向居德布兰德斯达尔的奥塔前进时，一周内推进了130公里。[113] 或许令人印象更加深刻的是福伊施泰因从格龙到莫舍恩的推进，当时6天之内行军160公里。[114] 这些表现依靠的是步兵和山地部队实施的反复迂回包抄和其他类型的机动。这种行为在德国地面部队的各个级别都很明显，是在他们中间倡导主动性的证据。在挪威，对匆忙组建的大小战斗集群的频繁使用也很普遍。

在挪威进行的历次战斗没有以重大伤亡结束。德军报告有1317人阵亡、1604人负伤和2375人在战斗中失踪或者在海上就不知去向。[115] 盟军也没有付出高昂的流血代价。英军在挪威地面战斗期间的损失为1869人阵亡、负伤和失踪，还有大约2500人在海上不知去向。[116] 波军和法军的伤亡合计为530人。[117] 挪威武装部队大约有860人捐躯，他们的负伤数字看来相仿。[118]

装备的损失似乎对未来的作战产生了更大影响。德国空军的损失是包括所有机种在内的242架飞机。[119] 对德国人来说更糟的是，海军损失了1艘重巡洋舰、2艘轻巡洋舰、10艘驱逐舰、1艘鱼雷艇和6艘潜艇，还有4艘巡洋舰和6艘驱逐舰受损。[120] 军舰的损失意味着德国海军几乎无法使用占领的各个基地。于是，被认为攻打挪威的有价值的理由之一到后来才得以成为现实。类似的是，纳尔维克港口承受的破坏意味着铁矿石要好几个月之后才能装运。只不过，随着波罗的海的冰冻消融，铁矿石可以从铁路运到吕勒奥，再从那里装船运往德国。与此同时，德国人在1940年夏秋可以修复纳尔维克的港口。

德国在挪威的完胜依靠的是战役初期的突袭因素，随后仰仗的是在挪威的德军各部的表现。然而，取得这一成果还有一个重要原因：挪威不是唯一要纳入考虑的领域。再往南，庞大的地面部队集结在一起，为战斗做好了准备。预期在西欧的军事行动对德国向斯堪的纳维亚提供军事资源的能力有深远的影响。

注解

1. 德军进攻挪威的更多详情，见 M. Tamelander and N. Zetterling, *Den nionde april* (Lund: Historiska Media, 2000), 16–51, 61–69. 德国海军战略的更多内容，见 N. Zetterling and M. Tamelander, *Bismarck* (Drexel Hill, PA.: Casemate, 2009).

2. Tamelander and Zetterling, *Den nionde april*, 37–51.

3. Tamelander and Zetterling, *Den nionde april*, 41–51.

4. 同上，41–51，61。

5. 同上，49–50。

6. Tamelander and Zetterling, *Den nionde april*, 61–67.

7. 同上。

8. 同上。

9. 同上，61–69。

10. 哈拉尔德·策勒的故事根据 "*Meine Erlebnisse bei der Besetzung Bergens*," BA-MA MSg 2/2881. 文档出于个人情操受到限制的原因，哈拉尔德·策勒是一个虚构的名字。

11. *Gruppe XXI Ia Nr. 82/40 g-Kdos.Chefs., 16.3.40, Operationsbefehl für die Besetzung von Bergen*, NARA T312, R 980, F9172226-30; *Anlage 2 zu Gruppe XXI Ia (2) Nr. 38/40 g.Kdos, v. 11.3.40, Transport und Eintreffübersicht*, NARA T312, R980, F9172155. Also W. Hubatsch, "*Weserübung*': *die deutsche Besetzung von Dänemark und Norwegen 1940* (Göttingen: Musterschmidt Verlag, 1960).

12. '*Meine Erlebnisse bei der Besetzung Bergens*," BA-MA MSg 2/2881; Tamelander and Zetterling, *Den nionde april*, 77–79.

13. Edgar Alker, "*So nahmen wir Drontheim, Steinkjer und Stören*," BA-MA RH 37/6892.

14. 同上。

15. 同上；Tamelander and Zetterling, *Den nionde april*, 76–77.

16. BA-MA RH 37/6892; Tamelander and Zetterling, *Den nionde april*, 76–77.

17. BA-MA RH 37/6892; Tamelander and N. Zetterling, *Den nionde april*, 76–77.

18. BA-MA RH 37/6892; "*Gliederung, Stärken und Verteilung auf die Schiffseinheiten*," BA-MA RH 37/6892; Weiss, "*Erinnerungen an Norwegen 1940*," 21–24, BA-MA RH 37/6892; Tamelander and Zetterling, *Dennionde april*, 76–77.

19. BA-MA RH 37/6892.

20. 同上。

21. 这一段记录根据 Werner Boese, "*Erlebnisbericht Blücher*," BA-MA MSg 2/4922 写成。

22. 同上；Tamelander and Zetterling, *Den nionde april*, 70–72, 83–87.

23. Tamelander and Zetterling, *Den nionde april*, 83–87.

24. 同上，41–56。

25. BA-MA MSg 2/4922.

26. *Der Oberbefehlshaber det Luftwaffe, Führuungsstab Ic, No. 3343/40 g.Kdos (III), "Bericht über den Einsatz der Luftwaffe bei der Besetzung von Dänemark und Norwegen am 9.4.40," H.Qu., April 10,1940*, BA-MA RL 2 II/1027.

27. Tamelander and Zetterling, *Den nionde april*, 90–92.

28. 同上。

29. 同上。

30. BA-MA RL 2 II/1027; Tamelander and Zetterling, *Den nionde april*, 90–104.

31. 同上，93f, 103f.

32. 同上，113–119, 152–153.

33. *OKW WFA Nr. 827/40 g.Kdos. Abt.L 19.4.40*, NARA T312, R983, F9174915.

34. Andreas Hauge, *Kampene i Norge 2* (Krigshistoriskt Forlag A.S, 1995), 113.

35. J. L. Moulton, *The Norwegian Campaign of 1940* (Eyre & Spottiswoode, 1966), 169.

36. *Luftwaffe Führungsstab Ia, order before the attack on Warsaw on September 17, 1939*, BA-MA RL 2, II/51, 50.

37. Stellan Bojerud, "*Norgefälttåget 1940—en studie i ett operativt misslyckande*," 收入 *Urladdning* (Stockholm: Probus förlag, 1990), 141–143.

38. Earl F. Ziemke, *The German Northern Theater of Operations 1940–1945*, (Department of the Army Pamphlet No. 20–271), 55–56.

39. *Gruppe XXI Ia, Operationsbefehl für die Besetzung von Südnorwegen, 12.4.1940 (Mündl. Voraus 11.4 23.00 Uhr)*, NARA T312, R982, F9173670f.

40. *I.R. 362 Ia, Unternehmen Norwegen*, NARA T312, R989, F9181977-85.

41. Tamelander and Zetterling, *Den nionde april*, 134–141, 160–166.

42. *Gruppe Trondheim Ia, Lagebericht für die Zeit vom 22.—24.4.40, O.U., den 24.4.1940, 10.00 Uhr*, NARA T312, R983, F9175577.

43. *Gruppe XXI Ia Nr. 268/40 geh. "Befehl für Operationen im Raum Drontheim," 15.4.1940*, NARA T312, R982, F9174410.

44. *Gruppe XXI Abendmeldung 20.4.1940*, NARA T312, R982, F9173473; *Gruppe Detmold Ia, Lagemeldung für die Zeit vom 20.4 16.00 Uhr bis 21.4 17.00 Uhr*, NARA T312, R983, F9174858; *III./Geb.Jäg.Rgt. 138, "Gefechtsbericht Nr. 2 vom 21.4.1940*," BA-MA RH 37/7063; *KTB III./Geb.Jäg.Rgt. 138, 21.4.40*, BA-MA RH 37/7063.

45. *Gruppe Detmold Ia, "Lagemeldung für die Zeit vom 20.4 16.00 Uhr bis 21.4 17.00 Uhr*," NARA T312, R983, F9174858; *III./Geb.Jäg.Rgt. 138, "Gefechtsbericht Nr. 2 vom 21.4.1940*," BA-MA RH 37/7063; *KTB III./Geb.Jäg. Rgt. 138, 21.4.40*, BA-MA RH 37/7063; P. Klatt, *Die 3. Gebirgs-Division* (Bad Nauheim: Verlag Hans-Henning Podzun, 1958), 33–37.

46. BA-MA RH 37/7063.

47. 同上。

48. 同上。

49. NARA T312, R983, F9174858; Tamelander and Zetterling, *Den nionde april*, 156.

50. NARA T312, R983, F9174858; Tamelander and Zetterling, *Den nionde april*, 156–157.

51. BA-MA RH 37/7063.

52. 同上。

53. 同上。第 359 步兵团蒙受的精确伤亡数字尚未确定，不过看来在 4 月 22 日有 4 人阵亡和 10 人负伤。见 *Gruppe Drontheim Ia, Meldung an Gruppe XXI, 23.4.40, 09.45 Uhr*, NARA T312, R983, F9174742.

54. 到 4 月 24 日为止，1 营和 2 营（加上第 14 连的 2 个排）已到达特隆赫姆。此外，359 团 1 营，还有 2 营的大约 300 人都已到达。上述部队加上那些 4 月 9 日从军舰上登陆的部队，得出了 3500 人这个数字。见 NARA T312, R983, F9175577. 沃伊塔施不得不用这些资源面对该地区的挪威军部队，以及盟军在纳姆索斯和翁达尔斯内斯登陆的部队，每一处都达到大约 1 个旅的规模。

55. *Gruppe XXI, Abendmeldung 18.4.40*, NARA T312, R982, F9173466; *Gruppe XXI, Abendmeldung 30.4.40*, NARA T312, R982, F9173502.

56. *Gruppe XXI, Morgenmeldung 4.5.40*, NARA T312, R982, F9173514.

57. *Tätigkeitsbericht der Abteilung IVa der 2. Gebirgsdivision über den Einsatz Norwegen*, NARA T315, R98, F000398.

58. *Tätigkeitsbericht der Divisionsarztes der 2. Gebirgs-Division*, NARA T315, R98, F000357.

59. NARA T315, R98, F000404.

60. *Gruppe XXI/Ia, mündl. durch Chef am 4.5 17.00 Uhr an Kdr. 2. Geb.Div. u. Kdr. 181. I.D.*, NARA T312, R1647, F000080.

61. *Gruppe XXI, Sondermeldungen vom 5.5.1940*, NARA T312, R982, F9173517.

62. *Gruppe XXI, Morgen und Abendmeldungen 7-10 maj 1940*, NARA T312, R982, F9173521ff.

63. 登上"诺德诺奇"号客轮的部队由 138 山地团 1 连、1 个炮兵连和 1 个重迫击炮班组成，见 *Kriegsgeschichte des I. Btl. Geb.Jäg.Rgt. 138, vom 5.3.–9.6.1940*, BA-MA RH 37/2781.

64. BA-MA RH 37/2781.

65. 同上。

66. 同上。

67. 同上。

68. 同上。

69. 同上。

70. *Oberleutnant Rudolf, Gefechtsbericht des Unternehmens Wildente (7./138) vom 10.5, 16.00 Uhr bis 11.5.03.00 Uhr*, NARA T312, R985, F9178051; *Hauptmann Holzinger, 1./138, Gefechtsbericht des Unternehmen Wildente vom 8.5.1940, 22.30 Uhr bis zum 15.5.40, 19.00 Uhr*, NARA T312, R985,F9178047ff; BA-MA RH 37/2781.

71. *Gruppe XXI, Morgenmeldung vom 12.5.1940*, T312, R982, F9173533; *Gruppe XXI, Abendmeldung vom 16.5.1940*, T312, R982, F9173543; *II./Geb.Jäg.Rgt. 137, "Vormarsch des verstärkten II./Geb.Jäg.Rgt. 137 von Trondheim—Finneidfjord (2.5—16.5.40)*," BA-MA RH 37/7030; NARA T312, R985, F9178047ff.

72. 空中侦察的价值在上一注解给出的几个出处中显而易见。在某些情况下，空中侦察是佐尔科的下属部队所在地的唯一情报来源。

73. BA-MA RH 37/7030; T. K. Derry, *The Campaign in Norway* (Sanders Phillips & Co. Ltd., 1952), 182–183; Trygve Sandvik, *Krigen i Norge 1940: Operasjonene til lands i Nord-Norge 1940 II* (Oslo: Gyldendal, 1965), 101.

74. BA-MA RH 37/7030. 留在莫舍恩的是 137 山地团第 8 连。佐尔科得到了 136 山地团的第 7 连和第 8 连。

75. 同上；*6./Geb.Jäg.Rgt. 137, "Bericht über den Einsatz der Schi-Stosstrupp-Kompanie*," BA-MA RH 37/7030.

76. *II./Geb.Jäg.Rgt. 137, "Gefecht der Gruppe Sorko bei Stien—Mo am 17. und 18. Mai 1940*," BA-MA RH 37/7030; *6./Geb.Jäg.Rgt. 137, "Bericht über den Einsatz der Schi-Stosstrupp-Kompanie*," BA-MA RH 37/7030.

77. *II./Geb.Jäg.Rgt. 137, "Gefecht der Gruppe Sorko bei Stien—Mo am 17. und 18. Mai 1940*," BA-MA RH 37/7030.

78. 同上。出任先锋的是第 7 连。

79. 同上。

80. 同上。

81. 同上。

82. 同上。

83. 同上。

84. 同上。

85. *6./Geb.Jäg.Rgt. 137, "Bericht über den Einsatz der Schi-Stosstrupp-Kompanie*," BA-MA RH 37/7030.

86. 同上；*Sonderkommando Karolus, "Bericht zum Einsatz beim Vormarsch der Gruppe Sorko (16—19.5.1940)*," BA-MA RH 37/7030.

87. 同上。

88. 同上。

89. 同上。

90. *II./Geb.Jäg.Rgt. 137, "Gefecht der Gruppe Sorko bei Stien—Mo am 17. und 18. Mai 1940*," BA-MA RH 37/7030.

91. 同上。

92. 同上。

93. 同上。

94. 同上。

95. *Sonderkommando Karolus, "Bericht zum Einsatz beim Vormarsch der Gruppe Sorko (16–19.5.1940),"* BA-MA RH 37/7030.

96. 同上；Sandvik, *Krigen i Norge 1940*, 102.

97. *II./Geb.Jäg.Rgt. 137, "Gefecht der Gruppe Sorko bei Stien—Mo am 17. und 18. Mai 1940,"* BA-MA RH 37/7030; *Sonderkommando Karolus, "Bericht zum Einsatz beim Vormarsch der Gruppe Sorko (16–19.5.1940),"* BA-MA RH 37/7030.

98. *II./Geb.Jäg.Rgt. 137, 'Gefecht der Gruppe Sorko bei Stien—Mo am 17. und 18. Mai 1940,"* BA-MA RH 37/7030.

99. 同上；J. Adams, *The Doomed Expedition* (London: Leo Cooper, 1989), 78.

100. "威瑟堡"行动开始时，迪特尔是少将，但在 5 月 9 日晋升为中将。关于纳尔维克战斗的更多内容，见 Ziemke, *The German Northern Theater of Operations 1940–1945*, 87–104; Tamelander and Zetterling, *Den nionde april*, 79ff, 123ff, 199–272; A. Buchner, *Narvik, Die Kämpfe der Gruppe Dietl im Frühjahr 1940* (Neckargemünd: Kurt Vowinkel Verlag, 1958): *KTB Nr. 2 der 3. Geb.Div. (Gruppe Narvik) 6.4.40–10.6.40*, NARA T315, R174.

101. 同上。

102. 同上。

103. 同上。

104. *I./Fallschirm-Jäger.Rgt. 1, "Einsatzbericht Narvik,"* BA-MA RL 33/37.

105. 这一描述根据 *Stabsfeldwebel Fritz Scheuering, "Als Fallschirmjäger nach Narvik,"* BA-MA MSg 2/4032 写成。

106. BA-MA RL 33/37; BA-MA MSg 2/4032.

107. Tamelander and Zetterling, *Den nionde april*, 241–244.

108. Ziemke, *The German Northern Theater of Operations 1940–1945*, 99–104.

109. *Erfahrungsbericht Gruppe XXI, 7.10.40*, NARA T312, R986, F9178783, 28f.

110. *Anlage zu 3. Geb.Div. Ia Nr. 241/40 geh. 16.7.40, Erfahrungsbericht*, NARA T312, R986, F9179062, 5–7.

111. NARA T312, R986, F9178783, 28f; NARA T312, R986, F9179062, 5-7.

112. James S. Corum, "The German Campaign in Norway 1940 as a Joint Operation," *Journal of Strategic Studies* (Vol 21.4, 1998), 50–77.

113. Tamelander and Zetterling, *Den nionde april*, 130–133, 163–183, 201–233, 231–241.

114. 同上，130–133, 201–233, 231–241, 246–249. File RH 30/7 at *Bundersarchiv-Militärarchiv* 包括一份福伊施泰因在挪威历次战斗的报告。

115. Hans-Adolf Jacobsen, *Kriegstagebuch des Oberkommandos der Wehrmacht (Wehrmachtführungsstab) Bd. I* (Frankfurt am Main: Bernard & Graefe, 1965), 1166.

116. Adams, *The Doomed Expedition*, 175.

117. 同上。

118. Hauge, *Kampene i Norge 2*, 296.

119. Hans-Martin Ottmer, *Weserübung* (Munich: Oldenburg Verlag, 1994), 145.

120. Francois Kersuady, *Norway 1940* (Bison Books, 1998), 225.

让自己吃惊

波兰战事大获全胜后，希特勒发现自己身处一个曾经担心却没有料到真的会实现的境地。他曾推测西欧两强会允许他吃下波兰而不用听到多少牢骚。但 9 月 3 日，英国和法国的宣战让这位德国独裁者大失所望。因为他曾寄望于西欧两强没有宣战的决心。

然而，在后来的 1939 年秋发生的事件说明，希特勒的设想并非完全错误。法国和英国对于帮助波兰都没有进行多少认真的尝试。当斯大林从东面进攻，波兰政府被迫流亡罗马尼亚时，这个国家的命运已经注定了。法国和英国已经决定与德国打一场持久战，所以原材料供应被视为这场战争的决定性因素之一。

希特勒非常清楚德国缺乏进行持久战争的各种原材料，这样一场战争对他不利。此外，他不能指望斯大林一直友好。可能正是诸如此类的考虑促使德国元首决定在 1939 年秋季向西进攻。

德国国防军反对这项计划，他们强调预期会遇上不利天气。只不过还有另一个需要关注的因素：波兰的战事暴露了德军的许多缺点，尤其是在训练标准方面。陆军总司令部对在进行另一次重大作战前纠正这些标准心急如焚，但希特勒不同意。从后来战争中发生的事件来看，希特勒有一种夸大意识形态献身精神和热情的重要性，贬低训练和教育的价值的倾向。他似乎也相信英国和法国在当时缺乏热情和信念。

无论如何，结果是希特勒一再确定在西方发动攻势的日期，但又由于天气不适宜而被迫一再推迟。然而，希特勒的坚持到 1940 年 1 月就停止了，当时一架德国邮递飞机错误地在比利时梅赫伦附近降落。一名德军参谋军官就在这架飞机上，他的公文包里携带着秘密文件。计划因此被假定为已经让敌人知晓，德国人决定将进攻推迟几个月。[1]

看上去这次在梅赫伦的迫降是天佑德国人。可能最重要的优势就是现在能有时间学习波兰战事的经验教训了。通过大范围的训练和演习，德军制定了一项雄心勃勃的计划来揭示这些缺点并加以应对。德国陆军彻底完成了这一进程，而且是怀着对一支大获全胜的军队而言不同寻常的高度坦诚和自我批评进行的。[2]

大范围的训练和演习项目，让德军的熟练水准达到了战前快速扩军期间无法企及的高度。在波兰获取的经验教训让德军能够将他们的演习重点放在对战斗和行动非常关键的事情上。波兰战事还表明，一些指挥官不足以完成任务，而此后进行的高标准的演习会将这些能力较弱的指挥官淘汰。这些措施很可能让 1940 年的德国陆军比对波兰发动进攻时技艺更加精熟。[3]

德军也改变了他们的一些部队编制。1939 年，德军有 4 个轻型师参战，而这几个师在西线的攻势发动前都被改编成了装甲师。轻型师被解散的事实已被视为其在波兰战事期间失败的一个证明，不过这并非完全正确。赫尔曼·霍特指挥的第 15 军由 2 个轻型师组成，该军成功完成了任务，2 个轻型师的表现也非常出色。这一点从霍特在波兰战事后写成的报告中也得到了证明。其中一份报告以这样一句话开头："轻型师取得的成功超出了人们的高度期望。"另一份报告在 1942 年英军轰炸造成的大火中页边被轻微烧毁，但其中也称："轻型师的步兵攻击力加上装甲兵和炮兵的支援，让他们能够长驱直入，已经证明了自己。"[4]

显而易见的是，轻型师可以与装甲师相比较。在波兰南部，第 4 轻型师与第 2 装甲师并肩作战 3 周。看起来这 2 个师对胜利拥有同等的贡献。霍特军的 2 个轻型师也表现得非常不错。这些观察结果可以被解释为德军的机械化部队以机动性战胜了他们的波兰敌人，而不是以压倒性的火力击败了他们——轻型师拥有与装甲师一样的机动性，只是坦克较少。[5]

那么，轻型师为何会被改编为装甲师呢？霍特第 15 军的另一份报告也提供了线索。该报告强调在战争爆发前的几年里，一个中心原则——坦克应当应用于大型编制中已被确定。个别坦克排的攻击会导致失败和不必要的高损失。有意思的是，该报告将德国的经验与法国的理论进行比较，后者主张在前线使用较小的装甲单位而不是较大的编制。[6]

相对于其武装力量的规模而言，波兰的边境太长了，因此防御密度相对较低。在这样的条件下，用坦克进攻的失败风险降低了，尽管确实发生了各种意外事件。在西欧的进攻将会截然不同：英国、法国、比利时和荷兰的军队在数量上远比 1939 年的波兰军队多得多；此外，西线战场的前线实际上较短，德军必须有遇见更为密集的防御的先见之明；再者，西欧各国的部队装备比波兰更好，因为前者有规模大得多的经济可以依靠。这些条件表明每个师都需要许多坦克——比只有一个装甲营的轻型师的坦克更多。特别是当各单位因损失而被削弱时，轻型师的情况会更为窘困。

除了撤销轻型师建制外，德军避免了对其作战部队的重大变更，将重点放在以更大编制进行训练和演习上，来加强现有部队的战斗力。德军这种大规模的努力与盟军的备战工作形成了鲜明对比——盟军根本没有在演习上耗费多少时间。然而，鉴于他们对战争基本特征的不同看法，他们是否会像德军那样从大范围的训练项目中获益，也是值得怀疑的。[7]

1939 年冬和 1940 年春，德军一直在制定他们的各项计划。由于为"威瑟堡"行动分派了独立的参谋人员和部队，挪威和丹麦的战事没有发生任何重要的间断。表面看来与 1914 年的"施利芬"计划类似的早期计划被废弃了，德军转而选择了一个完全不同的理念。这一理念源于埃里希·冯·曼施坦因中将，他担任参谋长的集团军群是参与这次进攻的 3 个集团军群之一。[8]

原先的计划将重心放在由 B 集团军群组成的北翼，该部由费多尔·冯·博克大将指挥。B 集团军群会经荷兰和比利时进攻，同时格尔德·冯·伦德施泰特大将指挥的 A 集团军群将越过比利时南部和卢森堡，像一扇在枢轴上移动的门一样，沿着B 集团军群南翼前进。在南面，威廉·冯·莱布大将指挥的 C 集团军群，会扮演一个相对被动的角色——承担被称为法国的"马其诺防线"对面边境的防御任务。[9]

埃里希·冯·曼施坦因的提议完全不同。首先，重心将从 B 集团军群转移到 A 集团军群。其次，战事第一阶段的整体目标都改变了。德军会以隶属 A 集团军群的强大机动部队越过阿登山区奇袭敌人。在色当越过默兹河后，德军主力将高速西进——目标英吉利海峡——切断盟军在北方的补给线。B 集团军群被分配了一个更有限的任务——去吸引盟军交战。[10]

该计划将会被称为"镰刀计划"，不过要到战役完成的时候才会被如此称呼。此外，计划的首倡者在 1 月底会从西线调任第 38 军军长。指导冯·曼施坦因的激进思想没有得到 1939 年冬和 1940 年春参与该计划人员的完全认同。这并没有导致最初的理念被削弱，但各种期望变得更为适度了。[11]

在许多方面，西线的进攻都标志着一个新时代的到来，这次战役见证了史上第一支必须被视为装甲集团军的部队的集结。A 集团军群辖 7 个装甲师，其中 3 个在古德里安的第 19 军，2 个在莱茵哈特的第 41 军。这两个军与古斯塔夫·冯·维特斯海姆的第 14 军的 2 个摩托化步兵师，一同组成了冯·克莱斯特装甲集群，该集群会在 5 月的作战期间扮演关键角色，届时该部会在色当和蒙泰梅越过默兹河。紧邻冯·克莱斯特北翼的是赫尔曼·霍特的第 15 军，会以 2 个装甲师发动进攻。这是一次前所未有的装甲兵集中作战。[12]

伞兵部队在德国入侵挪威的过程中发挥了突出作用，西线的进攻计划也包含空降部队的一次壮观行动。只不过，在后一行动中，他们实际上主要是发挥了一种牵制作用，来确保盟军指挥官将注意力集中在北方而不是阿登山区的事件上。比利时的埃本-埃梅尔要塞瞰制马斯特里赫特南面的几个重要渡河点，被视为现存的最为现代化的固定防御工事之一。一次冲锋队用滑翔机在要塞屋顶着陆的大胆攻击，将在进攻开始时负责摧毁这座要塞。[13]

荷兰的无数运河和河流，会对在地面推进的部队形成阻碍、构成威胁，空降部队在该国会被广泛使用。北方的速胜将使该方向的德军部队能够被部署在其他地方。河流障碍会延迟地面部队的前进，不过空降提供了在荷兰守军摧毁重要桥梁之前，占领这些桥梁的机会。

事实上，荷兰并非必然会受到攻击。德军草拟的各种计划都没有将该国包括在内。他们推测可以派一些地面部队越过荷兰最南部，除了外交抗议之外，应当不会遇到更严重的麻烦。因此从地面作战的角度来看，入侵荷兰并非绝对必要，但在最终的计划中，依然将其包含在内了，这是德国空军自1938年以来就一直倡导的。[14]

盟军指挥官已经决定实施所谓的"D计划"，该计划要求一旦德军发动进攻，英法联军即冲入比利时。他们打算在比利时中部，两座主要的比利时城市——安特卫普和布鲁塞尔东面占据防御阵地，防止比利时陆军被德军击败。在其他战区，尤其是法国东北边境，盟军将保持静止。他们没有料到德军的主攻会在阿登山区进行。

在许多方面，盟军的计划都非常符合德军的意图。随着D计划的构思成形，盟军倾向于关注发生在比利时北部的事件。盟军看来认为德军会像1914年一样，将重心放在这个地区。德军计划的空降行动会加强盟军关于德军的主攻方向在北方的信心。盟军将他们最精锐的部队送入比利时——以一种类似左勾拳的机动——再以一种几乎完美契合德军计划的方式行动。如果德军的装甲先锋部队到达英吉利海峡，盟军最精锐的部队就成了瓮中之鳖。只不过希特勒和大多数德军高级军官似乎都没有料到会取得这样一场胜利。[15]

像我们这样在事件发生数十年后舒服地坐而论道，以后见之明常常会发现我们很难像我们所知的历史上的实际决策者们那样去看待事情。考虑到当时的环境，除了一场旷日持久的斗争外，几乎没有理由去期待其他任何事情。英军和法军拥有比德军更多、往往也更好的坦克。他们的炮兵补给条件也更好，他们拥有更多的飞机，而德军的各种机型几乎没有技术品质可用于补偿数量的劣势。最后，盟国也在以高于德国的速度生产各种武器，这当然就意味着希特勒赢得一场持久战争的机会微乎其微。[16]

英 国

阿姆斯特丹 ○

鹿特丹 ○

荷 兰

荷军

9

18

敦刻尔克
加莱

7

安特卫普 ○

布鲁塞尔
比 利 时

比军

3

6

马斯河

2

科隆

4

让布卢

阿尼

马斯特里赫特

4

9

英军

沙勒罗瓦 ○

那慕尔
迪南

戴兹河

列日

5

莱茵河

布尔东
亚眠

弗拉维永

7

紫姆河

1

菲利普维尔

12

埃斯康

蒙泰梅

9

2

6

16

乌迪尔库尔
蒙科尔内

奥米库尔

沙勒维尔-梅济耶尔

1

8

10

摩泽尔河

德 国

兰斯

2

卢森堡

1

马恩河

戴兹河

3

马其诺防线

巴黎

4

5

法 国

斯特拉斯堡

7

8

莱茵河

瑞 士

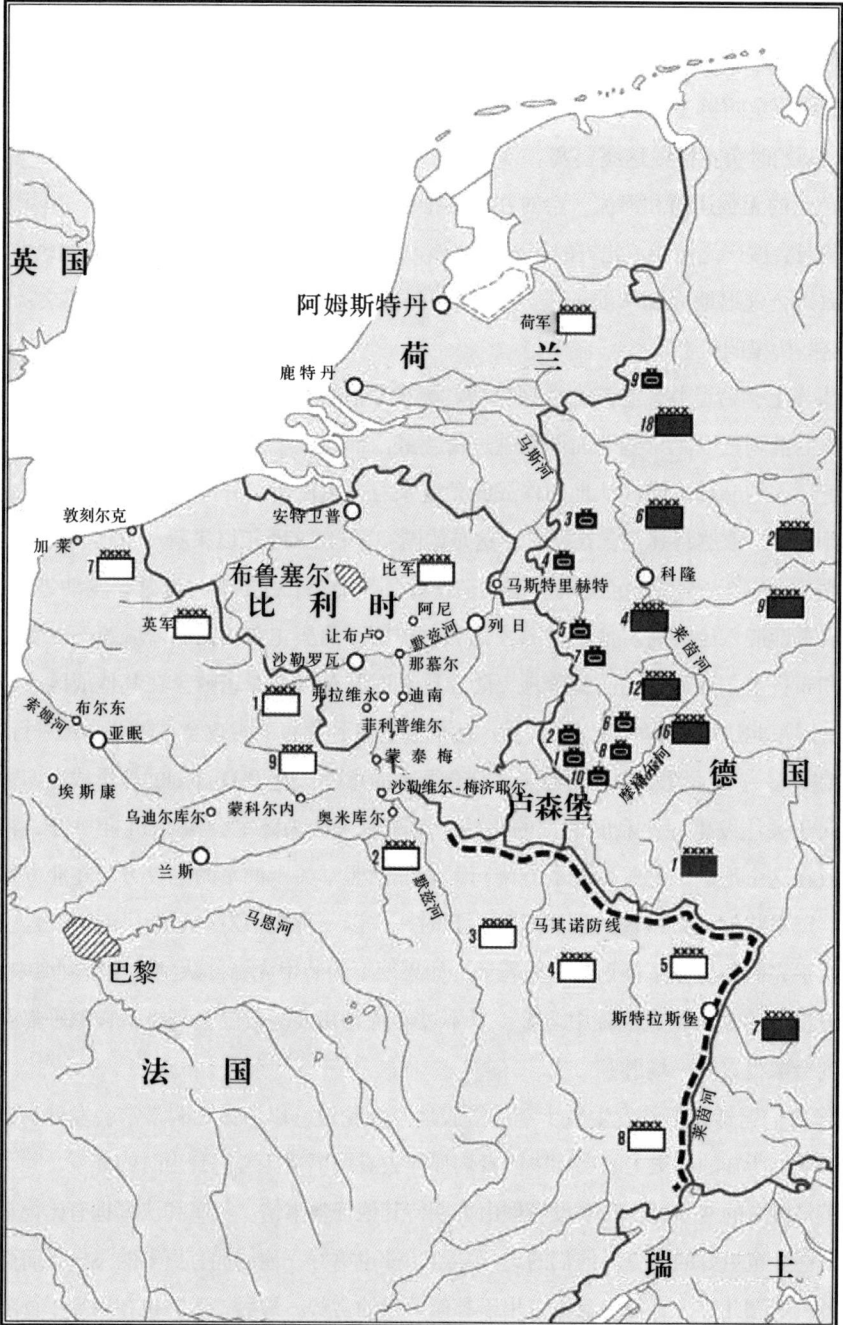

图 13：1940 年 5 月 9 日双方的部署

116

实力对比对德军速胜不利，武器生产数据和原材料情况对德军在长期战争中获胜也不利。希特勒在对波兰发起进攻时，让自己陷入了一个非常尴尬的境地：激怒英法对德宣战。与斯大林的协议让他在东方得到了一个至少暂时不敌对的邻居。然而，时间没有站在希特勒一边，也没有多少迹象表明他将在西线取得一场压倒性的胜利。不仅实力对比对盟军有利，法军还得到强大的马其诺防线保护，那是有史以来建立过的最强大的防御体系。在比利时北部和西部有大量路况上佳的公路，但许多都市区，以及大量河流和运河都是军队前进的潜在障碍。高耸于比利时东南部和卢森堡的阿登山区，森林茂密、公路稀少。英法盟国在 1939 年 9 月宣战，有充足的时间动员和准备防御。看来德军几乎没有机会取得奇袭效果。

表格 1：实力对比，1940 年 5 月 10 日

	法国	比利时	荷兰	英国	德国	盟国对德国比例
人员（陆军）						
合计	5500000	640000	400000	1600000	4200000	1.9:1
西线	2240000	640000	400000	500000	3000000	1.3:1
坦克						
合计	4111	270	40	？	？	？
西线	3254	270	40	640	2773	1.5:1
火炮						
合计	10700	1338	656	1280	7378	1.9:1
空军（轰炸机和战斗机）						
合计	3097	140	82	1150	3578	1.2:1
西线（仅含做好战斗准备的飞机）	879	118	72	384	2589	1:1.8

（出处：K-H Frieser, *Blitzkrieg-Legende*, 42–59）

德军在西线的胜利需要一系列有利的条件。其中之一在计划阶段已实现——考虑到盟国的意图，德国的战略设计几乎完美。然而，当时这一点还不为人知，而且单凭这一点还不足以让德国胜利。德军要让天平的刻度转到对他们有利的位置，他们的部队必须在战场上表现更好。

黄色方案

5月9日夜间，德国国防军已经为进攻做好了各项准备。希尔珀特中士后来回忆道，当他和第4装甲师第35装甲团3连的其他战士们检查和维护他们的车辆和其他装备时，天气晴朗温暖。按照装甲团经验丰富的战士们的惯例，会对需要大量维修保养的坦克进行特别仔细的检查。他们努力工作，不过都期待着圣灵降临节的到来，这节日在1940年的早些时候会不同寻常。傍晚17时左右，附近办公室里突然活跃起来——将在次日发动主攻的命令发布后，电话开始响个不停。原先期待圣灵降临节能休息几天的战士们，仍然不知道交给他们的任务完全不同。战士们意识到这道命令会带来怎样的结果，他们中的许多人抓紧机会给父母、爱人或其他亲朋好友写上几行字。此举并不容易，黄昏后这个连就要出发前往亚琛了。[17]

在边境线的德国一侧，当100多个师为代号"黄色方案"的行动向他们的集结区域前进时，类似的场面从北到南都能目睹。5月10日黎明前，第一批德军战士越过边境，起初没有遇到明显的抵抗。对许多德国陆军官兵而言，战争的第一个迹象就是他们头上的德国空军飞机，德机在完成它们的任务后向东飞去。就在希尔珀特中士所在的连越过边境，直取马斯特里赫特时，他看到许多轰炸机向东返回他们的航空基地。在那座荷兰城镇，马斯河——更南面的河段被称为默兹河——上的所有桥梁都被毁了。在次日工兵建好一座桥让3连过河之前，他们只能等待。[18]

埃本-埃梅尔要塞距离马斯特里赫特不远，这座要塞和附近的几座桥梁，是"科赫突击营"的目标。伞降工兵乘坐滑翔机悄悄靠近埃本-埃梅尔，袭击了这个被视为世界最强之一的要塞，并迅速将其摧毁。[19]

埃本-埃梅尔要塞陷落是吸引了许多注意力的重大事件。在更北面，德军也实施了更多的空降行动。荷兰的几座重要桥梁被迅速推进的第9装甲师大胆占领，然后立即投入使用。荷兰政府所在地海牙遭到德军空降部队袭击。德军坚决快速地实施进攻，荷兰军队到5月15日便投降了。[20]

类似这样的各种事件让全世界的目光都落在了西欧北方。根据既定计划，英军和法军大部队进入比利时，将占据他们预定的多个防御阵地。考虑到德军在北方的行动，这一决策表面上是合理的，德军的主攻看来是要放在荷兰和比利时北部。然而，这些都是阴谋的表象。在德国离阿登山区最近的埃菲尔地区，德军的部队开始向西移动。其中包括冯·克莱斯特装甲集群，该部的 41140 辆机动车，包括 1222 辆坦克，挤满了稀疏的公路。[21]

克莱斯特部的 2 个装甲军齐头并进。南翼的古德里安指挥他的 3 个装甲师直取色当，同时莱因哈特的 2 个装甲师会在蒙泰梅越过默兹河。古德里安的部队在阿登山区南部推进，那里的公路网络较佳。而莱因哈特接受的任务吃力不讨好，需要越过最崎岖难行的阿登山区的中央。

蒙泰梅

维尔纳·肯普夫指挥的德军第 6 装甲师隶属于莱因哈特的第 41 军。由于公路太少，无法让部下的 2 个装甲师齐头并进，莱因哈特就让肯普夫打先锋。肯普夫将负责越过默兹河建立一个桥头堡，然后尽可能将其快速扩大。[22]

问题几乎立刻就出现了。古德里安麾下的第 2 装甲师，应当已放弃边境附近的地区，那里是第 6 装甲师将会经过的地方。然而，交通堵塞让第 2 装甲师行动延误，间接导致肯普夫的第 6 装甲师无法到达 5 月 10 日的既定目标位置。在 5 月 11 日和 12 日弥补之前的时间损失的希望，也因燃料补给问题而破灭了。于是第 6 装甲师在卢森堡和比利时行驶了 100 多公里，直到 5 月 12 日黄昏才越境进入法国。到此时为止，肯普夫的部队受到的干扰更多来自交通堵塞和蜿蜒狭窄的公路，而非敌军的作战部队。只不过，法国和比利时之间的边境与蒙泰梅的直线距离不到 10 公里。不久，法国守军就会进行坚决的抵抗。[23]

5 月 12 日夜间，第 6 装甲师对默兹河和法比边境之间的地区进行了侦察。德军很快发现该地区未设防。他们只遇到了一个喝醉的法军士兵，于是立即将他俘获。法国守军显然在默兹河西岸等候，此时德军无法判定法军的防御力量。[24]

5 月 13 日 16 时，肯普夫决定越过默兹河进攻。他用无线电将他的决定汇报给军长，为即将到来的进攻请求空中支援。由于他的师仅有部分兵力抵达默兹河，肯普夫极其渴望得到空中支援，但他会非常失望。因为大部分德国空军都被用于其他战区，只有少数飞机能分配给蒙泰梅。更糟的是，飞机似乎空袭了错误的目标。一些飞机没有在法国守军头顶上投弹，反而空袭了第 6 装甲师的几个炮兵连，造成了20 人死亡，26 人负伤。[25]

要拿下蒙泰梅的渡口，肯普夫师拥有的资源相对较少。主攻部队由得到一个坦

119

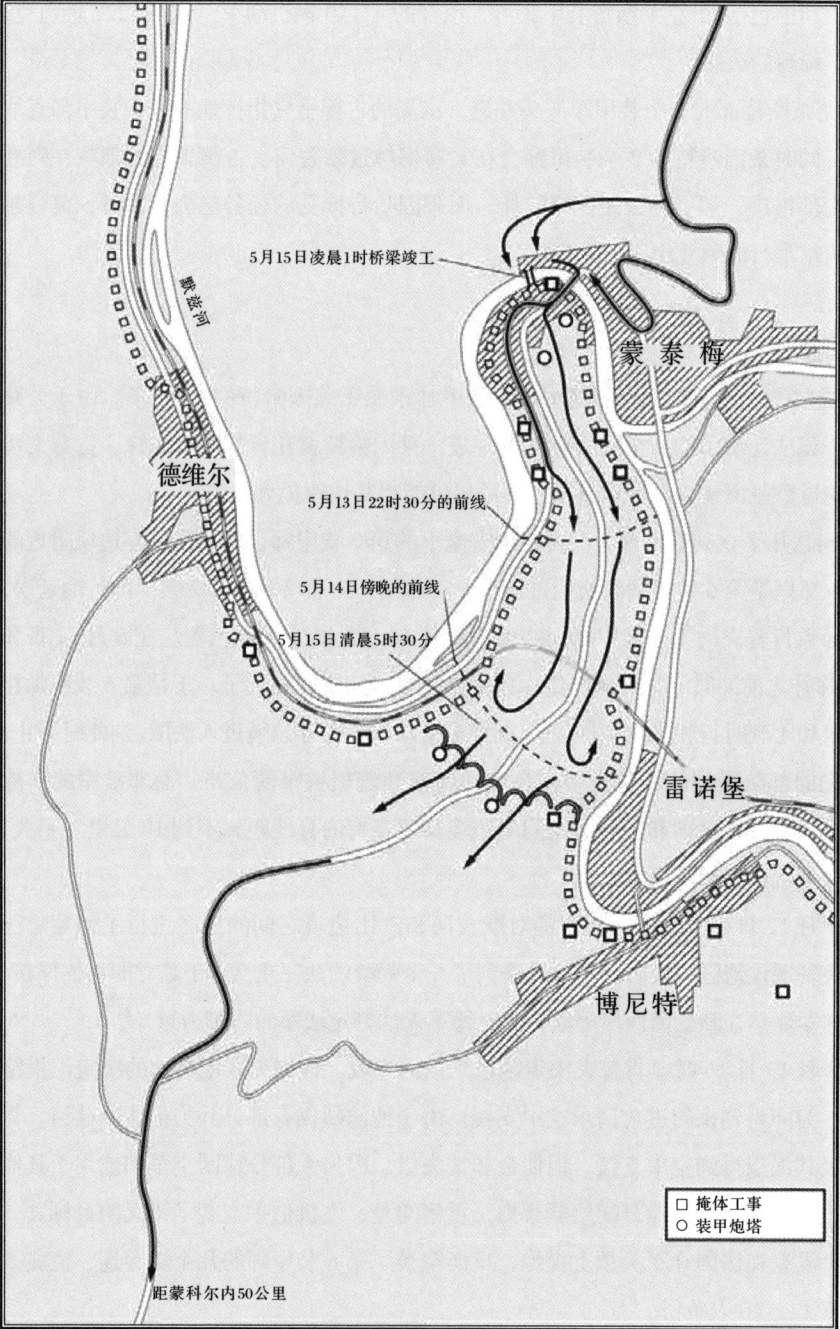

图14：1940年5月13日—15日蒙泰梅的默兹河渡口

克营和一个炮兵营支持的一个步兵营组成。由于法军已经炸毁了默兹河上的桥梁，除了用步兵攻击之外别无他法。坦克能够提供火力支援，但几乎所有坦克都是德国在吞并捷克斯洛伐克时缴获的轻型坦克。这些坦克装备37毫米火炮，炮弹的威力不是特别大。[26]

肯普夫很难宣称他在享受各种理想的条件，当他和直接参加即将开始的进攻的军官研究地形时，他们立刻发现这次进攻会非常困难。这里的河面不是太宽，但两岸陡峭崎岖。法军已经沿着河西岸设置了带刺铁丝网障碍物。此外，41军大部都在更远的东面因交通堵塞而受困。[27]

尽管困难重重，进攻的各项准备工作还是在继续进行。蒙泰梅东面，工兵在给橡皮筏充气。坦克兵用了很长时间才找到可以覆盖西岸重要区域的射击阵地。星期一的圣灵降临节下午天气闷热，战士们在努力将步兵榴弹炮转移到阵地里时汗流浃背。选择的进攻时间也意味着德军在进攻时可能要冒因阳光而目眩的风险。[28]

德军打算攻打蒙泰梅及其周围地区，那里的河段基本形成了一个河曲。如果步枪兵设法过河，就会发现自己三面被水包围，且这个河曲宽不足1公里。由于德军的推进轴线对法国守军而言一目了然，所以即便他们能占据一个桥头堡，也很难扩大。法军轻易就能在狭窄的河曲内集中火力，不过德军当天较晚动身或许是一个优势。进攻可能会持续到深夜，让德军能在黑暗掩护下占领河曲。河曲外是林地地形，但至少会有更多机动空间。[29]

这次进攻会由第4摩托化步兵团3营执行，该营由4个连组成。按照德军各团的惯例，团属各连的番号是连续的数字：1营各连番号为1连至4连；2营各连番号为5连至8连；3营各连的番号为9连至12连。团属各连也经常有番号数字较大的连，但那些都是专门兵种编制，如工兵连、重型步兵榴弹炮连、反坦克连和防空连。[30]

投入进攻的连队之一是第11连。连长的副官留下的作战日志，非常详细地描述了这次行动。下午早些时候，他坐在一辆卡车上，这辆车会将他和其他战士送上一座山顶，他们在那里下车，寻找掩蔽所躲避炮火。坦克和一个步兵榴弹炮排会同时在附近占据射击阵地，步枪兵会尽可能长时间地隐蔽。突然间，随着坦克、步兵榴弹炮和火炮向河西岸的目标开火，一阵仿佛来自地狱的噪音淹没了其他所有声响。不久后，步枪兵强行越过山顶走下山坡，冲向河岸。由于只有零星的法军火力对准这道山坡，这次行动成功了。[31]

步枪兵来到蒙泰梅的建筑区内时，心都提到了嗓子眼，他们在那里找到了掩体。坦克护送他们到河边，向西岸的目标开火。几名战士被法军火力击中时，出现了片刻混乱，其中克斯特二等兵被杀。然而连长施特罗泰舍尔中尉注意到法军的火力已经减弱，大喝道："快！上皮筏，（敌人）已经停止射击了。"[32]

皮筏尽可能快地前进，第一批部队匆匆过河。战士们以枪托，甚至以头盔为桨。德军只遇到微弱火力，碰上些小麻烦，便已到达西岸。然而，当他们到达河对岸时，发现自己并不是最先过河的德军。在全连一直被视为鲁莽的无用之辈的哈克林德下士，早就找到一艘划艇，独自一人先过了河。[33]

各排在西岸集合，可是施特罗泰舍尔中尉的一条腿负了伤，只得将指挥权交给冯·埃勒茨中尉。德军继续进攻，第11连面对的是法军的固定防御工事，由带刺铁丝网障碍物、掩体、装甲炮塔和机枪阵地组成。第11连的战士们对两翼发生的事

图15：在早期的几次战事中，德制37毫米反坦克炮并未不敷使用，但1940年在法国和1941年在苏联对付遭遇的较为重型的敌军坦克时不起作用。照片由斯德哥尔摩军事博物馆提供

情不是很清楚，法军的火力在那里挡住了 3 营大部分兵力。在这个阶段，德军的坦克提供了宝贵的支援。装甲团 1 营长斯特凡少校命令他部下的一个排前移到被炸毁桥梁的桥台上。那个坦克排从那里可以向法军阵地实施有效射击。于是法军的火力明显减弱了，这可能就是施特罗泰舍尔能够敦促他的部下登上皮筏的原因。[34]

当德军继续在默兹河西岸进攻，他们的各排和各班在与德军防御阵地遭遇并进行独立作战时，发生了一系列小规模冲突。德军对单兵主动精神的强调取得了成效。维歇林军士集合了一些与本部队脱离的德军战士，与英格纳夫少尉一同带领他们再度发动进攻。他们扫荡了蒙泰梅南面的草地，铺平了前进的道路，使德军在 22 时35 分占领了半个河曲。[35]

法军炮兵在夜间炮击德军前沿阵地，同时炮击其后方地区，以阻止弹药和其他补给被送到进攻方手中。虽然还能听见几梭机枪子弹的短促点射声，但没有给德军造成人员伤亡，德军便认为这些机枪射击是随机乱打的。

法军炸了蒙泰梅的桥梁，却没有完全将其摧毁。德军工兵临时抢救，让轻型车辆得以通过。第 4 摩托化步兵团 1 营和第 3 加强营都从这座桥上过河。5 月 14 日一大早，1 营和 3 营都准备好去扩大彼岸的桥头堡。为了提供有效的炮火支援，第 6装甲师炮兵的火控人员也过了河。然而，多林地形和因此形成的短射程对他们的工作不利。[36]

法国守军——102 要塞师的殖民地官兵——直到中午都在顽强抵抗，但随后他们开始缓缓撤退，主要是因为他们的弹药已经不足。只不过，在这一天，德军仍无法越过河曲的基线位置。到目前为止，第 6 装甲师损失大约 150 人，其中 10% 阵亡。还没有重武器被送到默兹河西岸，2 个营的战士都已筋疲力尽。可是，第 4 摩托化步兵团仍有一个营未投入战斗。[37]

5 月 14 日傍晚，2 营长奉命在夜间替换 3 营。2 营的几位连长都到前方去了解地形和 3 营守卫的阵地。愈见浓重的夜色和猛烈的敌军火力让人难以确定敌人的形势。尽管遇到这些困难，2 营还是在向蒙泰梅前进。德军的车辆将前灯关闭，在午夜前半小时到达了河边。战士们跳下车，卸下装备，然后驾驶员将车辆向后开了几公里。这条河仍然无法逾越。在燃烧的房屋的火光之下，从汽车上卸载物资的人们能看到工兵们是如何努力在蒙泰梅北部建造一座浮桥的。法军火炮射出的高爆弹告诉他们，敌人没有睡着。[38]

午夜，工兵完成了他们的工作，2 营赶紧行军通过浮桥到达西岸，不久一些德军坦克就跟了上去。与此同时，德军炮兵开火骚扰法国守军。法军炮手看来瞄准了浮桥，却没有命中。法军炮火继续射击的同时，2 营的战士们一直在向夜间的目标前进。然而，德军的步枪兵没有受到严重阻碍，事实上法军的许多炮弹都是哑弹，从而让德军毫发无损地来到了目的地。

凌晨 4 时，2 营已将 3 营替换。战士们为了将重武器送到前方而彻夜奋斗——在崎岖的地形中，这是一项艰巨的任务。战士们汗湿的脸庞清楚地显示出他们在夜间工作是何等努力。他们累了，却依然做好了进攻的准备。几乎没有时间休息——4 时 30 分就会进攻那些掩体。按照计划，2 营的战士们在占领或摧毁那些掩体后不久就会停止行动，因为在 7 时 30 分会实施一次斯图卡俯冲轰炸的空袭。

雾和黑暗降低了能见度，德军无法获得法军防御体系的准确信息。德军相信前方有 4 个混凝土掩体，还有其他野战工事。步兵已经将营属重武器送入射击阵地，在攻击之前还有几辆坦克会到前方支援。坦克引擎的轰鸣和履带发出的"吱嘎"声，肯定是隐蔽的德国步枪兵在进攻之前听到的最鼓舞人心的声响。第 5 连的战士们就在公路边卧倒，而第 7 连会进攻离河最近的一片区域。

突破掩体防线

法国守军料到德军随时会进攻，但他们无法得知确切的时间。凌晨 4 时 25 分，当德军炮兵的第一轮齐射炮弹命中法军阵地时，他们的不确定感就消失了。地面在爆炸的威力下震颤了 5 分钟之久。随后德军炮兵将火力前移 500 米。德军步兵进攻的时刻到了。

利洛特下士在厄凯尔中尉指挥的突击集群效力。他和其他几个士兵辛苦拖动着用来炸毁铁丝网障碍物的爆破筒。他们必须做得干净利落，不然守军就会恢复镇定。利洛特的眼角瞥见身后的一辆坦克正准备开火。坦克的支援可能会非常有用。

利洛特等人匆匆向前冲了一波，将爆破筒塞进铁丝网障碍下面。爆破筒刚落入准确位置，利洛特和战友们就在掩蔽所里就位，将它引爆。爆炸将铁丝网撕裂了，开辟出一条通向一座掩体的路径。厄凯尔和他的部下立即前进，后方的坦克提供掩护火力，阻止掩体里的人员行动。厄凯尔率领一群战士径直向前冲去，而利洛特和其他几个人略向左转后前进。利洛特遇到一个路障，他怀疑周围有地雷，就掷出几枚手榴弹，看是否有地雷被引爆，但没发生这种情况。相反，4辆德军坦克前进了，树干在这些钢铁巨人的重压下被折断。一支从工兵营分派出来的火焰喷射部队已准备好攻击公路左侧路障附近的掩体。然而，在战斗工兵攻打这座掩体前，里面的战斗人员就高举双手出来了，弹片已打伤了其中一人。利洛特相信坦克的火力已经摧毁了他们战斗的决心。成为战俘的法军士兵被送到后方去了。

法军的第一道防线就此被突破了。利洛特观察到掩体防线前方的地形较为平坦。他仍然要提着爆破筒艰难前进，因为这些武器随后可能会有用处。虽说地形起伏不大，可树木仍然茂盛，能够藏匿大量野战工事。很快就证明爆破筒非常管用，只是携带它们的战士变得愈加疲劳。又往西前进了大约100米，利洛特遇到了两座路障，还有公路旁堆积的大量弹药，可是该地区已不见有人守卫。紧随在步兵身后的坦克只得离开公路以绕过路障。

再往前几百米，在一个路弯处埋有地雷。附近的树林里也发现了带刺铁丝网障碍物。利洛特见林中已清出一块5米宽的空地来，显然是为了提供一片较好的射界。德军小心翼翼地前进，地面上有德军炮击的清晰痕迹，但仍有守军留在自己的阵地里。一挺机枪猛然向正在推进的德军开火，德军战士赶紧寻找掩蔽所藏身。利洛特和其他两名战士一同设法绕过这挺机枪，将手榴弹掷入法军阵地。这次行动如愿以偿，4名法军士兵投降，而防御阵地内的另外两人则横尸当场。

利洛特的行动让路障无法发挥作用，但地雷仍是坦克行动的障碍。利洛特带来的爆破筒现在有了用处。爆破筒被放在地雷上引爆，4枚地雷爆炸，可仍有一些地雷残留。德军步兵清除了12枚地雷。清除地雷通常被视为一项危险的工作，但这次德军很幸运，他们发现法军没有给这些地雷安装引信。

由于爆破筒已用完，利洛特不再有任何沉重负担。他在沟里找到一辆自行车，毫不犹豫就将它没收了。在他和部下忙于清理地雷时，越过树林向公路右侧进攻的连里各部队已经在继续前进了。自行车让他很快就越过了和连长之间几百米的距离。找到连长厄凯尔中尉后，利洛特向他报告了在公路沿途的几次战斗。

在2辆法军卡车靠近公路时，利洛特几乎已经完成了报告。一名德军机枪手赶紧扣动扳机。法军驾驶员立即停车，跳进灌木丛躲避子弹。德军等候片刻，以便让坦克跟上来。坦克很快就到了，最近的一辆坦克就在后方大约50米处停下，向坡上较远处的掩体开火，2辆法军卡车中弹着火了。

法国守军没有就此沉默。突然间，利洛特和其他德军战士被一阵冰雹般的火力压倒。他们一头跳进路边的沟里寻求掩护，不敢动弹。利洛特一直等到法军的这轮射击停止，才利用这个机会跳进坡地更下方的一道地缝。他毫发无损地到达那道地缝，法军的火力却跟了上来，子弹将他身旁地上的土块掀起。突然耳边一声尖锐巨响，利洛特的头就被冲击力推到了一旁。他一时震惊不已，目不见物，不过他很快就意识到鲜血正顺着他的面庞滴落下来，然后他感到左眼下方和颈部一阵灼痛。两处伤得都不严重，他能自行包扎，不过这显然只是临时急救措施而已。厄凯尔中尉在地缝中现身时，利洛特刚刚设法处理好自己的伤口。厄凯尔也负了伤，他的面部和一只手受创。对厄凯尔和利洛特来说幸运的是，坦克在向法国守军射击，这让二人得到机会回到后方，来到一座急救站接受治疗。

现在是7时，第5连已经到达第一个目标位置，右侧的第7连也一样。在这个阶段，2营不得不停下，因为斯图卡俯冲轰炸机在7时30分会空袭法军的第二道防线。斯图卡俯冲轰炸机那辨识度极高的机身准时在第4摩托化步兵团先头部队上空出现。它们从晴朗的蓝天向目标俯冲，这次找准了目标。轰炸最重要的作用是将保护法军阵地的雷区炸毁了。最后一枚炸弹一落地，德军步兵就发动进攻，迅速占领了阵地。2营在10时前俘获法军12名军官和364名士兵。其中一名战俘是法军42团团长德·皮斯宁上校，这个团是德军第4摩托化步兵团遭遇的主要敌人。德军还俘获了法军炮兵指挥官，据此人说，德军的炮兵使法军官兵士气低落。大量俘虏与德军的伤亡形成鲜明对比，当天，2营的损失为3人阵亡和18人负伤。西面通往蒙科尔内的公路，已经向第6装甲师敞开。[39]

第41装甲军军长莱因哈特中将来到现场，注意到必须快速利用第4摩托化步兵团取得的胜利。一个战斗集群匆匆集结。该部会由第6步枪旅旅长冯·埃塞贝克上校率领。该战斗群由摩托车营、2个炮兵连、1个工兵连、1个反坦克连、2个防空连和侦察营组成。

第二次世界大战期间，德国陆军内部随机应变迅速组建战斗群十分平常。这些战斗群会快速集结，然后投入战斗。冯·埃塞贝克只有不到3个小时可用，不过尽管进行准备的时间很少，他的战斗群还是非常成功。到蒙科尔内的直线距离大约60公里，但冯·埃塞贝克的部队傍晚就占领了这个城镇。法军的防御分崩离析，这一点从擒获的大量战俘也可以看出。天黑之前，第6装甲师报告俘敌2000余人。[40]

第6装甲师正在蒙泰梅战斗时，德军指挥机构更高层发生了一系列引人注目的事件。有许多德军将领怀疑装甲师能否突破法军防线深入推进。由于交通堵塞和法军在蒙泰梅的顽强防御，莱因哈特军推进延误，这样的疑虑看来得到了验证。古德里安步兵上将指挥的第19军5月13日已经在色当成功越过默兹河。冯·克莱斯特所属的A集团军群决定将莱因哈特军撤回，将其安插在古德里安军后方。蒙泰梅的渡口会分配给步兵师。[41]

冯·克莱斯特接到命令时的反应惹人注目，但在1940年春季战事期间的德军中并不罕见。这也是解释这次战事意外成功的一个重要部分。冯·克莱斯特认为他收到的命令不合适，于是直截了当地无视了。他没有指示莱因哈特撤退，而是下令让他尽快突破，然后立即飞速西进。正如我们所见，这种情况确实发生了，5月15日傍晚，第6装甲师已经到达比任何其他德军部队都更远的西面。这一战果让对冯·克莱斯特行为的所有批评都消失了。[42]

德军在蒙泰梅的战斗能最终获胜，第6装甲师编制内的步兵部队发挥了最重要的作用。这显然得益于第一次世界大战期间发展出来的暴风突击战术的遗产。虽然坦克在5月15日出色地支援了步兵——空中支援也发挥了应有的作用——德军的行动还是以步兵为核心，其他部队为其提供支援。在这个战例中，地形几乎不允许德军有任何备选方案。然而，在更远的北方，战斗则在一片更为适合坦克行动的地区进行。

让布卢

西线战事爆发前，河流在盟军的计划中占据了重要地位。从安特卫普向南，防御阵地依迪莱河部署。从那慕尔开始，默兹河在当地防线与马其诺防线相连之前构成了一个屏障。由于迪莱河相当短，那慕尔以北的一个地区就没有得到河流保护。此地被称为"让布卢缺口"，因那慕尔和布鲁塞尔之间的小镇让布卢而得名。

让布卢缺口相当平坦的地形，使之成为对德军而言合适的进攻通道。盟军认为这一地区对他们预料中的沿线的成功防御至关重要。法军的一些精锐部队被派往让布卢缺口，这些部队是布朗夏尔上将指挥的法军第1集团军的一部。[43]

赫普纳中将指挥的德军第16军从东面逼近让布卢。这个军由第3和第4装甲师，以及第20摩托化步兵师和第35步兵师组成。这4个师已在列日省越过默兹河。普里乌中将指挥的一个法国军正匆匆从西面向让布卢前进。普里乌麾下有2个机械化师，他们接到指示要拖住德军足够的时间，让其他各师能在让布卢占据防御阵地。

上述两个军之间的冲突将引发 1940 年 5 月最激烈的战斗。[44]

在第 4 装甲师第 35 装甲团第 3 装甲连的希尔珀特中士的记忆中，5 月 11 日是个平静的日子。该连在马斯特里赫特越过默兹河，然后不慌不忙地朝西南方向前进。5 月 12 日一大早，该连再度前进，这次的目标是位于马斯特里赫特西南偏西大约 50 公里的阿尼。希尔珀特没有卷入当天的任何战斗，不过他的一些战友遭遇过法军坦克。关于这场战斗的流言很快就传遍了全连。[45]

3 连最初得到的任务是扫清让德勒努勒村。传言说敌军坦克会在那里抵抗。法军的坦克确实在那附近，但希尔珀特和 3 连的其他战士没有和他们交战。他们在让德勒努勒村缴获了 4 门火炮和一些坦克，还俘获了一些法军士兵。[46]

享用了一顿比利时午餐后，3 连的战士们出发前往更西面的佩尔韦。这次行军不久就被打断了。第 4 装甲师的其他部队，以及在北翼的第 3 装甲师开始陷入与 2 个法军机械化师的激战中。这些冲突后来被认为是让布卢战役的开始。天黑前，第 3 和第 4 装甲师都以一种令人满意的方式结束了这一天。不过，两个师的作战日志也表达了对德军坦克和反坦克炮性能的担忧。日志中还指出，装甲师的步兵部队实力太弱。不过赫普纳中将是乐观的，因为他相信法军遭遇的不过是一支较弱的德军先遣队。[47]

直到 5 月 15 日上午进攻重新开始时，德军都相当乐观。他们没有料到会遇上一道坚固的法军防线。然而，到了中午，德军显然不得不改变自己的期望。法军不愿放弃在让布卢的阵地。而当 2 个步兵师被交通堵塞困住时，德军也被耽搁了。对法军防线的全力进攻必须等到次日。[48]

5 月 15 日，斯图卡俯冲轰炸机猛扑向法军阵地，拉开了德军进攻的序幕。最后一枚炸弹落地后，德军炮兵开始射击，不久步兵和火控人员也投入了战斗。德军起初取得了相当好的进展，但进攻在中午逐渐难以为继。法军的强大炮火和位置上佳的反坦克炮让德军无法前进，后者的坦克损失相当大。[49]

赫普纳将军通知部下的 2 名装甲师长，按计划 13 时会发动一次空袭，坦克营在空军结束战斗后立即进攻。德军飞机按计划进攻完毕，坦克立即突击敌军阵地，却未能设法将其打垮。虽然用尽了各种办法，德军也只是让敌军防线凹陷而已。赫普纳在 16 时前后下令停止进攻，打算次日再重新攻击。[50]

5 月 15 日的战斗让德军付出了高昂的代价。第 4 装甲师报告有 105 人阵亡、413 人负伤和 29 人失踪。后来人们才知道法兰西战事期间第 4 装甲师没有哪一天的

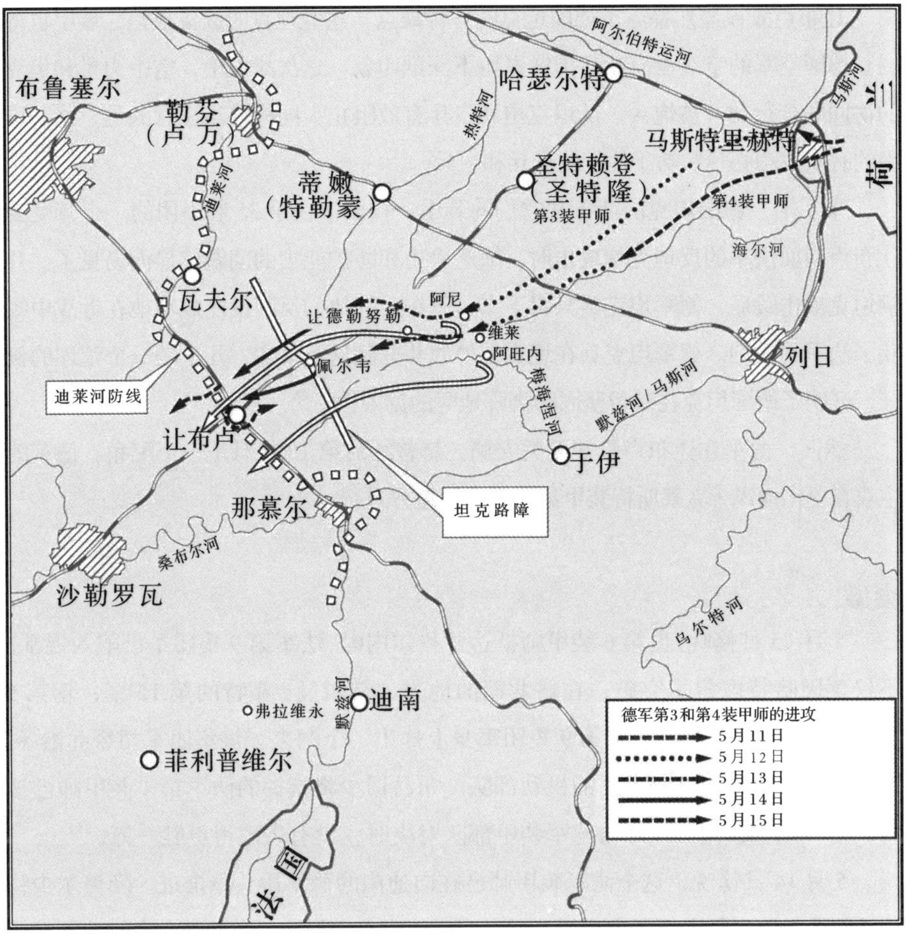

图16：1940年5月11日—15日让布卢战役

代价有如此之大。坦克的损失也很惨重，第4装甲师报告，5月15日有34辆坦克被毁，不过有一些最终修复了。[51]

希尔珀特中士毫发无损，这在一定程度上可以用他所说的，他在忙着给全连"当保姆"这一事实来解释。他为战斗兵提供食物、饮料、烟草和其他他们渴望得到的舒适条件。这些任务让他没有参加战斗，不过他还是对战斗留下了印象。他特别清楚法军的炮火有多精准。他目睹了倒下的战友和其他负伤的人。迈耶下士膝下复合骨折；德雷泽尔下士伤得更重，他的腿可能必须截肢。当太阳沉入地平线下方时，这些景象引发了许多人的思考。[52]

让布卢战役显然暴露了德国坦克的各种缺点。这些坦克的武备很差，装甲也薄弱。德国空军的空袭没有给法国守军留下深刻印象。这次战役中，空中力量和坦克的协同联合行动，被炮兵、反坦克炮和步兵有效阻止。同样应当注意的是，德军取得的有限成功必须归功于他们的步兵和炮兵。[53]

事实上，德国坦克的武备和它们的装甲一样弱。在第 35 装甲团的一个营受到让布卢南面法军的反坦克炮攻击时，缺乏火力和防护能力的问题就显而易见了。几辆坦克被击毁后，德军坦克兵只得下车，下车后的他们反而设法成功地在近战中缴获了法军的火炮。德军坦克兵在坦克车外战斗取胜这一事实，几乎是一个荒谬的例证，证明了德国坦克在对付坚固防御阵地时的局限性。[54]

然而，德军在让布卢受挫无关大局。赫普纳的第 16 军只是一个配角。德军的主攻在更南面冯·克莱斯特装甲集群进攻的地方进行。

突破

5 月 15 日傍晚，当第 6 装甲师抵达蒙科尔内时，法军第 9 集团军已陷入混乱。不仅莱因哈特取得了突破，在略北面的地方，赫尔曼·霍特的第 15 军，辖第 5 和第 7 装甲师，也已在法军第 9 集团军身上炸出一个洞来。该集团军司令乔治·科拉普将军缺少平衡局势所需的机动部队。布吕诺少将指挥的法军第 1 装甲师已被转调给科拉普，但当该师与德军装甲部队对决时，没有表现得更胜一筹。[55]

5 月 14 日傍晚，这个法军装甲师已在向迪南的德军桥头堡推进。隆美尔少将的德军第 7 装甲师占领了这个桥头堡。由于坦克必须加油，布吕诺命令他的师在弗拉维永地区停留。他不知道隆美尔最突前的部队就在几公里外。然而，隆美尔也同样不知道法军装甲师的存在。[56]

在 5 月 15 日的遭遇战中，两种不同的思维体系相互对立。法军强调深思熟虑、计划周详和系统行动，速度没有被赋予优先地位。而德军的思维体系强调机动性、多兵种联合和快速决策与执行。

5 月 15 日上午，隆美尔第 7 装甲师的德军第 25 装甲团在弗拉维永遭遇法军坦克。双方激战数小时，隆美尔才决定停止战斗，派第 25 装甲团向菲利普维尔实施包抄行动。与此同时，马克斯·冯·哈特利布少将指挥的德军第 5 装甲师从东面逼近，与布吕诺师遭遇。[57]

内克尔军士指挥第31装甲团的1辆"Ⅲ"型坦克,该团是第5装甲师的2个装甲团之一。5月15日上午,他来到了弗拉维永附近。这里地形颇有起伏,植被茂密。废弃的法军装备在附近的树林里和一些土地、公路上散落。内克尔平静地前进,但就在到达弗拉维永正东的时候,他耳机里的声音打断了他,有人告诉他连里的几辆先导坦克已经在1200米范围内遭遇了法军坦克。连长的声音随即响起,命令其部下的坦克占据射击阵地。[58]

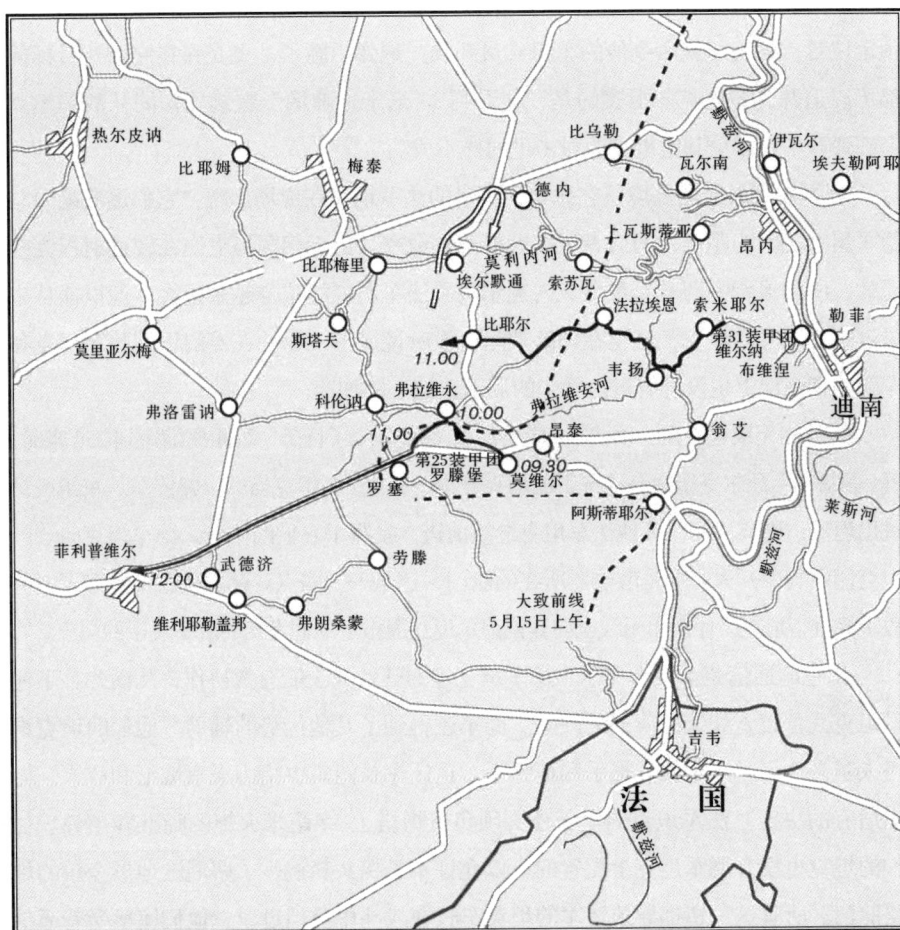

图17:1940年5月15日的第5和第7装甲师

就在内克尔与连里的其他坦克车长让他们的坦克进入射击阵地的同时，在一片林地边缘又发现了更多法军坦克，距离他们大约 1400 米。敌军的坦克在旋转炮塔内有一门炮，在底盘前部也安装了一门炮。这些是"B1bis"坦克，一种武备和装甲都比德军各型坦克优越的重型坦克。法国坦克手看来没有瞄准占据较高地势之利的德军坦克。[59]

连长冯·舍恩堡-瓦尔登堡上尉命令 1 排推进到 300 米外一处平缓的坡地，而 2 排和 3 排会提供掩护。对德军而言不幸的是，法军发现了 1 排前进的坦克，并开火射击。内克尔命令他的驾驶员将坦克尽快开到坡地顶上，排里的其他坦克也是如此。德军坦克都平安到达坡顶，并在那里的丛林里寻求掩护。内克尔的驾驶员操纵坦克到达了合适的射击阵地，同时填弹手和炮手确保他们能够开火。坦克刚刚到达预定位置，内克尔就命令他的车组成员开火。炮弹出膛了，曳光弹在它到达目标前都可以追踪。令内克尔沮丧的是，他看到 37 毫米炮弹像一颗豌豆似的从敌军坦克上被弹开了。排里其他坦克的射击也同样不成功。[60]

德军发现自己的处境正在恶化。更多的法军坦克在现场出现，它们逐渐缩短与德军坦克之间的距离，而后者正在等待开火命令。由于德军坦克炮在较远射程完全无效，所以浪费弹药毫无意义。内克尔眼看法军坦克的车身越来越大。他以前从未见过这么大号的坦克，甚至在训练期间也没听说过——哪怕在专门识别敌军坦克和车辆的训练课上也没有听过。紧张的局面让他心跳加速。[61]

连长用无线电发出各项清晰的指示，为各排分配了任务。当距离缩短到 250 米时，冯·舍恩堡-瓦尔登堡命令他部下的坦克开火，3 辆法军坦克当即中弹停车。车组成员跳出坦克，逃离战场。其他法军坦克继续前进，暴露了它们的两侧。德军坦克向法国坦克侧面装甲开火，那是散热器所在的舱门，正是一个弱点。此举让德军击毁了一些敌军的重型坦克，他们用无线电向其他德军坦克通报了他们发现的敌军装甲的弱点。[62]

出色的通信装备让内克尔和德军坦克连的其他战士能有效协作，从而弥补了他们坦克武备较差和装甲薄弱的缺陷。德军还得到了其他优势的辅助。他们的坦克炮塔人员有 3 名——车长、炮手和填弹手。这让车长能集中精力观察地形和敌人，做出适宜的决定。法军坦克的车长还必须负责炮塔上 47 毫米火炮的瞄准和填弹。他们的坦克也没有德军坦克上配置的可以允许车长探头窥视，了解周围地形全貌的炮塔舱门。所有这一切都导致法军的坦克车长在战斗中负担过重，他们还承受着通信和观察手段较差之苦。

某种程度上，法军糟糕的无线电通信令人困惑。由于法国陆军实行一种更为集中的决策模式，其实比德军更依赖良好的通信，尤其是在机动作战中。鉴于两国陆军的不同军事学说，对法军而言大力打造强大的通信才更加合理。但事实上，反而是德军拥有更多和更好的通信手段。此外，德军对分散决策的强调让他们在通信失败时不太容易完全崩溃。[63]

5月15日，法军第1装甲师在弗拉维永附近陷入了一种可以被称为破裂的状态。尽管冯·哈特利布师的重要部队当天还没到达弗拉维永，布吕诺师就因德军第5装甲师的坦克和其他兵种的一系列小型战斗而筋疲力尽了。天黑时，布吕诺命令他的部队撤退，不过他部下仍可行动的坦克已不足1/4。法军第1装甲师已不再是一个有效的建制师了。[64]

虽然德军的损失小得多，却也不容忽视。内克尔就是不幸的伤亡人员之一，他的无线电出了故障，与所属连分离了。后来他的弹药也不足了，情况非常危险。当他看到连里的几辆坦克时，便命令驾驶员向它们开去。这个阶段，内克尔十分迷茫，不知道他正在驶向哪个方向。着火燃烧的坦克上升起的浓烟遮天蔽日，让人难辨方位。突然间，内克尔的坦克遭到右边的火力打击。驾驶员赶紧转向一座建筑物，并设法在被击中前到达那里。内克尔看到2辆敌军坦克正在向他射击。他部下的炮手尽快转过炮塔，向其中一辆法军坦克射出了一发炮弹。因射程仅200米，所以一炮命中。[65]

与此同时，另一辆法军坦克在向内克尔的"III"型坦克开火。第一击命中目标前方，第二弹落在后面。内克尔命令驾驶员倒车，就在那一刻，他看到法军坦克的炮口第三次闪光。而在驾驶员换到倒车挡时，内克尔听见变速箱发出了某种噪音。这是眼前闪出缤纷火焰之前，他听到的最后一个声音。这辆坦克战栗不已，硫酸蒸汽都喷到他的鼻子上了，他永远不会忘记那股气味。他不记得自己是怎样设法逃出坦克的，不过他一到外面，就发觉自己失去了听力。他设法找到除了驾驶员之外的车组成员，他们都在坦克后面。内克尔依然听不见，他决定去查看驾驶员是否还活着。他将手指放在坦克上，能感觉到发动机还在运转。[66]

当内克尔摸到坦克前部时，看到敌人的炮弹击中了驾驶员位置的上方和后方。驾驶员还活着，并从他座位上方的舱门里钻出了半个身子，和负伤的炮手一起躺在坦克后部。内克尔爬进坦克，坐在驾驶员染血的座位上，开车调头。他驱车来到一条柏油路上左转，希望能找到一座急救站。[67]

内克尔尽可能快地沿着公路行驶，但行驶了500米后，他就看到了附近树林里的法军车辆。那原来是马拉辎重车辆。内克尔迅速从这些车辆旁驶过，几分钟后，来到了一个小村庄附近，那里有一座横跨小溪的桥梁。不久就知道的是，村里有法军士兵，不过，他们都背对着内克尔那辆正在靠近的坦克。内克尔毫不犹豫地全速前进，冲过了桥。当到达桥的另一边时，他再度看到了几个士兵，不过他们都戴着德军的钢盔。[68]

内克尔和他的车组成员已经达到他们的目的地。他们接受了所需的治疗，内克尔会缓缓恢复听力。只不过，他大概需要4周才能再度服役。[69]

德军进攻的先遣队由3辆装甲军组成。击败法军第1装甲师后，霍特的第15军深入敌国领土。同样的，莱因哈特的第41军在高速西进。或许最重要的进攻是古德里安的第19军进行的，该部在冯·伦德施泰特集团军群最南面的轴线上行动。

色当

与在更北面进攻的2个装甲军不同，古德里安的第19军得到了有力的空中支援。大多数可用的斯图卡俯冲轰炸机都被派去支援古德里安在色当越过默兹河的进攻行动了。德军对这种空中支援要如何使用存在分歧。与伦德施泰特集团军群协同作战的航空队司令官是胡戈·施佩勒，他和冯·克莱斯特提出的预案是进行一次大规模轰炸。另一方面，古德里安和勒尔策（后者指挥负责在色当地区实施空袭的航空军）认为一次部署较少数量的飞机即可。他们的目的是让德国空军的飞机一直都留在色当上空，这是事先计划好的。随后，冯·克莱斯特和施佩勒就他们的方案达成一致意见，颁布了让其生效的命令。古德里安和勒尔策在得知他们的两位上级指挥官做出的决策时，感到很沮丧。勒尔策决定不服从命令，故声称接到命令的时间"太晚"。勒尔策的决定很可能是正确的。空袭的直接作用并不明显，虽然对色当地区实施了大约1200次空袭，但没有多少掩体被炸毁，法军的伤亡人数看来还不足60人。不过产生的心理影响显而易见，而且大多数电话线都中断了。后一种影响非常重要，因为法军的通信大部分都要依靠电话线。[70]

有时，没有发生的事件可能与那些发生过的事件一样重要。5月13日深夜，德军工兵在色当建造了一座桥梁。这座桥当然对古德里安扩大桥头堡的各项工作至关重要。例如，5月14日，大约有600辆坦克从这一座桥上过河。所以这座桥被盟军空军视为一个非常重要的目标也不足为奇。在这一天，英法投入了152架飞机去摧毁这座桥梁，但他们的行动为时已晚，德军已经部署了强大的防空部队，还专门派遣战斗机来护桥。盟军飞行人员当然不缺乏所需的勇气，可是当德军的车辆持续驶过桥梁时，他们自我牺牲的努力已无济于事。最终盟军空军付出了惨重代价。例如，空袭的109架英国轰炸机至少有47架被击落。[71]

在色当的突破主要是由两支步兵部队——第1摩托化步兵团和大德意志步兵团——还有第43战斗工兵营的几个排完成的。这些部队的指挥方式是具有启示性的。高级指挥官对这些部队的战斗行动没有什么影响力，决策是由连级及其以下级别的指挥官做出的，通常无须咨询上级。全局任务明确，每个人都单独行动以达成目的。步兵必须依靠重武器来提供火力支援，而德军步兵则相当奢侈地装备了这类武器。整个行动都是根据"基于任务的战术"这一理念进行的。不存在规定的进攻路线，相反，需要各连自行设法寻找敌军防御的弱点。这是根据在第一次世界大战中成型的暴风突击战术进行的战斗。8小时内（16时到午夜），德军突破法军的防御阵地，前进了5公里多，形成了一个有效的突破口。[72]

在研究沙尔少将的第10装甲师在色当正东发动的进攻时，我们也能得出清晰的结论，即打破法军在色当的防线的主要责任是由步兵承担的。由于古德里安将重心放在第1装甲师的分区，第10装甲师攻击的分区得到的空中支援很少。沙尔师也没有得到多少炮火支援，因为他得到命令要用炮兵支援第1装甲师。留下支援第10装甲师进攻的只有24门轻型野战榴弹炮。此外，由于沙尔师的行动延误，无法在可以从空袭获益的时间内到达。尽管有这些不利因素，第10装甲师还是强渡了默兹河，这尤其要感谢鲁巴特中士和他的部下。鲁巴特率领一支由5名突击工兵和6名步兵组成的小部队渡过河流，设法抵达了法军防御阵地，从而为师主力铺平了道路。[73]

最重要的是，德军的成功是两支敌对的军队使用不同的指挥思想体系的结果。在色当和其他地方的多次战斗中，德军行动受到的延误要比法军少得多，法军计划和准备的多次反攻充分证明了这一点。反攻发动得太晚，不再适合当时的情况，因为此时的情况往往与做决定时的情况大不相同。这让人回想起挪威的多次战斗，在那里，德军总是力争比对手更快速地行动。[74]

德军指挥官渴望尽可能多地与他们的部队在一起。最引人注目的例子之一是，第1机械化步兵团团长赫尔曼·巴尔克中校，在他的团越过默兹河，一路向奥姆尼

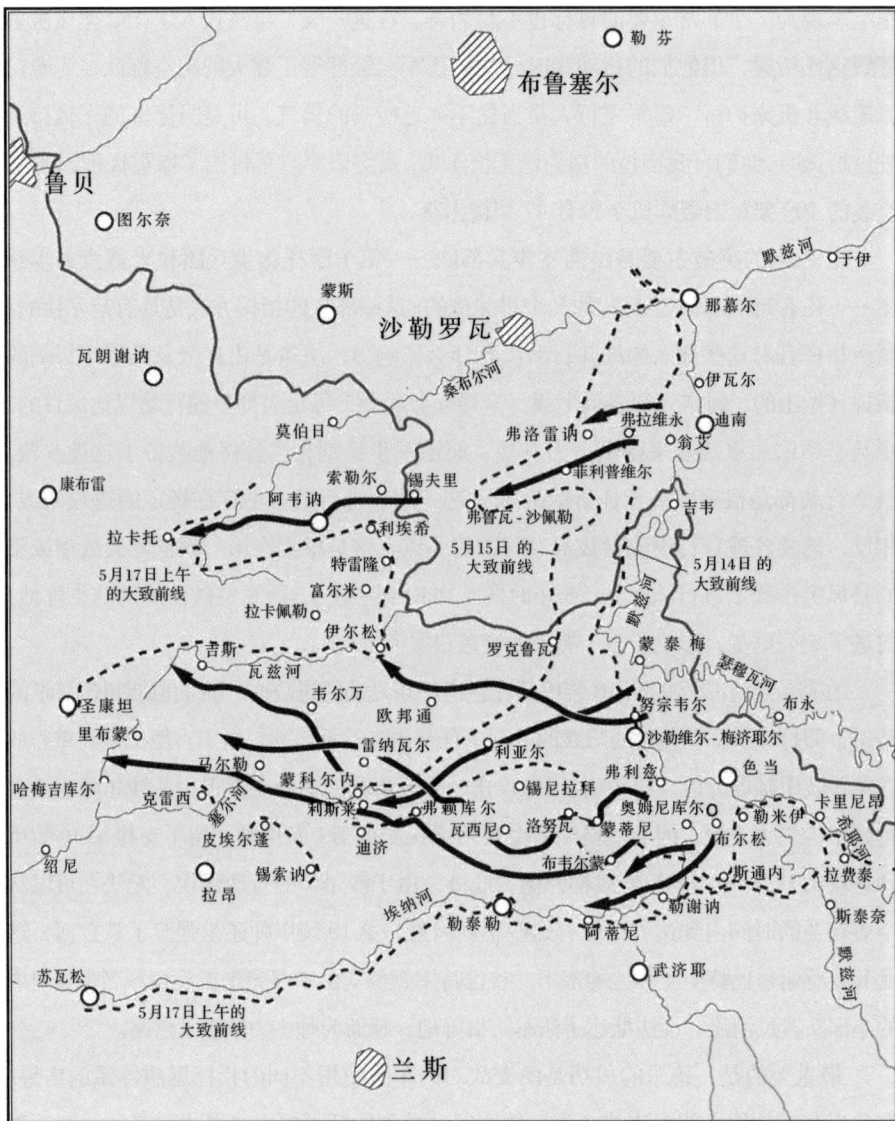

图 18：1940 年 5 月 14—17 日德军装甲兵的突击

地图标注文字：

勒芬

布鲁塞尔

鲁贝

图尔奈

蒙斯

沙勒罗瓦

瓦朗谢讷

桑布尔河

默兹河

于伊

那慕尔

伊瓦尔

迪南

翁艾

莫伯日

弗洛雷讷

弗拉维永

康布雷

索勒尔

锡夫里

阿韦讷

菲利普维尔

拉卡托

利埃希

弗雷瓦 - 沙佩勒

吉韦

5月17日上午
的大致前线

特雷隆

富尔米

5月15日的
大致前线

5月14日
的大致前线

拉卡佩勒

伊尔松

罗克鲁瓦

蒙泰梅

瑟穆瓦河

布永

吉斯

瓦兹河

韦尔万

努宗韦尔

圣康坦

里布蒙

欧邦通

沙勒维尔 - 梅济耶尔

哈梅吉库尔

马尔勒

雷纳瓦尔

利亚尔

弗利兹

色当

卡里尼昂

克雷西

蒙科尔内

锡尼拉拜

勒米伊

绍尼

皮埃尔蓬

利斯莱

弗颖库尔

瓦西尼

洛努瓦

奥姆尼库尔

蒙蒂尼

布尔松

拉费泰

拉昂

锡索讷

迪济

布韦尔蒙

斯通内

斯泰纳

埃纳河

勒泰勒

阿蒂尼

勒谢讷

骠兹河

苏瓦松

5月17日上午的
大致前线

武济耶

兰斯

136

库尔推进并发动进攻期间，一直身先士卒。5 月 14 日，德军占领了奥姆尼库尔的一个跨越阿登运河的桥头堡。他由此取得了两项重要成果：第一，色当的默兹河桥头堡已确保安全；第二，建立了一个继续发动进攻的跳板。然而，巴尔克的成功远非确信无疑。他团里的战士们为取得跨过默兹河的桥头堡打得非常辛苦，战斗之后，他们都精疲力竭。巴尔克意识到夜里有一扇机会之窗将会打开，可他无法说服疲劳之众继续战斗。最后，他大声告诉他们，如果他们没有体力的话，他会独自一人进攻。他独自一人出发前往切赫里时，大声疾呼道："如果没有其他人愿意进攻，（那么）我就会亲手占领切赫里。"在他如此表态后，他的部下不再犹豫。他们跟上了巴尔克，这次进攻取得了胜利。巴尔克不是唯一表现出这种领导能力的军官，却可能是表现得最清晰明了的大师之一。[75]

拉方丹少将指挥的法军第 55 师负责守卫色当，因此，他在许多方面都是巴尔克的对手。根据法国的集中式指挥哲学，拉方丹仍留在他的指挥所，也就是布尔松的一座掩体里。布尔松位于德军第 1 摩托化步兵团默兹河渡河点南面大约 10 公里处。5 月 13 日傍晚发生的一系列误会，让 55 师的大部分人员在惊慌中奔逃。法军的多位指挥官都被束缚在他们的固定指挥所里，这一定程度上是由大多数通信都依赖电话线而不是无线电这个事实造成的，他们也因此处于几乎无法及时制止恐慌的位置。结果是，军中扮演关键角色的一个法军师陷入了无法完成任务的状态。[76]

德军的指挥哲学还展示了另一种特征，在野战手册中表述如下：

> 从任务和情况出发，进行决策。如果任务不足以成为决策的依据，或者情况已发生变化，那么决策必须反映这些条件。任何取消或改变一项任务的人都要承担责任，必须报告此事。[77]

这一节说明的是，实际情况要比接到的命令更重要。在突破色当后的几天里，会有许多突发事件证明这不仅仅流于文字。古德里安的行为特别有启发性。起初，他完全遵循上述段落的规定行事。他的第一项重大决策是 5 月 14 日做出的，当时他要么一直到上午都巩固他的军建立的桥头堡，要么派他的大部分兵力西进。向西进攻能利用法军防御的混乱，且肯定有机会到达英吉利海峡。

古德里安没有迟疑。他命令第 1 和第 2 装甲师向西进攻。此时他还没有收到任何支持这一举动的命令。事实上，他得到的指示就是在色当建立一个桥头堡而已。然而，色当的情况与预料的有别，古德里安没有干等上级的新指示。无论如何，古德里安都不必久等。因为冯·克莱斯特得出了同样的结论。且当冯·克莱斯特命令古德里安做后者其实已经开始做的事情时，他也没有请示过上级。[78]

第1和第2装甲师推进如风，可是过了一段时间，冯·克莱斯特发来了一道新命令。他吩咐古德里安在阿登运河以西仅15公里左右的蒙蒂尼—布韦尔蒙一线停止前进，巴尔克早上刚刚越过这条运河。古德里安愤愤不平，说这道命令会让他在色当的行动前功尽弃。他激烈争辩，设法自行其是。这道命令在5月15日被再度重申，但古德里安再度获得了一天的行动自由。他立即命令麾下各部不计后果地前进，不用考虑任何侧翼威胁。5月17日上午，第1装甲师已在色当以西120公里的瓦兹河上占领了一个桥头堡。第2装甲师在略北面一些的位置行动，几乎推进了同样远的距离。[79]

直到5月17日上午，对第19军进行的突击可能产生的影响，古德里安都心知肚明。到英吉利海峡沿海仅剩100多公里了，如果他的部队到达那里，盟军通往比利时的补给线就会被切断。古德里安军不是西进的唯一一个军。莱因哈特和霍特的两个军都到达了几乎与古德里安军同样远的位置。此刻，冯·克莱斯特的命令到了，指示古德里安停止前进。[80]

古德里安和冯·克莱斯特在蒙科尔内的一座军用机场会面。两人进行了一场激烈的争论，古德里安请求解除自己的指挥权，否则就允许他继续西进。冯·克莱斯特除了接受古德里安的辞呈外别无选择，第2装甲师师长法伊尔中将被选中统率第19军。然而，这并非故事的结局。冯·克莱斯特将军的上级——第12集团军司令李斯特大将——乘飞机找到古德里安，说服他留任第19军军长。根据与A集团军群司令冯·伦德施泰特大将达成的一致意见，李斯特提出了一个折中方案：如果古德里安不将他的参谋部西移，就允许他在部队进行侦察。看来让古德里安停止前进的命令是希特勒本人发出的。古德里安相信是冯·克莱斯特阻挠他，但冯·克莱斯特对战况的评估看起来与古德里安类似，事实上，他想要尽可能地给予古德里安行动自由。

古德里安立即抓住这个机会，并将其利用到了极限。他当即命令他部下的3个装甲师以最快的速度向西进攻。然而，他们不能使用任何能被上级指挥机关监控的无线电系统，他们只能用电话线与军参谋部联系。古德里安将他的指挥所前移，但他没有从那里发出任何无线电信号。相反，他在后方建了一口无线电发射井，用电线将发出的信息转播给它。于是古德里安就保证了自己的行动自由。5月20日傍晚，第19军先头部队到达阿布维尔的英吉利海峡沿岸。盟军在北方的部队被困住了。[81]

敦刻尔克

当古德里安的几个装甲师到达英吉利海峡时，他们切断了比利时和法国北部盟军各部的补给线。英国远征军也遭到了类似的打击，因为他们没有使用附近如加莱、敦刻尔克和安特卫普的港口，这些港口被认为太容易遭到德军空袭。这样一来,弹药、粮秣、备件、燃料和所有其他作战需要的物资都在更西面的几个港口卸货，然后再用卡车和火车送到前线。

德军的突进不仅切断了盟军的补给线。被孤立在北方的盟军各部正在他们面向东北的前线战斗，现在如果冯·克莱斯特装甲集群转向北面，他们还要面对另一个方向的威胁。不过，德军会转向北面并非确定无疑，他们也可以选择转向南方，进逼巴黎。盟国也不知道德军意欲何为。在德军各路先锋与首都之间，法军能够防御的阵地非常薄弱。

很明显，同盟国无法了解德军的意图，但德军似乎也还没有毅然决定他们将踏上哪条行动路线。希特勒和各路高级指挥官都没有料到装甲师会取得如此巨大的成功。事实上，成功的主要原因是实地指挥官无视他们从上级得到的指示。古德里安可能是最鲜明的例子，但他肯定不是唯一的例子。我们在前文已经看到，当冯·克莱斯特指示第41军在蒙泰梅进攻时，他是如何将下达给他的命令搁在一旁的。在占领色当后，他还设法庇护古德里安不受上级指挥官干扰。另一个例子是指挥第7装甲师的隆美尔少将。5月16日停止前进的命令不仅下达给了古德里安，还下达给了A集团军群的另外两个装甲军。隆美尔得到明确的命令，不让他突破前方的法军防线，但他无视了这道命令。他在夜间进攻，突破了法军在苏瓦尔堡的防线，并在5月17日黎明前推进了40多公里。他的先头部队抵达了勒卡托（原文如此，疑实为"拉卡托"）。隆美尔此举粉碎了法军利用默兹河防线的余部建立一道防线的所有企图。这是隆美尔自行决策的，而并非按照上级指挥机关的指示达成的。[82]

因此，德军的惊人胜利并非最高统帅部的明确计划和坚定领导能力的结果。相反，多位高级军官，包括希特勒，似乎都为 5 月 10 日—20 日的事件惊诧不已。或许他们和盟军指挥官一样惊诧，不过这一点当然很难判断。交战双方许多身居要职之人无疑都会震惊。只不过，德军将如何利用战事前 10 天的胜利，仍有待观察。

对这些事件进行讨论的时候，一定不能忘记当时的决策者身处的背景。法国陆军被视为世界上最强大的陆军之一——甚至或许就是最强大的陆军。另一个重要事实是，压倒主要大国的速胜是（而且仍然是）十分罕见的，这一点在第一次世界大战中得到了充分的证明。几乎所有战争计划都假定战争会旷日持久，最终由各种资源的利用率来决胜，德军在 20 世纪 30 年代的战争计划并没有明显偏离这一模式。诚然，德军更强调机动作战，但 1940 年 5 月发生的事情超出了大多数德国军官最狂野的想象。

德军兵法的重点在于击败敌军的军事部队。因此，德军在到达英吉利海峡沿岸后，选择转向北方的备选方案，看起来符合一般模式。德军让各步兵师在推进的装甲师身后前进，沿着索姆河和埃纳河建立了一条防线。这样，一旦德军的各装甲师被替换下来，就能转向北方，完成击败那里的盟军的任务。

北方的盟军面临灾难。所有荷兰军队都在 5 月 15 日放下了武器。残余盟军由比利时陆军、英国远征军、法国第 1 集团军和法国第 7 集团军的一些部队组成。除了来自德军各部的威胁、暴露的右翼和补给线被切断外，盟军还承受着指挥状态不明的痛苦。这种指挥状态是由三个不同国家共同战斗造成的。

然而，不同国家的几支军队必须在一种非常困难的局面下协同作战，只是盟军面临的几个不利因素之一，一个更为根本性的问题是对时间的重要性缺乏了解。5 月 19 日，法军总司令莫里斯·甘末林将军被解职，马克西姆·魏刚将军接替他的职务。后者用了 3 天时间了解战况，这些时间是无法弥补的。如果盟国反应迅速，是有可能对德军造成严重威胁的——德军装甲先头部队和正在赶上的步兵之间出现了一个缺口，德军的机械化步兵师太少，无法及时走完这段距离。如果盟军利用好这个时机，他们就能让德军进退维谷，偏偏时机在几次会议上被消耗掉了。盟军只进行过一次值得一提的进攻，即 5 月 21 日，英军装甲兵在阿拉斯袭击隆美尔的侧翼。缓慢却沉重的步兵坦克参加了这次进攻，它们的装甲是德军的反坦克炮弹打不穿的。然而，隆美尔设法阻止了英军的进攻，部分原因是使用了 88 毫米高射炮。这些高射炮除了主要职能外，还被设想用于打击装甲和防御工事，所以也装备了穿甲弹。阿拉斯战役是一场苦斗，第 7 装甲师的伤亡证明了战斗的强度——89 人阵亡、116 人负伤和 173 人失踪。那些被报告失踪的人中有 90 人最终被证明还活着，但这已经是第 7 装甲师在西线战事期间的单日最大损失了。[83]

从战术上看，英军的进攻几乎没产生什么影响。当德军向混乱的英军两翼进逼时，英军只得撤退。不过，此举影响了一个备经讨论的决策。5 月 24 日，古德里安装甲军已经包围加莱和布洛涅，距离敦刻尔克仅 15 公里。在北方，德军已经占领布鲁塞尔和安特卫普，根特也已落入前进中的德军之手。盟军手中还剩 3 座港口——敦刻尔克、奥斯坦德和纽波特，一旦这些港口有失，大约 100 万名盟军将士必定会被击溃。值得注意的是，他们得到一项意外的德军决策的帮助。古德里安和德国陆军总参谋长弗朗茨·哈尔德大将意识到海峡沿岸港口的重要性，但一系列事件导致了另一次暂停命令的发布。这一决策可能正是受到英军进攻阿拉斯的影响。与装甲师的指挥官不同，许多德军高级指挥官都相当紧张。5 月 22 日，一道要求暂停前进的命令已经发出，看来这道命令是冯·伦德施泰特发布的。[84]

这道命令很快被撤销，但之后又再度发出。与 5 月 17 日左右发出的暂停命令不同，这次希特勒看来不是教唆者。不过，他很快就介入此事，使得未经他的许可，这道命令就不可能撤销。后来进行了一系列讨论，直到 5 月 26 日，装甲部队才再度解开束缚。到那时，北方被孤立的盟军部队已经设法稳住了局面，尽管他们所处的形势依然紧张。5 月 28 日，比利时武装部队投降，在防线上留下了一个缺口，不过当时敦刻尔克大撤退已经开始。从那时到 6 月 4 日，大约 37 万人从法国撤走，其中 33.8 万人从敦刻尔克海滩上逃出生天，大约 2/3 是英军，1/3 是法军。发现撤出这么多人，盟军都很惊讶，不过他们的所有装备都被抛在后面了，德军不相信接近这些数字的部队已设法越过英吉利海峡到达英国。[85]

德军南下

当荷兰和比利时的军队投降，大部分英军逃出欧洲大陆，法军最精锐的部队在北方被歼灭时，德军已经将力量对比转变为他们占优势了。德军在 5 月 10 日发动进攻时，他们可用的各种资源都处于劣势，但在不到 4 周后，当他们准备向南进攻时，已能够依靠自己的优势兵力了。法军的大部分机械化部队已经在北方被歼灭，6 月初，德军的坦克数量也超过了对手。

德军并非在同一天沿着整条前线开始发动攻势。B 集团军群的 3 个集团军被部署在英吉利海峡附近，该部在 6 月 5 日发动进攻。德军功劳最大的部队之一是埃尔温·隆美尔的第 7 装甲师。6 月 4 日，他的战斗部队已经进入将会发起进攻的几个阵地。引导这次进攻的先头部队之一是第 25 装甲团 2 营。下午，该营的坦克悄悄进入了几座园地和其他能进行反空中侦察的隐蔽地点。[86]

战士们在夜间努力让自己尽可能睡得久一些，但他们早早就被唤醒了。凌晨 2 时 30 分，2 营出发前往索姆河。在到达索姆河以北的布尔东附近地区之前，驾驶员们为免被发现而努力使用能避开空中侦察的道路。在他们到达目的地前没有发生什么大事。现在，战争中最常见的任务之一——等待开始了。在这次推进开始前，步兵就在布尔东附近占据了一个桥头堡，不过坦克在过河前必须等候几个小时。

7 时 30 分前后，2 营接到了渡过索姆河的命令。德军已彻底占领了一座铁路桥，现在坦克可以用这座桥到达南岸。过河后，该营在一片洼地里集合，准备进攻。结果发现友军步兵被法军强大的火力所阻，无法扩大桥头堡。2 营的坦克奉命在 11 时 30 分发动进攻。

坦克小心翼翼地从洼地里爬出来，靠近步兵守卫的阵地。桥头堡附近森林地带的几座法军阵地的火力让德军步兵无法前进，但当坦克驶过时，没有遇到太多反抗。装甲营继续南进，不过在走了大约 2 公里后，遭遇了从一片林地射来的重火力。德军发现很难准确锁定守军的位置，不过坦克的密集火力还是让法军安静了下来。

第 2 装甲营南进大约 2 公里，完成了第一项任务——支持步兵扩大桥头堡的战斗。可是，树林中的遭遇战让德军蒙受了损失：这个装甲营的营长施特克尔上尉负伤，第 6 连连长福图恩少尉也负了伤，第 6 连前任连长洛雷尔中尉阵亡，一些军士和士兵也非死即伤；4 辆坦克严重受损，到了无法修复的地步。由于毛尔茨施中尉是该营尚存的最高级别的军官，便接掌了指挥权。他下令该营采取守势。阵亡人员被掩埋，伤员在被转移到后方进行更彻底的治疗之前先接受急救。值得注意的是，步兵没有利用坦克实施这次前进。相反，他们留在了坦克早前驶过的几座阵地上。

时间过了一小时又一小时，没有发生任何不寻常的事情，不过三小时后，法军的火炮突然苏醒。炮弹开始如雨点般落在 2 营和已越过索姆河的第 7 装甲师其他各部之间。这一回，德军的回应是使用整个装甲团的兵力进攻。这次强有力的进攻很快就取得了成果。无视法军的强大火力，德军坦克无情前进。不久，他们就占领了

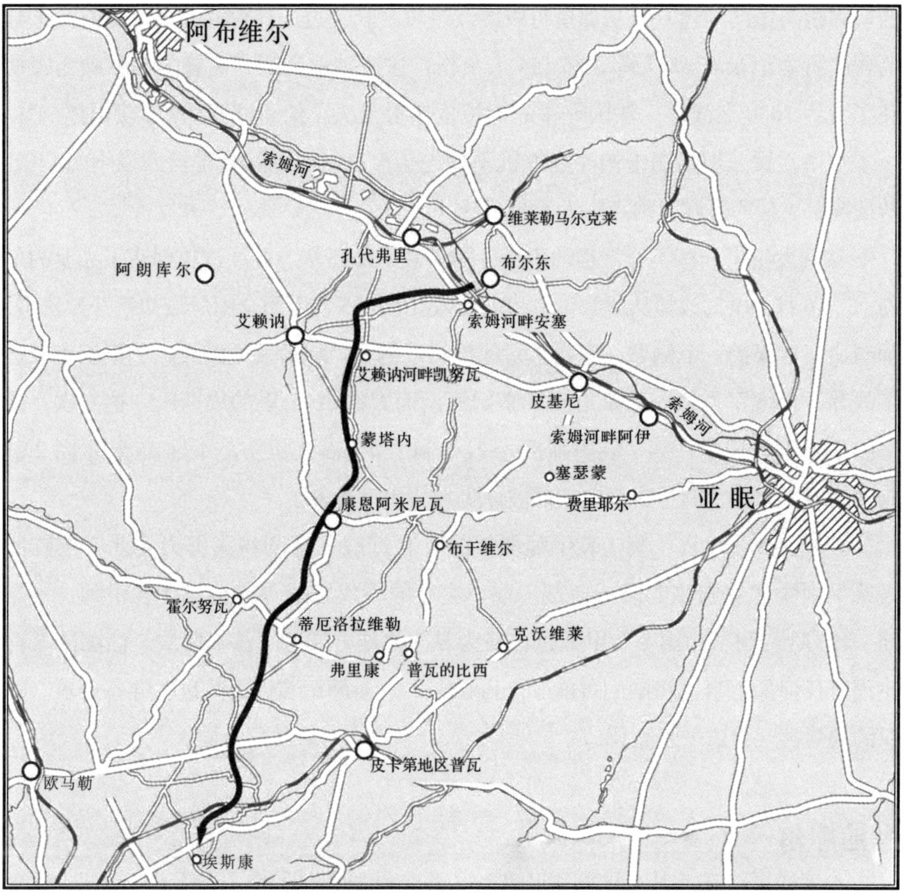

图 19：1940 年 6 月 5 日—6 日的第 25 装甲团

凯努瓦，继续向南方深入。他们设法在黄昏前突进到蒙塔内，此地位于他们穿过索姆河的铁路桥南面大约 10 公里处。

当太阳沉入地平线时，德军坦克停下来过夜，等待许诺给他们的步兵支援。然而，一夜过去了，没有任何步兵出现。对 2 营的德军坦克兵来说幸运的是，法军一直消极被动，上午还有几辆坦克被派回去与步兵建立联系。事实证明，装甲团的其他部队得到了师里的其他兵种，包括步兵在内的更好支援。

虽说困难重重，第 7 装甲师还是在 6 月 5 日取得了重要成果。一座跨越索姆河的坚固桥头堡已经建立，从那里可以继续进攻。只不过，代价并非微不足道。该师的作战日志记录有 68 人阵亡和 154 人负伤，这清楚地证明，尽管隆美尔师当天擒获了大约 1000 名战俘，法国守军的抵抗依然很坚决。值得注意的是，德国空军提供了空中支援，但斯图卡俯冲轰炸机不顾先头坦克已经到达索姆河西南 10 公里处的情况，支援的是在渡河点附近的步兵战斗。

尽管发生了一些不合常理的事件，第 7 装甲师还是为继续进攻创造了必要的条件。6 月 6 日 10 时，该师从桥头堡发起进攻，这次第 25 装甲团全团从最初就开始攻击，师属侦察营保护一个侧翼，摩托车营保护另一侧翼。随后发生激战，法军坦克参加了战斗，但德军设法一路推进到了索姆河南面大约 30 公里的埃斯康。这一次，德军的伤亡人数较少。第 7 装甲师报告 21 人阵亡和 56 人负伤，不过 25 装甲团 2 营损失的坦克太多，乃至残余坦克都被分配到另 2 个营去了。

6 月 5 日和 6 日，第 7 装甲师取得的胜利打破了魏刚将军努力在北方败阵的混乱局面中建立起来的防线西部。取得突破的不仅是隆美尔的第 7 装甲师，马克斯·冯·哈特利布的第 5 装甲师也在略为靠西的地方渗透了法军防线。法国陆军再也没有任何保卫自己祖国的可能了。再往东，更多德军装甲部队也在准备进攻。法军的局势甚至会进一步恶化。

乌迪库尔

A 集团军群在 6 月 9 日发动进攻，比英吉利海峡附近的部队晚了 4 天。古德里安现在有 2 个装甲军可用，这两支部队都在兰斯地区列阵。他的部队在德国机械化部队的最东端，包括 4 个装甲师和 2 个步兵师。在几个步兵师占据埃纳河的桥头堡时，这 2 个军将会投入战斗。

6 月 9 日，古德里安麾下各部仍处于待命状态。其中之一就是第 2 装甲师，该部谨慎地向前移动。虽说德军已发动主攻，但不暴露装甲师的情况、不透露德军的全盘意图这一点仍很重要。师长鲁道夫·法伊尔中将不断收到关于进攻进展的消息。他对本师下辖的各战斗集群发出了相应的指示。他们逐渐向南移动，虽受到交通堵塞困扰，却没有过度受阻。[87]

下午方至，古德里安部接到正在战斗的步兵师发出的警戒报告。报告显示法军的抵抗强硬。德军还观察到了法军重型坦克的身影，于是法伊尔中将收到请求，让他派坦克去支援。他不为所动，因为他觉得他部下的坦克不如敌军的重型坦克，也无意暴露他这个师已在战场附近出现的事实。[88]

第2装甲师的各项准备工作其实都在按计划进行，6月10日一早，该部即准备好向南进攻。法伊尔师有2个装甲团，即第3和第4装甲团，各辖2个营。这两个团直接隶属海因里希·冯·普里特维茨·翁德·加弗龙少将指挥的第2装甲旅。他已选定这次前进以第4装甲团为先锋。夜间越过埃纳河所用的时间比预料的更长，不过6时30分，第4装甲团已开始进攻。1小时后，第3装甲团加入了战斗。[89]

第4装甲团的坦克出发时，伴随着夏季风和日丽的晴朗天气。德军坦克在起伏不定的野外进展良好，不过不久，从一片林地里射出的火力就锁定了它们。坦克兵请求步兵扫清这片树林。这项要求最初是用无线电发出的，然后又让一位联络军官传了一次。可是15分钟过去了，什么都没发生。这个装甲团的团长没有再干等下去。德军坦克继续南进，不久便报告守军已被击败。

高速对德军的胜利至关重要。有鉴于此，第4装甲团继续进攻，7时30分过后不久，该部已靠近圣卢村。这样坦克已经在埃纳河南方推进了大约5公里。为了维持进攻速度，第3装甲团的一个装甲营奉命从东面包抄圣卢村，而第4装甲团在攻入该村的同时，从西面包抄。

此刻，德军发现法军坦克在向北移动。德军坦克兵当即开火，然后就看见法军坦克转向了南方。再往西，德军发现了一座法军炮台，很快也遭到德军火力打击。法军炮手企图靠他们的装备来避过进攻方，但德军的"III"型坦克和"IV"型坦克一直在向他们开炮。这座炮台仅有的一些残兵设法逃脱了。德军没费多少周折便占领了圣卢村。

达成这一目标后，第4装甲团团长命令部队继续向乌迪库尔前进，此地位于圣卢西南偏西约8公里。按照德军的惯例，旅长在走访下级指挥所的时候口头发布命令。考虑到全盘任务，团长们不觉得旅长的各项指示有什么出奇的。当然，确切的指示并非不言自明，而旅长清楚地说明了这个问题。

德军坦克从圣卢地区驶向村庄西北的几道斜坡，不过有些坦克留在村里，直到步兵到达为止。第4装甲团大部已开始行动，最初没有遇到任何明显的反抗。第5连在左翼推进，几位坦克车长从炮塔舱门里探出头来搜寻敌人。他们突然发现索尔-圣雷米北面的反坦克炮炮口发出火光，一个德军坦克排立即开火，在坦克被击毁之前先摧毁了这座法军炮台。

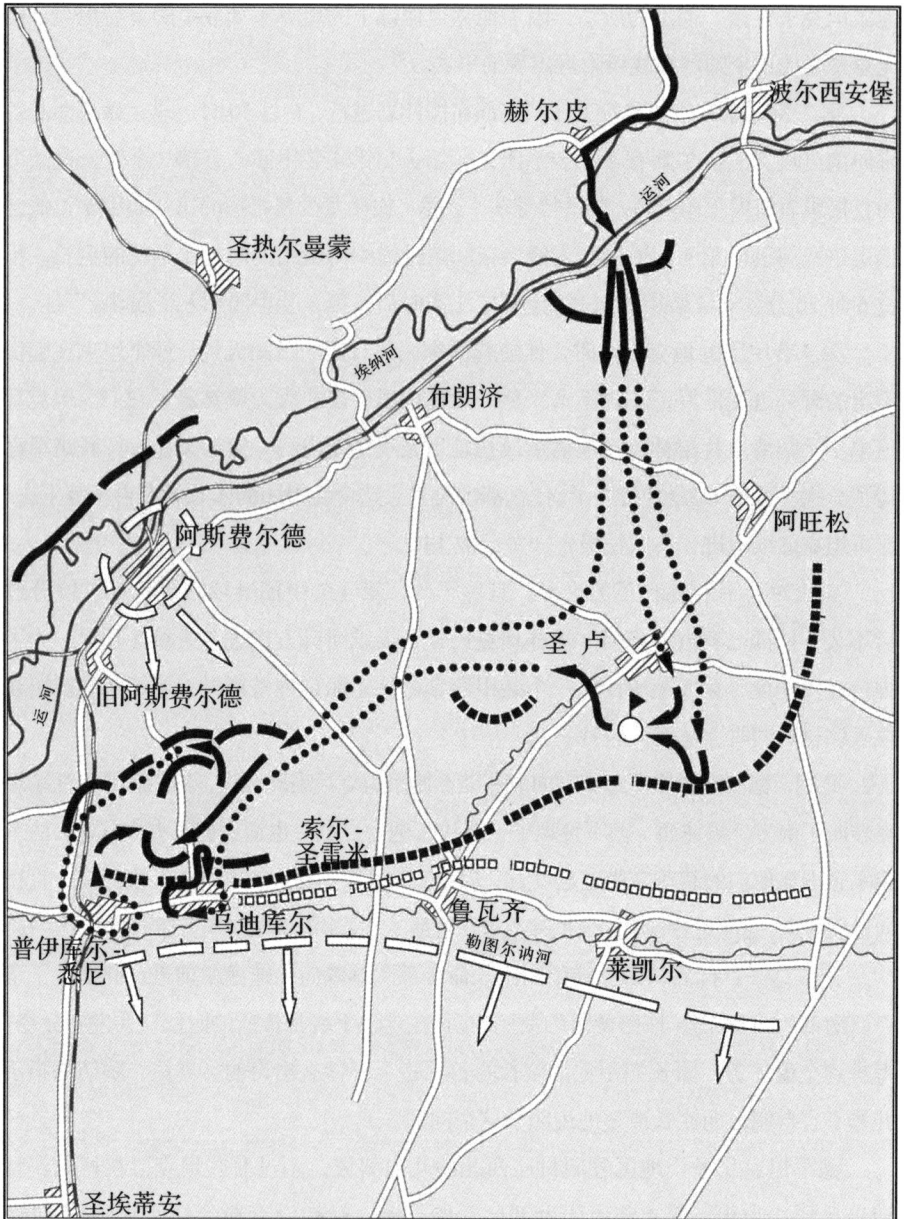

图20：1940年6月10日，第2装甲师在乌迪库尔地区的行动

当德军坦克逼近乌迪库尔时，战斗变得愈发激烈。这座村庄位于一片东西走向的林地旁，德军的机动将他们带到树林一边。法军的反坦克炮、炮兵和重步兵武器的火控人员都隐藏在树林里。得到命令后，他们向德军坦克开火。德军坦克在这个阶段缺少步兵支援，同样没有炮兵火控人员随德军坦克一同行动。

无视遇到的种种不利，第4装甲团继续进攻，企图西进包围法军阵地，此举会让该团进入法军防线。但由于法军侧翼向西方延伸的距离超出德军的预料，这次尝试失败了。第6连确实设法突入了乌迪库尔，并扫清了这个村庄，但最坚固的法军防御阵地位于乌迪库尔东面和西面的树林中。法军也受到雷区和横跨勒图尔讷河的桥梁护卫。这条河的泥沼化河岸一路向西越过树林延伸，且被设置了障碍。

团长认为炮兵支援是成功进攻法国阵地的必要条件。他通过无线电请求师属榴弹炮的火力支援，但后者无法立即被提供。12时20分，坦克才收到暗示炮火支援很快会到的消息。乌迪库尔的坦克奉命撤离这个村庄，以免遭到炮火误伤。师属榴弹炮将在12时45分开火。

德军坦克手焦急地等候炮弹击中法军阵地，尽管他们都神经紧绷，但在手表走过12时45分时，仍没有看到任何炮火。坦克手也没有从无线电得到任何消息，这让他们别无选择，只能等待——他们不能冒被自家炮火击中的风险。

这是一个由德军坦克和炮兵之间通信不畅造成的僵局。最后，为了在一道斜坡上找到射击阵地，第5和第6连的坦克开始移动，可是他们引来了法军反坦克炮的火力。法军火炮被巧妙隐蔽，德军根本找不到，而有几辆德军坦克被这些火炮摧毁了。此刻，虽说不确定自家火炮何时会开火，德军坦克兵依然决定不再等候。第3装甲团第2营向法军阵地东面进攻，进而从侧翼将其席卷。德军擒获了200名俘虏，还缴获了5门反坦克炮。

此后不久，第3装甲团能够与邻近的师建立联系了，后者分派出几个师属炮兵营来支援坦克。坦克兵便能继续进攻，将守军从他们的阵地上驱逐出去了。在雷区和其他障碍物被清除之前，坦克不能继续南进。不过，坦克和邻近师暂时配属的炮兵都在向撤退的法国守军开火。

傍晚晚些时候，第3装甲团占据了乌迪库尔南面、叙普河河畔圣埃蒂安北郊附近的几个防御阵地。法军的防线已被粉碎，不过德军也付出了一些代价。第3装甲团至少有21辆坦克被击毁，不过其中许多可能修复。第2装甲师记录阵亡25人、负伤71人、失踪 3 人。在这些战损之中，阵亡者有 3 人、负伤者有 21 人、失踪者有 1 人属于第 3 装甲团。第 4 装甲团内部的战损人数就少得多：2 人阵亡、9 人负伤和 1 人失踪。[90]

6 月 10 日傍晚，第 2 装甲师收到 2 条消息。盟军已经撤离纳尔维克，挪威战事就此告终。此外，意大利已对英法宣战。这一消息受到热烈欢迎，但第 2 装甲师却没有时间戴着胜利的月桂冠休息。夜间，横跨勒图尔讷河的桥梁上的地雷和障碍物已被清除。另一条河流叙普河横穿德军继续南下的推进轴线，撤退的法军已经炸毁了跨河的几座桥梁。不过到了 6 月 11 日，第 2 装甲师已经在兰斯东面的一条宽阔前线上推进了。[91]

德军突破魏刚防线之时，法国最后的希望破灭了。留在法国土地上的少数英军部队为了撤退，赶紧前往英吉利海峡沿岸。但在某些情况下，他们的运气不足，没有到达那里。如英军第 51 步兵师一大部在圣瓦莱里昂科就被俘了。不过，英军从瑟堡撤离的几次尝试较为成功。

当德军的各路先头部队迅速深入法国时，法军只能进行分散的抵抗。通常，防御方的撤退甚至无法像进攻方的推进那样快速完成。巴黎不是德军的主要目标，相反，B 集团军群主要进攻法国首都西面，A 集团军群则进攻东面。只不过，德军无情地逼近巴黎，迫使法国政府逃到了图尔。巴黎被宣布为一座不设防城市，德军 6 月 14 日穿过了不设防的法国首都。当时，德军已经越过塞纳河，几乎将巴黎包围。

意大利独裁者本尼托·墨索里尼发现他有机会从法国和英国的失败中攫取一些战利品，于是他在 6 月 10 日对西欧两强宣战了。然而，他的武装力量准备极其不足，尽管意大利军多次尝试进攻法国东南部，都没有成功。墨索里尼的宣战对 1940 年 6 月的事态发展几乎没有影响。

法国政府内部意见分歧，一些部长主张与德国人谈判，而另一些部长则希望继续战斗。当然，后者意识到法兰西会战已经失败了，只有从殖民地发动战争。再也不可能阻止德军占领法国人的祖国了。

法国总理保罗·雷诺于 6 月 17 日辞职，年迈的贝当元帅接替了他的职位。他立即与德国人谈判，并于 6 月 22 日签署了一份停火协议。根据协议，德国人占领了法国北部以及直至比利牛斯山脉的整片大西洋海岸；法国南部将由所谓的"维希政府"统治，这个政府由贝当控制；驻殖民地的法军只有在受到攻击时才会战斗。这一协议标志着法国不再是战争中的一支战斗力量。希特勒赢得了他最大的胜利，还利用这个机会为第一次世界大战的失败复了仇——德国代表团曾被迫在1918年的停火协议上签字，而就在同一节火车车厢里，双方签署了这项协议。

德军在西线的胜利几乎在任何层面上都具有压倒性的意义。法国陆军被视为世界上最强大和最优越的陆军之一，马其诺防线是一条令人生畏的防线。很少有人相信德军会击败法国、比利时和荷兰，迫使英国人从欧洲大陆撤军。然而，德军不仅做到了这一点，还在相当短的时间内就做到了这一点，且人员损失少得令人惊讶。德军在一个多月的时间里就越过了巴黎，鲜有一个大国如此迅速地就被击败。

许多德国军官同样惊诧。德皇的大军在1914—1918年难以实现的目标，这一次在6周内就达成了。事实上，可以认为这一切在前两周就已经注定了。这一绝妙而令人惊诧的胜利需要一个解释，但在1940年夏盛行的思维框架里，要形成一个准确的分析可不易。

法军总司令甘末林将军解释这次战败是由"数量上的劣势、装备上的劣势和战术上的劣势"造成的。[92] 他选择的解释几乎不足为奇，但显然，盟军在数量上或装备上都没有处于劣势。不过，甘末林不是唯一相信德军占有数量优势的人。1941年方至，逃离祖国的捷克陆军中校斐迪南·奥托·米科舍写成的一本书在英国发行。他试图解释德军在1939—1940年为何屡战屡胜，并详细讨论了德军的战术。他还强调德军1940年在装备方面占有数量优势。他声称，如果没有这一优势，德军的战术将无法产生实际取得的惊人成果。[93]

有意思的是米科舍的书提供了对德军兵法极具误导性的分析。当然，书中包含大量事实错误是不足为奇的，鉴于当时可用的资料，这几乎是不可避免的。更重要的是，他描绘了一个德军作战非常严谨的画面，因此完全搞错了重点。他强调的是装备、组织、精心计划和所谓的德军严谨的执行力。他几乎不可能更加偏离事实了，偏偏后来的许多作者还重复了他的各种解释。

米科舍——以及许多其他人后来给出的一个奇怪解释是所谓的"第五纵队"的作用。这个词汇是在西班牙内战中，1936年的马德里战役期间创造出来的。在那场冲突中，佛朗哥的支持者声称，除了向马德里前进的四个纵队之外，他们还有一个第五纵队在城内行动。"第五纵队"后来成为后方的阴谋破坏者与通敌者的通称。有人声称这类活动为德军铺平了道路，不过这种说法看来严重夸大其词了。这可能是由于夸大像维德孔·吉斯林这样的通敌者的影响力造成的。另一个可能的解释是，法国沦陷后维希政府在里翁进行的审判。在那里，政治家和知识分子被指控为破坏保卫法国的意志，从而导致法国战败的罪人。[94]

这些指控都没有事实基础，里翁审判是一场伪装，而并非严肃的司法审判。法军战败完全是军事因素造成的，根源至少可以追溯到第一次世界大战。1940 年 5 月战斗的决定性阶段是德军在默兹河沿岸的色当、蒙泰梅和迪南的突破。毫无疑问，这些突破是由装甲师实现的，但实现决定性突破的主要是装甲师内的步兵、工兵和炮兵。这些兵种使用的方法来自第一次世界大战的渗透战术。

从 5 月 15 日德军努力利用在默兹河形成的突破时起，坦克就变得更加重要了。在这一阶段，德军先遣队只遇到微弱的抵抗，坦克糟糕的装甲和武备并不重要，它们的机动性和出色的通信装备是更重要的资产。

分散决策的价值在西线战事全程都很高，不过在 5 月 17 日几位最高指挥官试图束缚几个装甲师狂奔的步伐时，这一点或许应特别强调。他们的下属有效地拒绝了上级的意见，不仅忽视高层的决定，而且蓄意欺瞒高级指挥机关。当然，对于那些试图去解释德军在 20 世纪 40 年代的胜利的人而言，这样一种解释很难被理解。相反，这一研究领域的土地让各种神话茁壮成长。

流传的神话之一与俯冲轰炸机有关。对盟军指挥官而言，俯冲的飞机发出可怕的嚎叫声猛扑向它们的猎物的形象，在开发飞机和创立各种相关学说时很难舍弃不用。出于不应被描述为科学方面，而是心理和情感方面的原因，盟军被飞机以一种炮兵无法复制的方法，去空袭精确目标和有效支援机动部队的想法吸引。然而，俯冲轰炸机主要是对训练不足、装备低劣的战士有效，这些士兵容易受到斯图卡降低士气的各种作用影响。鲜有俯冲轰炸机炸毁一座掩体或一辆坦克的。尽管德国空军在色当上空取得了局部空中优势，也未能完成战场遮断，阻止法军援兵向该地区调动。应当注意的是，这些结论适用于德国空军的主战场色当地区。在更北面的迪南和蒙泰梅，德国空军对战斗的影响甚至更小。不过，第 15 军和第 41 军取得的成果却与古德里安的第 19 军取得的成果相当。[95]

德国空军取得的成功有限，损失却很高，至少有 1236 架飞机被毁，323 架飞机受损。鉴于参战飞机的数量和相对较短的战事持续时间，这些损失是巨大的。盟军的飞机损失甚至更大：英国飞机损失 1029 架，法国飞机损失 892 架。[96]

德国陆军记录有 777 辆坦克被摧毁——5 月 619 辆,6 月 158 辆。这些损失中"I"

型和 "II" 型坦克达到 419 辆。这些损失并非微不足道，不过由于损失的许多坦克是轻型坦克，后果并不令人惊慌。无论如何，"I" 型坦克不久就会从战斗部队淘汰出去，因为它原本就是为训练用途，而不是战斗用途设计的。[97]

德军的人员伤亡最初报告为 27074 人阵亡、111034 人负伤和 18384 人失踪。[98] 然而，失踪人员中有很大一部分永远不会活着被找到，一些伤员也会身亡，这让死亡人数达到了 46059 人。[99] 不过，这样的损失与第一次世界大战相比是非常轻微的。德军的伤亡人数也远低于法军，后者有 9.2 万人死亡、25 万人负伤，还有大约 150 万人被俘。有意思的是，德军的每日伤亡人数在 6 月似乎高于 5 月，这说明法军将士在战局明显无望之前没有失去决心。[100]

与俯冲轰炸机一样，坦克会成为许多神话的题材。许多观察家总结道：1940 年战事证明了坦克的巨大重要性。这一结论部分源于法国方面的一些战斗人员，他们想解释法军的突然溃败，不过也源于德国的宣传机构，他们努力将德国陆军描绘成不可战胜的。坦克的重要作用诚然必须得到承认，可如果德军步兵的表现不是那么出色的话，它们的贡献会小得多。事实上，色当战役的胜利更多应归功于步兵而非坦克。[101]

坦克产生的心理冲击远超出其火力。最极端的例子是 5 月 13 日在色当南面法军第 55 步兵师的辖区发生的。有流言说德军坦克正在逼近，便引发了该师炮兵和其他后方部队的恐慌，然后他们就逃跑了。其实谣言完全是假的，当时还没有德军坦克越过默兹河。[102]

恐慌症的倾向看来与拙劣的训练有关。德军部队几乎从未犯过这种恐慌症，虽说从 1939 年波兰战事早期以来有一些例子。[103] 法军"远距离"统率的倾向看来加剧了这一问题。

记住这个问题的话，德国有不少军官对坦克的潜力仍持怀疑态度就几乎不足为奇了。毕竟，认为敌人会被谣言击败几乎是不切实际的。虽说古德里安是坦克最热心的倡导者之一，他也没有指望这类意外不只是偶发的局部事件。[104]

从 1940 的年西线战事得出了许多错误结论。人们往往将重点放在错误的因素上。各种简单的解释取得了压倒较为复杂的解释的优先地位，尽管事实上后者更为重要。德国的宣传又加重了这些误解。

只不过，并非只有非德国观察员从这场战事中得出错误的结论。希特勒看起来也犯了同样的错误。值得注意的是，对于胜利的功勋，他给予自己的份额似乎比他应得的大得多。在 5 月 20 日的一次新闻发布会上，赫尔曼·戈林宣布希特勒本人亲自策划了西线战事。他接着声称："阿道夫·希特勒的军事天才已引发了一场兵法革命，到目前为止被认为不可违反的基本原则已被推翻。"在德国的宣传中，希特勒被描绘成"闪击战"的缔造者和"史上最伟大的指挥官"。[105]

在必须做出重要决策时，傲慢自负是一种危险的特质。

注解

1. Frieser, *Blitzkrieg-Legende*, 71ff.

2. Murray, "The German Response to Victory in Poland—A Case Study in Professionalism," 285–298.

3. 同上。

4. *XV. AK. "Erfahrungsbericht über den Feldzug in Polen,"* NARA T314, R550, F298; *XV. AK."Erfahrungsbericht,"* NARA T314, R551, F604. 其中一份报告因火受损——1942 年 2 月的一次空袭使德国陆军战史部发生火灾。

5. 见 Smedberg and Zetterling, *Andra världskrigets utbrott*, Chapters 11, 14 and 18. 德军在波兰的机械化部队的编制与装备列表，见 Niehorster, *German World War II Organizational Series, Vol. I.*

6. *XV. AK., "Erfahrungen auf taktischem Gebiet,"* NARA T314, R550, F301.

7. 关于这个问题的更多内容，我推荐 Alan R. Millett and Williamson Murray, *Military Effectiveness, Vol.II: The Interwar Period* (London: Allen & Unwin, 1988) and Robert A. Doughty, *The Breaking Point.*

8. Frieser, *Blitzkrieg-Legende*, 71ff.

9. 同上。

10. 同上。

11. 同上。

12. 同上，71ff.

13. 在 B-MA RL 33/97 档案里，可以找到一份关于进攻埃本 - 埃梅尔要塞的准备和执行情况的详细报告。

14. Frieser, *Blitzkrieg-Legende*, 71ff; Millett and Murray, *Military Effectiveness, Vol. II*, 241.

15. Frieser, *Blitzkrieg-Legende*, 71–135.

16. 关于力量对比，见表格 1。1940 年，英国生产了 7771 架作战飞机和 1399 辆坦克，可以与德军生产的 6201 架作战飞机和 1743 辆坦克比较。1941 年，英国的产量增加到 11732 架作战飞机和 4841 辆坦克。德国的产量为 7642 架作战飞机和 3701 辆坦克，落在英国后面。再加上法国的产能，更加重了德国的劣势。产量数据见 Chamberlain, Doyle and Jentz, *Encyclopedia of German Tanks of World War II*, 261f and Ellis, *Brute Force*, 555–558。

17. *Erlebnisse der 3. Kompanie, Panzer-Regiment 35 im Westen von Hauptfeldwebel Hilpert*, BA-MA RH 39/373.

18. 同上；Neumann, *Die 4. Panzer-Division 1938–1943* (Bonn: Joachim Neumann, 1985), 98–107.

19. *XI. Fliegerkorps, Abteilung Ic, Br.B.Nr. 579/42 g.Kdos., 13.März 1942, "Abschriften von Unterlagen, Berichten und Schriftstücken zum Einsatz Eben-Emael und Albert-Kanal der Sturmabteilung Koch'(Versuchsabteilung Friedrichshafen)*, BA-MA RL 33/97.

20. Maier, Rohde, Stegemann and Umbreit, *Des deutsche Reich und der zweite Weltkrieg*, 284ff.

21. Frieser, *Blitzkrieg-Legende*, 119.

22. Wolfgang Paul, *Brennpunkte—Die Geschichte der 6. Panzerdivision (1. leichte)* (Krefeld: Höntges, 1977),58ff; Frieser, *Blitzkrieg-Legende*, 271ff.

23. 同上。

24. 同上。

25. 同上。

26. 同上。

27. 同上，273。

28. *KTB 11./Pz.Gren.Rgt. 4*, BA-MA RH 37/7515; *KTB und Anlagen II./Pz.Gren. Rgt. 4*, BA-MA RH 37/10;Paul, *Brennpunkte*, 60ff; Frieser, *Blitzkrieg-Legende*, 273–277.

29. 同上。

30. 同上。第 6 装甲师的编制和装备列表，见 Niehorster, *German World War II Organizational Series, Vol. II*, 17ff.

31. BA-MA RH 37/7515.

32. 同上。

33. 同上。

34. 同上；Paul, *Brennpunkte*, 61f.

35. BA-MA RH 37/7515; Paul, *Brennpunkte*, 61f; Frieser, *Blitzkrieg-Legende*, 274.

36. Paul, *Brennpunkte*, 62–63.

37. 同上，62–63。

38. 本段根据第 4 装甲掷弹兵团 2 营的作战日志和附录写成，BA-MA RH 37/10.

39. BA-MA RH 37/10; Paul, *Brennpunkte*, 66f.

40. Paul, *Brennpunkte*, 67f.

41. Frieser, *Blitzkrieg-Legende*, 275.

42. Frieser, *Blitzkrieg-Legende*, 275–294.

43. Jeffery A. Gunsburg, "The Battle of Gembloux, 14–15 May 1940: The 'Blitzkrieg' Checked," in *Journal of Military History* (January 2000), 97–140.

44. 同上，100–102; Neumann, *Die 4. Panzer-Division 1938–1943*, 112–115.

45. BA-MA RH 39/373; Neumann, *Die 4. Panzer-Division 1938–1943*, 102–109.

46. BA-MA RH 39/373; Neumann, *Die 4. Panzer-Division 1938–1943*, 102–111. 希尔珀特提到一个名叫"让儒维勒"的村子，但在地图上无法找到哪个村子叫这个名字。他很可能指的就是让德勒努勒，因为没有任何其他村子的名字与"让儒维勒"相像。

47. BA-MA RH 39/373; Neumann, *Die 4. Panzer-Division 1938–1943*, 102–109; *KTB XVI. A.K. Ia, 13.5.40*, NARA T314, R569, F000391ff.

48. 同上。

49. 同上；BA-MA RH 39/373; Neumann, *Die 4. Panzer-Division 1938–1943*, 102–109.

50. 同上。

51. 同上，122, 174f.

52. BA-MA RH 39/373.

53. Gunsburg, "The Battle of Gembloux, 14-15 May 1940," 138–139.

54. Frieser, *Blitzkrieg-Legende*, 51.

55. 同上，292ff; Russel H. S. Stolfi, *A Bias for Action: The German 7th Panzer Division in France and Russia 1940–1941* (Quantico, VA.: Marine Corps Association, 1991), 11–17.

56. 同上；*KTB II./Pz.Rgt. 25*, BA-MA RH 39/753.

57. Anton Detlev von Plato, *Die Geschichte der 5. Panzerdivision* (Regensburg: Walhalla und Praetoria, 1978),53–60; Frieser, *Blitzkrieg-Legende*, 294f; BA-MA RH 39/753; Stolfi, *A Bias for Action*, 11–17.

58. von Plato, *Die Geschichte der 5. Panzerdivision*, 57.

59. 同上。

60. 同上。

61. 同上。

62. 同上。

63. Frieser, *Blitzkrieg-Legende*, 295f.

64. 同上。

65. von Plato, *Die Geschichte der 5. Panzerdivision*, 58f.

66. 同上。

67. 同上。

68. 同上。

69. 同上。

70. Frieser, *Blitzkrieg-Legende*, 188f, 194–197. 关于这次战役期间德国空中支援的更多内容，见 *Luftwaffe Lage-berichten*, BA-MA RL 2 II/205; 关于德国空军与克莱斯特装甲集群之间协同作战经验的报告，可在 BA-MA RH 21-2/83; *VIII. Fliegerkorps im Frankreich-Feldzug*, BA-MA RL 8/43 中找到。

71. 同上，222–225。

72. Frieser, *Blitzkrieg-Legende*, 197–206.

73. 同上，206–211。

74. Doughty, *The Breaking Point*, 324–332; Frieser, *Blitzkrieg-Legende*, 226–232.

75. Doughty, *The Breaking Point*, 202ff, 329f; Frieser, *Blitzkrieg-Legende*, 213ff; Hermann Balck, *Ordnung im Chaos* (Onsbabrück: Biblio Verlag, 1981), 269–279.

76. Doughty, *The Breaking Point*, 239ff; Frieser, *Blitzkrieg-Legende*, 216–220.

77. RHD 4/300/1 (*Heeresdienstvorschrift 300/1 'Truppenführung I. Teil' 1933*), 10–11.

78. Frieser, *Blitzkrieg-Legende*, 240–242, 315–317.

79. 同上，316–317。

80. 同上，316–318。

81. 同上，318–324, 339–341。

82. 同上，331–341。

83. 同上，341–361; Stolfi, *A Bias for Action*, 35–37.

84. Frieser, *Blitzkrieg-Legende*, 359–365.

85. 同上，365–379。

86. 这个段落的描述是根据 BA-MA RH 39/753; *Gefechtsbericht 7. Pz.Div. 5.6.40*, NARA T315, R401, F716ff 写成的。

87. *KTB 2. Pz.Div. Ia, 9.6.40*, NARA T315, R92, F000647ff.

88. 同上。

89. 整段记录根据 NARA T315, R92, F000647ff; *Pz.Rgt. 3, Gefechtsbericht des Regiments vom 10.6.40*, BA-MA RH 39/653 写成。

90. NARA T315, R92, F000647ff; BA-MA RH 39/653; *Verlustliste vom 5.6 bis einschl. 8.7.40 des Divisionsarzt 2. Pz.Div.*, NARA T315, R92, F678.

91. NARA T315, R92, F000647ff.

92. Frieser, *Blitzkrieg-Legende*, 64.

93. Ferdinand Otto Miksche, *Blitzkrieg* (London: Faber & Faber, 1941), 34.

94. Frieser, *Blitzkrieg-Legende*, 403.

95. 关于这个问题的上佳讨论，见 Robert A. Doughty, *The Breaking Point—Sedan and the fall of France 1940* (Hamden: Archon, 1990), 尤其是 3–4 和 323–324。

96. Frieser, *Blitzkrieg-Legende*, 400.

97. *OKW/WiRüAmt*, BA-MA RW 19/1938, 1–19.

98. Jean-Paul Pallud, *Blitzkrieg in the West* (London: After the Battle, 1991), 607–609.

99. BA-MA H4/35.

100. Pallud, *Blitzkrieg in the West*, 607–609.

101. Doughty, *The Breaking Point*, 2–3.

102. Frieser, *Blitzkrieg-Legende*, 216–220.

103. 一个例子是 1939 年 9 月 1 日在莫克拉的第 4 装甲师，当时德军步兵因将撤退中的德军坦克误认为是正在前进的波兰车辆而惊惶失措。见 Smedberg and Zetterling, *Andra världskrigets utbrott*, 150f.

104. Frieser, *Blitzkrieg-Legende*, 431f.

105. 同上，409–410。

关键决策之间的插曲

第五章

击败法国之后，实力的天平发生了戏剧性的变化。直到 1940 年 5 月，德军都受到西面法国和东面苏联的挤压。《莫洛托夫 - 里宾特洛甫协定》消除了东方的威胁，但希特勒不能指望将来一直如此。偏偏法国战败让欧洲大陆仅剩一个主要的陆地强国反对德国。希特勒发现自己处在了一个对未来行动有更大自由选择权的位置上。那些被征服的国家不仅放开了对德国工业原材料的限制，他还能指望其他国家接受与德国的贸易协定，毕竟德国在 1940 年似乎统治着欧洲。

德国战胜法国的影响不仅限于欧洲——在世界其他地区也能感受到各种间接影响。法国战败让日本对法属印度支那殖民地施加了越来越大的压力，迫使后者做出了各种让步。同样的，荷兰战败意味着其保护印度尼西亚领地的能力下降。这一地区及其拥有的重要原油供应能力，在日本的战争计划中占据重要地位。而日本对亚洲南部的野心同样引起了美国关注。当然，苏联也受到了很大影响。斯大林的想法很难了解，不过毫无疑问，德国战胜法国对他而言肯定是一个非常不愉快的意外。

英国人很清楚西线战败的严重后果。不仅英国远征军大败，英国最强大的盟国也消失了，且在地中海出现了一个新敌人。地中海的实力天平由此向对英不利的方向急剧倾斜。法国海军在地中海西部不再能遏制意大利的海上力量。为应对这种局面，英国不得不增援其在直布罗陀和亚历山大港的海军部队。由于英国在与轴心国的斗争中孤军奋战，还有一个庞大的殖民帝国要保护，故很难向地中海分派资源。对英国而言幸运的是，德国海军在挪威战事中蒙受损失后非常虚弱。然而，未来的前景依旧十分黯淡。一份冷静的分析报告清楚地挑明英国没有足够的资源单枪匹马击败德国。一个强大的盟友必不可少，而现在仅剩下两个足够强大的国家：美国和苏联。没有这样的盟友，只有英吉利海峡能阻止德军征服不列颠群岛。只不过，苏联似乎没有在英国的考虑中占据重要地位。大西洋彼岸的国家拥有比任何其他国家都强大得多的工业能力，这在未来的一场大规模战争中，当然是一项巨大优势。然而，在 1940 年，除了海军，美国的其他武装力量都很弱。不幸的是，仅靠海军无法击败德国，还需要一支有空中力量支持的强大的陆军，但这样的资源是无法在短时间内创建出来的。

由于英国不再是一个主要威胁，希特勒发现自己处于一个全新的局面之中。西线战事之前，德国独裁者被迫在非常困难的水域里航行，行动自由受到严重限制。临机应变让他暂时摆脱了棘手的处境，《莫洛托夫 - 里宾特洛甫协定》或许是这种临机应变最重要的例子。现实的长期计划几乎难以实施。希特勒似乎有一个指南针大致上引导着他，但他在机会出现的时候，时常是被迫去把握住这些机遇的。

法国战败后，希特勒蓦然发现，他已经能够在几个截然不同的战略中做出选择和计划遥远的未来了。顽抗的英国人令人恼火，但他们不是德国实现欧洲大陆霸权的威胁。希特勒最初做出的决策之一是开始计划大举进攻苏联。随着法国垮台，他起初想在同一年，即 1940 年入侵苏联，但他很快就意识到，在秋冬季节带来恶劣天气之前，这样一场战事不会结束。于是很快计划就变为在 1941 年进行一场战事。

由于计划和备战工作在进攻前好几个月就要启动，继续进攻的决策不必在 1940 年就做出。希特勒可以考虑其他选择，但他是否认真考虑过任何其他备选方案是值得怀疑的。"犹太布尔什维克主义"早已成为他的主要敌人，他渴望的生存空间主要在东欧。对苏联的进攻完全符合他的世界观。

顽强的英国人是希特勒的眼中钉肉中刺，不过哪怕英国人战败，他也不能指望得到任何可观的回报。另一方面，如果他在 1941 年夏初就进攻苏联，那么德国的大部分武装力量在几个月内都不能被投入战斗。因此，这意味着希特勒有一段时间能专注于对付西方的顽固对手。

不列颠空战必须在这种背景下进行。德军对英国的进攻有一种笨拙行事的特征，与迄今为止进行的三次大规模战事截然不同。德国空军对如何击败英国缺乏清晰的观念，而德国海军对从海上入侵英国几乎没有信心。德国海军总司令雷德尔元帅更愿意将目标对准英国从海外输入的各种军事资源。他相信对英国航运和港口的袭击最终会让那些岛民屈服，问题是这样的战略不会产生显著的短期结果。由于计划在 1941 年中期发动对苏联的进攻，所以在德军越过东方的边境之前，英国几乎不可能被雷德尔的战略击败。于是雷德尔还主张对英国的海外属地展开范围广大的军事行动。他希望德国在地中海进行实质性的努力，墨索里尼对英国宣战在那里已开辟了一片反对英国的新战场。

对德国人而言，对英国的战争暴露了不少新问题，德国在战争前的快速扩军期间的既定战略已被赋予优先地位，现在需要的是其他战略。多兵种联合作战的智力工作已经完成，例如，20 世纪 30 年代下半期在柏林军事学院进行的兵棋演习，就已经处理过大范围的跨军种作战。但总体而言，这样的工作在德国战争计划中的地位并不突出，而德国人对他们突然发现的自己所处的局面没有做好特别妥善的准备。[1]

与之前的几次战事不同，这次甚至连做一个迅速战胜英国的假设的可能性都没有。德军的关键组成部分是陆军。这是一个在与英国之外的几乎所有欧洲其他国家战斗时都非常明智的选择，但英吉利海峡保障了英国免受德国陆军的直接攻击。在这种情况下，德国空军和海军必须在陆军能在英国本土登陆之前完成各自的任务。当然，这与"威瑟堡"行动相似，可是德军在那次战役中能够仰仗的突袭因素，在1940年夏几乎不可能存在。

只有一个条件能让德军在1940年速胜英国，那就是英国的战斗决心突然垮掉。在军事上击败他们是不可行的——至少在相当短的可用时间内不可行。1940年夏的局面与以前的历次战事在根本上就不同，以前的战事，可能让德军看到了一种自己可以让敌人迅速崩溃的希望，但最终结果是在战场上决定的。通过击败敌人的军事部队，德军让他们的对手失去了抵抗的手段。在各国的军队被击败后，那些国家已经输了。

英国的情况与德国人以前遇到的任何情况都不同。英国的陆军在挪威和西欧都遭遇惨败。撤离的军人丢失了他们的所有装备，但与其他国家不同的是，英国不是主要依靠陆军来保卫本土的，其更依赖的是空军和海军。这就导致了一种僵局，即任何一方都无法对另一方造成致命打击。德国人在地面上占据绝对优势，英国人在海上也同样绝对占优。双方在空中都没有明显的优势，虽然许多观察家相信德国人占据了优势——德国空军在波兰、丹麦、挪威、荷兰、比利时和法国的战事之后，赢得了令人胆寒的名声。

得战术、训练和经验之助，德国空军是比英国皇家空军更强些。然而，英国皇家空军也有优势。双方都研发了雷达，不过随着雷达的水平发展到1940年夏天，这项技术显然对防御方的价值更大，在沿海地区尤其如此。另一项重要优势或许不那么明显。在两场战争之间的岁月里，空中力量被描绘成一种能避免像第一次世界大战那样代价高昂的消耗战的手段。这种理论会被证明是错误的，因为第二次世界大战期间的空战最终会成为一场消耗非常大的战争，损失将非常惨重，将会生产数量巨大的飞机来应对日益增加的损失。1940年夏初，德国空军的规模要比英国皇家空军规模更大，但英国的飞机产量更大。因此时间对英国皇家空军有利，尤其是如果双方都要承受巨大损失的话。

德国人在1940年夏对英国发动了多次空袭，但无法给予对手致命一击。德国空军又尝试了一系列替代性目标定位方法，也没有一种能取得所需的压倒性胜利。不列颠空战变成了一场消耗战，德军在此役中无法占据上风。9月，希特勒搁置了入侵英国的计划。不列颠空战在很大程度上偏离了1939—1941年的基本格局。最明显的是，希特勒没有赢得又一次的胜利，但更为根本性的是，德军在1940年夏季战事的工作与闪击战的历次战事完全不同。伦敦人会将德军对英国首都的轰炸称为"（空中）闪电战"，可是他们没有处于分析德国作战方法的最佳位置上。

当秋季的天气让德国没有任何机会入侵英国时，进攻苏联的计划——"巴巴罗萨"行动——已经万事俱备。与不列颠空战不同，"巴巴罗萨"行动将会成为德军实施"闪击战"的典型代表作。尽管如此，进攻苏联的前提是天气合适这一点依然很明显，这意味着要在1941年过了较长一段时间后才能发动攻势。因此德军仍有一段时间能用于其他行动。剩下的就是决定进行哪一项行动。

雷德尔海军元帅坚持他的观点：德国应当采用能击败英国的一项海上战略。他自己的船只——潜艇和水面舰船——将会以大西洋的英国护航航线为目标。他希望德国空军进攻英国人卸货的港口。最后，他还希望德国在地中海进行一次更加积极的行动。

两个国家——西班牙和意大利在雷德尔的计划中处于显要地位。然而，1936—1939年西班牙内战以佛朗哥成为胜利者而告终，经过这场毁灭性的内战，这个国家元气大伤。尽管希特勒多次苦苦请求，这位西班牙独裁者也不打算让西班牙成为一个交战国。他还多次拒绝了德国使用西班牙海军基地的要求。意大利独裁者本尼托·墨索里尼和佛朗哥不同，他非常热情。1940年10月，他对法国和英国宣战之时，希望能从战利品中分得一杯羹。但他对法国还没有取得任何胜利，德国就已击败后者，这位意大利独裁者只得到其他地方去寻找他的月桂冠了。

19世纪末，意大利已经在索马里和厄立特里亚建立了殖民地。墨索里尼在1935年进攻埃塞俄比亚，该国是非洲极少数未被欧洲控制的地区之一。1940年8月，驻埃塞俄比亚意大利陆军对英国在索马里的殖民地发动了有限攻势，并将其占领。

墨索里尼不满足。他敦促指挥驻利比亚意大利军队的格拉齐亚尼元帅进攻埃及。这位元帅大为担忧，他认为自己的部队装备太差，还认为一旦他们突入埃及，将会出现各种补给困难。墨索里尼不为所动。格拉齐亚尼的第10集团军于1940年9月进入埃及，但在前进不到100公里后就停止了攻势。

1939 年春，阿尔巴尼亚被意大利吞并，让意大利与希腊有了陆地边境。1940 年秋，墨索里尼决定进攻希腊，这是实现他在地中海建立统治地位野心的一步。然而，这次进攻不久就成了意大利武装部队蒙受的一系列耻辱的开端。进攻是在一年里可以料到会出现不利天气的时候发动的。此外，意大利军队对山区的地形准备不足。希腊军不久便能阻止意大利军的进攻，将其赶回阿尔巴尼亚。

一段时间后，英军在埃及发动了反攻。尽管英军在数量上处于劣势，还是给了准备不足的意大利军队一系列惊人的败绩。英军征服了昔兰尼加，向阿盖拉前进，在那里他们停止进攻，占据了防御阵地。此后，英军对墨索里尼在东非的殖民帝国发动进攻。意大利军再度被击败，意大利领袖失去了他的大部分殖民帝国。

当德国国防军正在为"巴巴罗萨"行动制定计划时，意大利军多次受挫的消息传来。希特勒很沮丧，不过德国陆军并未过度担心，因为他们认为地中海战场是次要的。德军因连战连捷而颇有信心，还完善了自己的兵法。最近几次战事中获得的经验教训都已经过分析，从而完善了现有的理念，1940 年 12 月陆军总司令部发布的指导方针就是一例。这些指导方针是关于装甲师的运用和指挥的，以 1921 年和 1933 年的野战手册为基础，强调装甲师的机动性和高速性取决于各级指挥官的大胆行动和迅速决策。这些决策要以简洁的命令表达。当然，这在德国陆军中并无新意。对临时战斗群的使用也做了讨论，但新的指导方针再度令人确信了先前的观点。只不过，指导方针增加了一些新的内容，其中最重要的是清楚地坚持一种看法，即装甲师是一种用于决定性行动的作战武器。此外，装甲师不应零碎地使用，而应集中部署。后一种使用方法对坦克部队尤其适用。使用装甲军的积极成果得到证实。突破和包围被定为装甲师最重要的任务，装甲师应当用来歼灭敌人，而不仅仅是让敌人后退。

于是装甲师是决定性武器的观点得到了确认。1940 年秋，德军装甲师的数量也从 10 个（西线战事开始时的数字）上升到 20 个。这种变化表明装甲师的重要性在不断提高。由于 1940 年秋冬之际没有进行地面作战，德军可以适当训练新编部队。新编各师主要由从现有各部队中挑选的小部队和经验丰富的军官组成的。在某些情况下，新的装甲师是由步兵师的部队编成的。新编装甲师并非青涩的部队，但他们都需要时间进行演习，才能发展成表现良好的团队。这段平静期为他们提供了演习所需的时间。

虽说德国陆军可以集中精力准备东线战事，但德国空军和海军都参加了几次重大行动，其中德国空军对英国的作战是最重要的，也造成了重大损失。训练有素的机组人员的损失特别严重，大量的航空燃料也被消耗了。

意大利帮倒忙导致德国需向西西里派遣空军部队，从而进一步分散了稀缺的航空资源，尽管德国空军各部很快成为英国皇家海军的一个严重威胁，但墨索里尼连连受挫促使希特勒向地中海派遣更多部队，包括地面作战部队。

埃尔温·隆美尔中将奉命指挥被派往利比亚的德军地面战斗部队。起初，他只有最近编成的第5轻型师，不过第15装甲师一段时间后也会前往非洲。隆美尔在北非的英勇奋战在第二次世界大战的相关书籍中占据了许多篇幅——或许太多了。他和麾下的将士们在战斗中表现非常出色，但说他们的表现与其他德军部队的表现大不相同是错误的。北非战争的成败最终取决于向该战区提供援兵和补给的能力，但隆美尔并不总是对后勤问题给予应有的重视，而后勤问题是相当复杂的。首先，弹药、燃料、食物和其他必需品将会经地中海运送，然后在北非的港口卸货。此后一切都必须用卡车一英里接一英里地运过沙漠，才能送到隆美尔在前线的部队手中。这些运输路线是瓶颈，且会随着隆美尔麾下各部的推进而进一步恶化。[2]

在德国陆军总司令部内部，北非的战争被认为是相当次要的。由于无法占领特别重要的目标，投入北非的各种资源也就很少。如果德国占领亚历山大港和苏伊士运河，英国地中海舰队将不得不停止在地中海东部的行动，这很难让英国垮台。但如果隆美尔能在越过苏伊士运河后继续东进，他可能会进攻波斯湾的油田。这些油田确实是一个重要目标。这样一个目标当然是诱人的，但也存在一个非常严峻的不利条件——距离太过遥远，在一个通信交通都不畅的地区，会让这样的行动成为后勤的噩梦。

在这种背景下，不愿向北非战场投入资源是完全可以理解的。可以接受的做法是派遣德军部队到那里去防止该地区的意大利军队彻底溃败，但不谋求更远大的目标。考虑到涉及的后勤问题，德国陆军总司令部的保守态度看来相当明智。

然而，隆美尔中将是个野心勃勃之人，不会满足于扮演一个被动消极的角色。根据他本人的主动精神，他对昔兰尼加发起了进攻。他使用的各种办法在德国陆军中已经很成熟了。多亏了隆美尔的部队机动灵活——德军重视全面训练，为下级指挥官的决策权提供了很大自由度的结果——他可以迅速占领昔兰尼加，进而包围托布鲁克。当到达埃及时，他停下了脚步，但已经通过的距离将导致各种严重的补给问题。[3]

从战术角度来看，隆美尔的行动并未偏离德国陆军的既定惯例。不过，这些行动在一个重要方面是独特的。密集行动的周期，被补给问题导致的长期间隔分离。在进行全面作战之时，德军和英联邦的各部队，消耗弹药和燃料的速度都大大超过这些物资能够再补给的速度。在库存减少时，各部队必须耗费时间重新积聚物资。

人们对北非历次战役非常关注——远超出其重要性赋予的必要程度。该地区对德军而言仍是个次要地区，对第二次世界大战的研究也不是特别重要。1941 年夏开始在东欧发生的事件范围更广，与研究德国兵法的关联性也更大。

1941 年上半年，德国不仅向北非派兵，当希特勒发现巴尔干半岛发生了不祥事件时，他还会动用武力将事态的进程扭转到一个他中意的方向。意大利人征服希腊的失败尝试开启了这一系列事态的进程。当英国人发现希腊人在顽强抵抗时，开始考虑支援他们。罗马尼亚在普洛耶什蒂的油田——德国最重要的原油来源之一——可能会受到发自希腊机场的空军的空袭。希特勒不能容忍这种危险。进攻希腊的各项准备工作都开始了，其中包括外交工作，因为德军需要进入保加利亚领土去进攻希腊。

匈牙利已经和德国绑在一起，法国战败后，德国人还强化了他们在南斯拉夫和罗马尼亚的地位。与罗马尼亚的协定让德国人能将他们的部队经该国转送至保加利亚，还可保卫普洛耶什蒂的油田。1941 年的前几个月，进攻希腊的计划和准备工作仍在进行，但 3 月 27 日南斯拉夫的一场政变打乱了德国人的计划。新政权不像前政权那样对德国人友好，相反，新政府选择与苏联建立联系。

南斯拉夫的意外事件让被激怒的希特勒决定进攻这个国家。德军匆匆修改了进攻希腊的计划，让该计划包含对南斯拉夫的进攻。4 月 6 日，当德军进攻的时候，他们再度进展神速。贝尔格莱德在一周内被占领，不久南斯拉夫陆军就停止了向入侵者进行任何重要抵抗。

希腊同时遭到进攻。英军派兵支援希腊人，但收效甚微。经过一系列快速机动，德军装甲部队克服了山区地形，包抄了英军阵地。大部分希腊陆军都被用于对付阿尔巴尼亚的意大利军，但这种阵势很快就维持不住了。不幸的是，当德军长驱直入希腊中部之时，希腊军的撤退努力也成为徒劳。希腊军战士曾英勇抵抗意大利军，在 4 月 23 日却被迫向德军投降。英军只能再度匆匆撤离，将大量装备抛在身后。

德军再度在一场速决战事中击败了他们的对手。德国的兵法也再度经受了磨砺，这多亏了巴尔干山区的地形。在这次战事中，德军也享有在战区内比对手拥有更多资源的好处。这是德军最后一次享有这样的优势。

只不过德军在巴尔干的胜利并非没有不利因素。最糟糕的就是，这次战事对"巴巴罗萨"行动造成了不利影响，一旦希特勒下令将南斯拉夫纳入巴尔干战役，这种情况就变得明朗起来。德军占领南斯拉夫和希腊之时，战争也没有结束。英军以前就有部队曾被派往克里特岛，从希腊本土撤出的大部分部队也被派往该岛。这支部队虽然少了大部分重装备，不过他们会有助于守卫克里特这个多山大岛。

以克里特岛为基地的英国轰炸机对罗马尼亚的油田构成了威胁，德军决定从空中突击，进攻该岛。这是一次大胆的行动——甚至比德军意识到的更大胆，因为他们没有料到会遇上坚决抵抗。当第一波伞兵空降到克里特岛的土地上时，遇上了一阵轻武器的弹雨，导致大量人员伤亡。德军的进攻一开始就如此糟糕，以至于整个行动可能会以灾难告终。但困惑的盟军指挥官在马拉曼机场的防线上留下了破绽，当地的德军指挥官抓住这个机会，占领了机场。这是一个转折点，虽说英军仍可以向机场开火，但德国人的援军能够飞赴克里特。当德军第5山地师的部队到达，将英军从马拉曼地区赶走时，克里特岛的德军得到了很大帮助。[4]

一旦德军确保了机场，第5山地师的后续部队便能空降着陆。只是德国空军不仅是一支运输兵，非常晴朗的天气还让德国空军能空袭英军在克里特的通信设施。此外，德国空军还掌握了克里特周围海域上空的制空权。英国皇家海军只能拿宝贵的军舰冒险，在白天行动，许多军舰因此被击沉。[5]

不久英军明显就无法再坚守克里特岛了。5月23日，守军开始退下南海岸准备撤离。英国皇家海军的军舰不可避免地遭到空袭，蒙受了严重损失。尽管许多英军战士成功撤离，但还是有11835名英联邦官兵最终沦为了德军俘虏。英军1742人在克里特战役中阵亡，另有800人在撤离期间丧生。德军的损失也很惨重，达到6116人，其中1990人阵亡，1995人被报为失踪。失踪人员极少被发现存活。[6]

英军和英联邦军蒙受的损失比德军的伤亡高许多，但后者损失的主要是精锐伞兵，因为德军的大部分伤亡都是在战役的第一阶段出现的。由于德国的伞兵部队很少，这些损失非常严重。这样的损失并不意味着德军空降行动的结束，却意味着这类行动在伞兵部队重建完成之前有一段暂停时期。

从法国垮台到进攻苏联的这段时期，希特勒享有比以前任何时候都大得多的行动自由。这是一种不会再来的奢侈。尽管希特勒拥有多个选择，他也可以花时间来考虑，但他似乎没过多久就决定攻打苏联。[7] 其他备选方案被视为是次要的，不太可能产生对希特勒有利的结果。相反，这些次要方案往往会浪费他的精力。主要目标——彻底击败苏联——仍然存在，但地中海、巴尔干半岛和大西洋的多次冒险行动也意味着德国不可能将全副力量投入到被称为"巴巴罗萨"行动的宏图中去。这显然是一个不利条件，不过希特勒似乎没有过度担忧。在某种意义上，这是可以理解的。"巴巴罗萨"行动的关键资源是陆军部队，尤其是装甲兵部队。而德国陆军几乎可以将其所有装甲部队和机械化步兵师都派入苏联。因为在短期内，其他战场都不会造成这一最关键资源的大量流失。然而，如果战争继续下去，这些战争就可能会让人较多地分心他顾。不过，希特勒以为他能速胜斯大林。

注解

1. 德国设立国防军学院（柏林军事学院），是为了培训进行跨兵种军事行动的军官。只不过，存在的时间很短（指 1935 年恢复后）。留存的记录很少，不过存留的档案能够在 section RW13 at *Bundesarchiv-Militärarchiv*, Freiburg 里找到。

2. 关于这方面的更多内容，见 M. van Creveld, *Supplying War* (Cambridge University Press, 1977)，尤其是 Chapter 8。

3. 德国陆军总参谋长弗朗茨·哈尔德，在与高斯将军就北非局势会面之后，在他的日记里留下了以下记录（Vol. III, 48, July 6, 1941）："由于隆美尔的性格和病态的野心，他的人际关系变得很枯燥。他谋求的那种亲密的人际关系尚未出现。他的性格缺点很明显，可是由于他的野蛮手法和高层对他的支持，没有人敢反对他。"

4. 见 *Einsatz Kreta, XI. Fliegerkorps*, BA-MA RH 20-7/124.

5. 克里特战斗的详情，见 I. G. Stewart, *The Struggle for Crete* (Oxford University Press,1991). 英国军舰的损失，见 D. Brown, *Warship Losses of World War II* (London: Arms and Armour Press, 1990), 46–47.

6. Stewart, *The Struggle for Crete*, 475–476.

7. 关于这个问题的更多内容，见 Ian Kershaw, Fateful Choices (New York: Penguin, 2007), Chapter 2.

终极考验

1941 年 6 月,不下 250 万名德国陆军将士随时准备进攻苏联,他们属于一支已取得一系列惊人胜利的陆军。挪威、丹麦、荷兰、比利时、卢森堡、法国、波兰、南斯拉夫和希腊都在前进的德军部队面前垮掉了。英军被逐出欧洲大陆(除了直布罗陀,只要西班牙保持中立,德军几乎无法到达那个地方),在北非蒙羞。完全可以理解的是,在不到 21 个月的时间里就取得了如此多的大胜,这让德军信心满满。只不过,这一回他们面临的是一项具有里程碑意义的任务,但个别官兵还不知道行将发动的代号"巴巴罗萨"的这次战役的规模。看来大多数德国军官也没有意识到日后的形势到底有多严峻。

迄今为止,与德军战斗过的对手,还没有一个像斯大林那样拥有如此庞大的军事资源,偏偏德军对苏军的真实军事能力几乎一无所知。德国情报机构和其他国家的情报部门一样,并不了解苏联军备的规模。如果希特勒能更清楚地了解斯大林的军事实力,可能会做出其他决定。坦克的数量就能说明问题,1941 年 6 月,苏军拥有大约 2.3 万辆坦克,其中 12885 辆部署在西方边境沿线的军区里。德国仅有 5694 辆坦克和突击炮,其中 3648 辆被编入即将发动"巴巴罗萨"行动的部队。在这种情况下,德军需要一种绝对特殊的作战理念。[1]

希特勒期待速战速胜。他认为苏军一定训练不足、装备低劣、领导不力。据预测,斯大林政权对这个幅员辽阔的国家的控制是脆弱的。希特勒不是唯一提出这种观点的人,德国军官和其他国家的评论员当中也普遍存在类似的看法。希特勒的评估结果让他不会为在即将征服的各地区赢得民望做任何工作。相反,1941 年春,德军所做的准备工作是:一旦征服一片新领土,就实施异常残酷的占领。这是希特勒对可以轻易获胜的信念的一种表达方式,也是他对东方生存空间的追求。

德国陆军打算以击败苏联武装部队来赢得这场战事,这样一来就能确保对广大地区的控制了。德军的重点放在击败敌人的武装部队上,这与以往的历次战事基本一致。就对苏战事而言,这似乎也是一个现实的选择。苏联的原材料要在远离边境的地方才能找到,苏联的工业部门也是如此。所以在战争初期,不能指望德国空军或地面部队破坏苏联的生产力,德军需要在深入敌人的领土之后,才能对其战时生产造成不利影响。此外,由于德军对苏联战时经济知之甚少,也很难有效找准目标。

另一备选方案是削弱斯大林的政权,不过如果不按照德军计划的方式摧毁苏军的话,这个办法几乎行不通。斯大林可能会在他的军队战败后被推翻。另一方面,德军没有为利用斯大林的残暴统治已经造成的不满进行过任何值得注意的努力。至少在战事初期，德军仍专注于军事胜利。

德国空军也计划好歼灭苏联军队，通过在其基地实施空袭，在战争爆发时会给苏联空军造成巨大损失。德军由此将会获得空中优势，但出其不意是一个重要的先决条件。

与1940年的西线战事相比，在"巴巴罗萨"行动即将开始之际，德国空军受到几个重要的不利条件影响。昂贵的空战仍在不列颠上空进行，尽管已没有1940年夏末那么激烈。德国空军还向地中海派遣了大量部队。最后，海军要求将更多的航空资源投入到打击英国跨大西洋航运的战斗中。这样一来，德国空军就无法将其全部资源用于空袭苏联。

自1940年5月以来，德国空军的整体实力略有上升，但作战飞机的比例有所下降。1940年5月10日，德国空军可以在西线部署2589架飞机实施空袭，但在备战完成之时，能用于"巴巴罗萨"行动的作战飞机仅1916架。[2]

能用于空袭苏联的飞机减少，而战区增大，这让空中力量的部署更加困难。遥远的距离也让兵力集中的问题更加复杂。侦察部队要负责的侦察区变大了许多，广阔的林地为敌军部队提供了藏身的上佳机会。虽说密度较低的公路和铁路系统对通过空中封锁完成战场遮断任务有利，但广阔的空间使得完成这项任务变得非常困难，距离遥远也会让德国空军的支援兵种遭受压力。由于德国陆军的推进速度极快，航空基地很快就会落在距前线很远的后方。为了让航空基地与战场的距离始终保持在合理范围内，需要做大量工作。战斗机的飞行里程较短，尤其依赖靠近前线的基地。

有许多论据表明，与1940年5月至6月的战事相比，德国空军对东线的成功贡献较小。陆军将成为主要打击军种，而德国空军会以各种方法支援陆军。鉴于这种条件，几乎别无他法。德军缺乏通过进攻苏联的工业或其他战略目标让其臣服的手段。

德国地面部队将会非常迅速地推进以击败苏联陆军。这样一来，敌军战斗部队的补给就会被切断，变得杂乱无序，无法组织撤退。这样的方案特别强调各装甲师的机动性和战斗力，这两种特征让他们特别适合这项任务。与以前的历次战事相比，他们将获得的地位会变得更加显要。

有人认为，德军在"巴巴罗萨"行动之前犯了一个错误，他们减少了装甲师里

图 21：苏联境内的公路路况通常很差，让车辆饱受磨损之苦。雨水能够让轮式车辆无法在这些公路上通行。照片由斯德哥尔摩军事博物馆提供

的坦克数量。在某些文本中，有人称削减了将近一半。或许这个论点有些道理，但削减的幅度并不大。当德军在 1940 年 5 月 10 日进攻时，他们有 10 个装甲师，其中 6 个各有 4 个坦克营、4 个各有 3 个坦克营。1941 年 6 月 21 日，20 个德军装甲师各有 3 个（8 个师）或 2 个坦克营（12 个师）。平均每个师的坦克营被削减了 1/3，而不是一半。[3]

然而，坦克营的数量不能说明整体的情况，坦克的数量可能更有意义。1940 年 5 月 10 日，10 个装甲师拥有 2439 辆坦克，或者说平均每个师约 244 辆。为了"巴巴罗萨"行动，德军集中了 3648 辆坦克，投入的装甲师数量为 17 个，平均每个师约有 215 辆坦克。这意味着（每个师的）削减幅度仅为 12%。再者，1940 年德国坦克大军的 21% 是非常弱的"I"型坦克。这种型号在 1941 年夏几乎已经被完全抛弃。因此，"巴巴罗萨"行动中真正有作战能力的坦克数量其实增加了，无论是绝对数量还是每个师的平均数量。[4]

在这样的背景下，看来很难得出在"巴巴罗萨"行动之前，装甲师的实力被削弱的结论，尤其是在装甲师的其他组成部队得到改善的时候。不过，可以认为如果装甲师的数量没有翻倍的话，组建起来的装甲师会更强。另一方面，在 1941 年 6 月 22 日，德军是否会大量使用更强的装甲师是值得怀疑的。德军拥有的装甲师在最初几周表现很好。有人可能会认为更强的装甲师会拥有更强大的持久力，但在长期战役中，可行动坦克的数量不可避免地会减少，尤其是由于机械故障而减少。所以经过数月作战，可能会导致一般装甲师拥有的可战斗坦克相当少。然而，由于德军以为东线战事是一场短期战事，这看来不是一个重要的论据。

虽然作战部队的装备非常重要，不过这远非决定其战斗力的唯一因素。1935—1939 年德国陆军的快速扩张对训练造成了不利影响。但波兰战事和黄色方案行动之间的间歇期被用来改善训练，法国战败后，德国陆军又可以再度进行大范围训练。从历次战事中获取的经验教训可用于提高训练质量。德国装甲师可能从未像 1941 年 6 月 22 日那样有效力过，其他德军部队也接受了非常出色的训练。很少有军队拥有像 1941 年 6 月的德国陆军那样准备完善的战斗部队。

调兵遣将

赫尔曼·蒂尔克发现前往波德拉谢地区拉曾的旅途非常不愉快。1941 年 6 月 11 日这一天，暴雨接踵而至，他的摩托车偏偏没有任何遮风挡雨的设施。一路上，燃烧的房屋里冒出的浓烟加剧了这种痛苦，让他的肺部和眼睛都不适。蒂尔克唯一的安慰是他骑行时的速度很快，这至少意味着他的路程不必无谓地延长。蒂尔克到达波德拉谢地区拉曾时浑身湿透，好在没有受伤。394 摩托化步兵团的一个营驻扎在这个地方，该部隶属第 3 装甲师。[5]

波德拉谢地区拉曾位于维斯瓦河以东、距离布格河支流大约 50 公里的位置。布格河是德据波兰和斯大林控制的波兰部分之间的边界。大多数日常活动与一年多以来发生的情况近似。火车仍会越过德占区和苏占区之间的分界线，其中许多火车仍运载着从苏联输往德国的原材料。在布格河以西驻扎的德军战士过着类似和平时期执行任务的生活。6 月 13 日，蒂尔克和另一位内科医生马尔一同应邀前往营参谋科吃饭。饭后，蒂尔克继续前往营里的各连。在他走访期间，他得到了起泡酒、干邑、白兰地和其他上佳饮品。愉快的一天之后，蒂尔克在 21 时开始了返回住所的旅程。第二天他醒来后，迎接他的是不那么愉快的一天。下午，蒂尔克走访了拉曾的贫民窟。在日记里，他回顾说那是一个可怕的场景，房屋都摇摇欲坠，人们也面容憔悴。

蒂尔克发现越来越多的迹象表明，对苏联的战争即将来临。机场已准备就绪，"默尔德斯"战斗机大队就驻扎在拉曾附近。营里的战士们都在确保装备状态良好，各种武器被彻底清理一新。军官们靠近边境进行侦察。6月16日，蒂尔克前往华沙。这座城市在1939年9月的战斗中显然已遭到严重破坏，居民不仅要忍受被破坏的建筑物，物价——包括面包价格也在飞涨。贫民区的情况甚至更糟，即便在远处，也可以嗅到臭气。有人告知蒂尔克，75万犹太人被挤进一个小区域，噪音很大。许多犹太人想出售各种各样的物品。其他人，包括许多妇女和儿童，都饿得躺在街上，几乎无法动弹。贫民区和邻近地区形成了鲜明对比。

关于战争，流言纷纷。蒂尔克注意到详细的计划已经制定。每个人都必须了解自己的任务，6月17日，394摩托化步兵团已经在向东行军了。蒂尔克发现一些传达给补给部队的命令特别有趣，他们要为遇到生物战和化学战做好准备，诸如毒气和感染鼠疫的老鼠。德军面临的是一个拥有未知武器的新敌人。

6月19日，蒂尔克看到许多车队从他身边驶过。这场奇观持续了一整天，不过到了晚上，他所属的营也开始出发了。第3装甲师正在布列斯特-利托夫斯克南面的科登重新集结。对蒂尔克而言，这意味着将在尘土飞扬的公路上进行一次寒夜行军，不过营里的气氛仍然非常好。据说大约180个师会参加这次进攻，莫斯科将在两三周内被占领，但报纸和电台对这次进攻都只字未提。蒂尔克对此当然不会感到惊讶，奇袭因素非常重要，媒体也不能宣扬向国外进攻的意图。

6月20日上午，蒂尔克到达指定部署区域。与其他骑摩托车行路的人一样，他因路上的尘土而灰头土脸。他们脸上的尘土太多，乃至连熟悉的面孔都很难辨认。洗完脸后，唯一要做的就是等待。紧张在加剧。6月21日，他们得到通知，进攻将在第二天一早发动。无线电广播里没有任何迹象表明不久会发动一次大规模进攻。天气晴朗，战士们称之为"希特勒好天"。科登周围的森林里到处都是坦克、火炮和马匹。蒂尔克所在营隶属的军也辖德军唯一的骑兵师。所有人都紧张地等候着6月22日的到来。

进攻

天色依然黑暗，不过一旦太阳升起，随后无疑就是一个晴朗的白天。天空几乎没有云朵，预计上午只有一些薄雾。当德国空军的飞机起飞去空袭苏联的机场、油库、参谋部和营房时，没有遇到任何阻碍。凌晨3时，他们飞入苏联领空，分头寻找目标。德国飞机——战斗机、轰炸机和俯冲轰炸机只遭遇了微弱的抵抗，便将苏联的31个航空基地扫平了。进攻方只遇到零星的防空火力，德机大胆丢下炸弹，用机载自动武器向地面目标开火。这次空袭瞬间奏功，随后又发动了数波空袭。战事首日，德国空军声称摧毁敌方1811架飞机，而己方仅损失35架。据说苏联飞机的大部分损失都是在地面发生的。尽管对敌人损失的说法始终会被怀疑，但很清楚的是苏联空军在战事首日已遭到了严重打击。[6]

虽说德国空军在首日取得了巨大成功，但空军高级军官们意识到苏联空军没有受到致命打击——空中侦察发现了以前未知的基地。德国空军部队的主要任务仍是建立空中优势，支援地面部队的优先级暂时较低。没多久就了然的是，无论如何德国陆军部队都表现得极为出色。[7]

可能是有史以来最大规模的地面战役在6月22日黎明发动了，紧接着，德军就取得了卓著成就。仅仅过了4天，第56装甲军就占领了陶格夫匹尔斯，从而取得了一个跨过德维纳河的桥头堡，这对攻势的延续非常重要。这个军在非常短的时间里前进了310公里。再往南，德军中央集团军群甚至取得了更大的成功。6月25日，第39装甲军已经到达明斯克以东的一个位置，不到4天就推进了325公里——无与伦比的表现。德军在该集团军群南翼的推进速度也很快。6月28日，第24装甲军在前进了不下442公里后到达了博布鲁伊斯克。[8]

这样的快速推进过去是——现在也是——罕见的，这似乎证实了行动前德军计划中弥漫的乐观情绪。苏军遭受了重大损失，在比亚韦斯托克和明斯克之间的地区，大量苏军被包围。德军擒获32.4万名战俘，缴获3300辆坦克和1800门火炮。苏方的资料证实了这一点。例如，据报苏军在白俄罗斯损失了4799辆坦克。[9]

德军在乌克兰取得的进展没那么显著，不过3周后，德军先头部队也占领了距离边境大约300公里的日托米尔和别尔季切夫。苏军在乌克兰一样损失惨重，7月6日之前，苏联守军损失了4381辆坦克。而在此期间，苏军在乌克兰的人员损失也极其惨重——超过24万人。[10]

只不过，德国陆军希望决定这场战事的地方是在华沙—莫斯科轴线。德军以为苏军应该在第聂伯河西面或沿岸被击败。德军指挥官相信，大多数苏联援军会被派往中央地区。由于德军打算以击败苏联武装力量的方式来推翻这个国家，所以大部分德军装甲兵都被派到他们认为敌人会使用主力部队的地方去了。因此，古德里安和霍特的两个装甲集群一路东进，对他们来说关键是尽快占领第聂伯河的桥头堡。

新贝霍夫

7月初，第4装甲师越过了第聂伯河的支流别列津纳河。这是一次重要的胜利，但第聂伯河上的一个桥头堡更加重要。中央集团军群和南方集团军群都必须越过那条大河，只不过由于南方集团军群前进速度较慢，不能在中央集团军群到达第聂伯河之时来到这条河的岸边。赫尔曼·霍特的第3装甲集群在中央集团军群左翼行动，由于第聂伯河在斯摩棱斯克地区呈东西流向，该部不必过河。只是在中央集团军群南翼行动的海因茨·古德里安的第2装甲集群避不开第聂伯河。他的先头部队是第24装甲军，由第3装甲师和第4装甲师组成，这两个师分居南北两翼。[11]

7月3日上午，第4装甲师第35装甲团接到在博布鲁伊斯克越过别列津纳河的命令，那里已架起一座跨河的军用桥梁。该团被告知向东推进，渡过第聂伯河的一条小支流德鲁蒂河。6时正，坦克都已加过油，出发的命令也发布了。它们在夜间到达德鲁蒂河，比预定时间要晚。师里的几支重要部队都落在了后面，不过到午夜，35装甲团仍接到命令去进攻新贝霍夫，还要靠奇袭占领第聂伯河上的一个桥头堡。埃贝巴赫上校受命执行这一任务。[12]

埃贝巴赫必须考虑的一个难题是渡过德鲁蒂河。苏军已经炸毁了基尼希的桥梁，不过德军找到了一处可渡河的浅水区。然而，河水还是太深，大部分车辆都无法从那里驶过，即便是坦克也必须谨慎地通过那片河水。于是，这支特遣部队无法迅速集结。但7时30分，第35装甲团1营的参谋科和3个连已越过德鲁蒂河。1连已经出发前往新贝霍夫，其他各连也在尽快跟上。[13]

由于已受命进攻，第4装甲师的队列拉长了。从博布鲁伊斯克到新贝霍夫的直线距离大约80公里，无线电通信对如此长距离的机动作战至关重要。德军很快意识到无线电通信的重要性，除了为训练目的而设计的"I"型坦克外，他们的其他坦克里都安装了双向无线电设备。虽然在1939—1940年的历次战事期间，因其他型

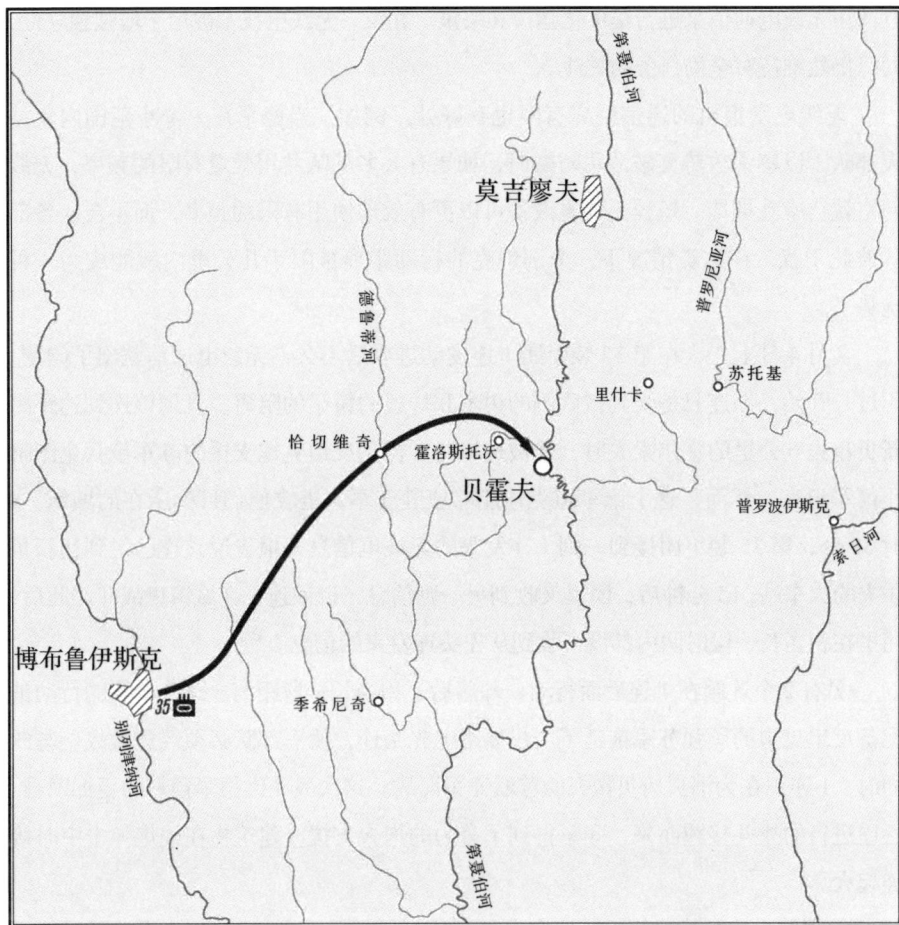

图22：1941年7月4日，德军第35装甲团进攻新贝霍夫

号的坦克不敷使用，迫使德军在战斗中使用"I"型坦克。但到"巴巴罗萨"行动之时，在战斗部队服役的"I"型坦克数量已经很少了。所以在行动中使用的几乎所有德军坦克都拥有双向无线电通信设备，这与大多数苏军坦克不同。

　　无线电通信很重要，却也有局限性，其中一个就是通信距离。在这个战例中，当第4装甲师分布在一个广大地区时，通信距离有限的无线电台就让无线电通信变得困难。当无线电通信无法依赖时，独立行动就必不可少了。无论如何，德军都无意使用无线电通信来进行集中化指挥和决策。相反，无线电技术被用于增强独立性，同时仍然维持对全局任务的关注。

无线电发报机的通信距离有限也有好处。例如，当德军在一个小范围内集结大部队，以集中攻势突破敌军防御时，如果有太多部队共用数量有限的频率，无线网络就会凌乱拥堵。短程无线电设备可以更有效地使用有限的频率，而不会让各部队彼此干扰。在这类情况下，个别坦克的行动距离被限于几公里内就能成为一种优势了。[14]

7月4日上午，在第35装甲团1连发动进攻后不久，无线电通信就出了问题。不过一开始，该连只是受到被砍倒的树木和炸毁的桥梁的阻碍。直到该连到达距离新贝霍夫6公里的霍尔索夫时，才被迫战斗。得到反坦克炮支援的苏军步兵企图阻止德军坦克，然而，这个德军坦克连能够速胜守军，进攻他们目标所在的城镇。8时30分，第35装甲团接到一则1连发来的无线电信息，报告说该连已经到达新贝霍夫的火车站；15分钟后，团里又收到另一则信息，说该连正在城镇里战斗。此后，团里在相当长一段时间内都没再收到从先头连发来的信息。[15]

另有2个连跟在1连后面行动，却落后了相当长一段距离。这2个连的行动被配备反坦克炮的顽强苏军拖延了。想要跟上先头连，德军部队必须经过激战。与此同时，1连正在为消灭新贝霍夫的苏联守军而战。这次战斗比德军预料的更加困难。逐屋进行的战斗接踵而来，守军得到了有力的炮火支援，建筑物在被炮弹击中时接连起火。[16]

德军第1连且战且行，一路向东逐渐杀出了新贝霍夫。5辆坦克设法驶过第聂伯河大桥，到达了城镇东部。这个重要目标看起来已落入德军手中了，但不久之后，一发直射炮弹将这座大桥炸毁了15米。守军故意放德军靠近，到达东岸的5辆德军坦克中的4辆，被妥善隐蔽的苏军反坦克炮伏击。[17]

那座受损的桥梁也不能供步行的战士们使用。尽管德军扫清了第聂伯河西岸的新贝霍夫城区，但当桥的另一段被苏联守军炸毁时，他们此举能获得的利益就微乎其微了。苏军的炮火无情，一辆德军坦克被直接命中。[18]

傍晚，苏军步兵在新贝霍夫南面用充气橡皮艇渡过了第聂伯河。在炮兵支援下，这批苏军步兵进攻了城西部的德军坦克，后者很难击退这次进攻。晚上晚些的时候，35装甲团2营到了，这让德军能牢牢控制城西地区。尽管如此，德军仍未完成夺取第聂伯河桥头堡的主要任务。7月4日，第4装甲师也承受了严重减员，合计74人阵亡、186人负伤和6人失踪。[19]

奇袭夺取新贝霍夫桥梁的尝试未能如愿，不过此役证明了德军倾向于采取独立行动。新贝霍夫的桥梁对古德里安的整个装甲集群来说都至关重要，但这次行动的成败完全取决于第35装甲团1连连长。7月4日一早，他就接到了这个简短明确的任务，随即便着手去完成。几乎从他指挥的坦克出发的那一刻起，他就只能依靠自己的力量了。由于缺乏可靠的通信，让他无法在进攻过程中接收指令——哪怕通信运转良好，他也很难得到许多指示。德国的军事哲学强调现地指挥官应当临机决断，在这个战例中，这位连长就是战斗区域的高级军官。显然，他的决策没有将他引入歧途。阻止他达到目的的是一枚苏军炮兵射出的幸运炮弹，这位德军连长没有任何办法打垮或者压制苏军炮兵。他的坦克可以摧毁敌军的火力引导员，但苏军炮手只要在地图上一瞥就能找到桥梁的位置。

德军对新贝霍夫的进攻与前文第三章讲述的佐尔科营在斯蒂恩的进攻有许多相似之处。佐尔科接受了一项独立任务，他本人也给予部下的一位连长同样独立的任务。前文的山地部队和本章的坦克兵都在以极大的独立性战斗——这在坦克成为德国陆军武器库的一部分之前，就是德军内部的一项基本原则，所以不足为奇。

由于突袭新贝霍夫失利，古德里安装甲集群不得不对第聂伯河一线进行一次更为复杂的突击。做准备工作和将进行攻击的各部队送到前线需要几天时间，7月10日，各项备战工作才完全就绪。[20]

与此同时，赫尔曼·霍特大将指挥的第3装甲集群在集团军群北翼取得了惊人的进展。与古德里安不同的是，与他的进攻方向垂直的河流没有过度阻碍他。相反，他能够在第聂伯河与德维纳河之间的地区进攻，那里有一条近80公里宽的通道可以用于向东面进攻。古德里安的装甲集群在文学作品中确实得到了更多关注，但霍特装甲集群取得的成就也同样令人印象深刻。

霍特装甲集群以4个装甲师——第7、第12、第19和第20装甲师组成了强大的打击力量。尽管古德里安多一个装甲师，霍特却拥有更多坦克。然而，经过向明斯克几乎令人难以置信的快速推进后，先头部队的补给已经很困难了。德军幸运地占领了苏联的多个燃料库，才得以继续前进。霍特的目标之一是第聂伯河河畔的维捷布斯克。[21]

霍特不能将他的所有资源都用于维捷布斯克。较西面的波洛茨克镇也是一个重要目标。为占领这座城镇，霍特以第 19 装甲师前往位于德维纳河下游 30 公里处的季斯纳。7 月 3 日，德军占领季斯纳，又于次日在德维纳河北岸建立了一座桥头堡，这让德军得以在这条河北岸向东推进。[22]

佩雷梅卡

7 月 7 日上午的短暂指示会议后，第 27 装甲团第 2 连出发，沿着德维纳河北岸前进，马蒂恩少尉指挥的第 1 排为先锋。坦克很快抵达米克，并在那里与第 19 装甲师的摩托车营建立了联系。摩托车兵已与强大的敌军交战，并请求支援。他们曾到达佩雷梅卡，但敌军迫使他们撤退了。[23]

当该装甲连连长得知情况后，立即决定与摩托车兵一起进攻，夺回佩雷梅卡。于是坦克以马蒂恩排为前锋部队，继续向同一方向进攻。在米克东南大约 1 公里处，该连遭遇轻微抵抗。消除抵抗后，该部继续朝一道河曲前进。第 4 排在那里占据了良好的射击阵地，使自己能够支援连里的其他部队，而连主力继续前进。附近的地势在向下倾斜，不过又在更远的地方开始上升，多林的山丘阻止了德军向更远处观察。虽说德军坦克和多林山丘之间的地带树木稀少，但许多灌木仍使他们难以观测地形。

马蒂恩少尉继续充当进攻的前锋，这次攻击推进迅速——德军坦克遇到的步兵并没有配备比机枪和迫击炮更重的武器。快速推进让马蒂恩得以夺取一座完好的桥梁，他所属的连随后可以采用一个更合适的队形战斗。到目前为止，马蒂恩是幸运的，但在向小河东岸行驶以后，他的运气就用完了。1 门苏军反坦克炮开火击毁了他的坦克，他部下的车组成员有 2 人受了重伤。

排里的其他坦克跟在马蒂恩的坦克后面，其中一辆是施图比中士指挥的，他指挥坦克开火让苏军的反坦克炮安静了下来。但不久之后，另一门苏军反坦克炮又击中了一辆德军坦克，杀死了翁巴赫车长，让另外 2 人受了重伤。施图比又将这门反坦克炮也打哑了，不过战斗并未结束。其他苏军反坦克武器也开火了，德军随后跟上的一个排的一辆坦克中弹着火，车长比尔斯廷豪斯负伤。在其他车组成员扑灭大火的时候，一位摩托车营的少校靠近了坦克。他向坦克兵致谢，说如果坦克不来解救他们的话，他的部下就会损失殆尽。这位少校保证伤员会登上他的卡车，被送到后方去。

与此同时，第 2 坦克连的连长已到达那座桥梁，可是驾驶员在驶离桥面时突

图23：打算进行火力支援的"III"型突击炮，这一角色适合其短管75毫米口径主炮。后来的改进型将装备炮管更长的75毫米口径火炮，在打击敌人坦克时会更有效。照片由斯德哥尔摩军事博物馆提供

然左转，侧滑进一道护城壕里去了。车组人员只得放弃这辆坦克，连长走向了副官的坦克，2排长比尔施根斯中士接替连长负责引导任务。他向一片多林的山丘前进，而施图比中士将伤员从战场上带了回去。

比尔施根斯排不久就与苏军反坦克武器和机枪交火了，而德尔赫中士率领的第3排占据了阵地掩护左翼。在苏军发动反击时，德尔赫部的坦克刚刚占领阵地，一分钟都没早。德尔赫部的坦克从他们极佳的射击位置开始了酷烈的射击，打退了苏军的进攻。

迄今为止，这位德军连长都没有对战斗产生过重要影响，不过此刻他命令坦克向附近的灌木丛开火。他认为苏军战士正藏身在那里，结果证明他是对的。当暴露在德军火力之下时，许多苏军战士高举双手投降了。德军摩托车兵负责将战俘送到后方，这位连长部下的车组人员擒获了20名战俘。

一段时间后，德军在高地的树林边缘发现了模糊的影子。在用望远镜仔细观察后，德军发现那是苏联坦克。比尔施根斯排比其他排推进得更远，与最近发现的敌

人交战了。根据德军所说，有 4 辆苏军坦克被击毁。然而，苏军炮兵加大了对桥上德军的压力，苏联空军也加入了进来。

在营里的其他部队抵达该地区之前，第 2 连确实在设法守卫自己的阵地。这次增援本可以让德军实施有力的进攻，但他们接到命令不要进入多林的山丘。进攻成功的可能性看来微乎其微，因为部署在山上的苏军炮火引导员能观察到德军，并呼叫部队向德军开火。对德军而言，这意味着桥远侧的位置不适合防御。由于不许他们进入树林，德军坦克兵决定撤过桥去，占据可以让他们向任何靠近的敌人开火的阵地。

佩雷梅卡的战斗逐渐结束。德军多次尝试找回连长的坦克，到 7 月 10 日，他们终于成功了。

在佩雷梅卡进行战斗的同时，霍特装甲集群继续东进。第 19 装甲师在左翼行动，而第 7 和第 20 装甲师占领了维捷布斯克，继续沿着德维纳河与第聂伯河之间所谓的"陆桥"地带前进。这样的地形限制可能较容易防御，但霍特的装甲兵取得了良好的进展。如果右侧的古德里安跨过第聂伯河，为另一次大规模包围作战准备的舞台就已搭好，苏军就会被困在斯摩棱斯克 — 奥尔沙地区的陷阱里。

里什科夫卡的战斗

6 月 10 日和 11 日，第 4 装甲师越过了第聂伯河。德军发现苏军的防御涣散无序，遂决定快速向普罗波伊斯克前进，以确保那里的几个重要渡河点。第 35 装甲团会在左翼进攻，沿着一条新月形路线向普罗波伊斯克发动攻势。团长以 1 营为前锋，2 营紧随其后。克劳泽中尉的第 3 连是这次进攻的前锋中的前锋，他的连得到 1 个"IV"型坦克排和一辆工兵部队的拖车加强。7 月 12 日上午，克劳泽与另外几位连长接受了营的指示。[24]

当克劳泽指挥坦克的驾驶员沿着尘土飞扬的公路加速，而营里的其他人都跟在他身后前进时，这位连长感到自豪。克劳泽的部队已经做好了充分的战斗准备，他们不仅确保了坦克有足够的弹药可用，手枪有足够的弹夹，还在口袋里塞了手榴弹。最初他们只遇到了无人防御的路障，没有使用弹药。这些路障很快就被克服，但坦克兵在向前行驶时仍极为警惕，因为苏联守军可能随时会从隐蔽的阵地里开火。[25]

少顷，德军被一条小溪挡住，溪岸泥泞，无法涉水而过。一个被派到前方去侦

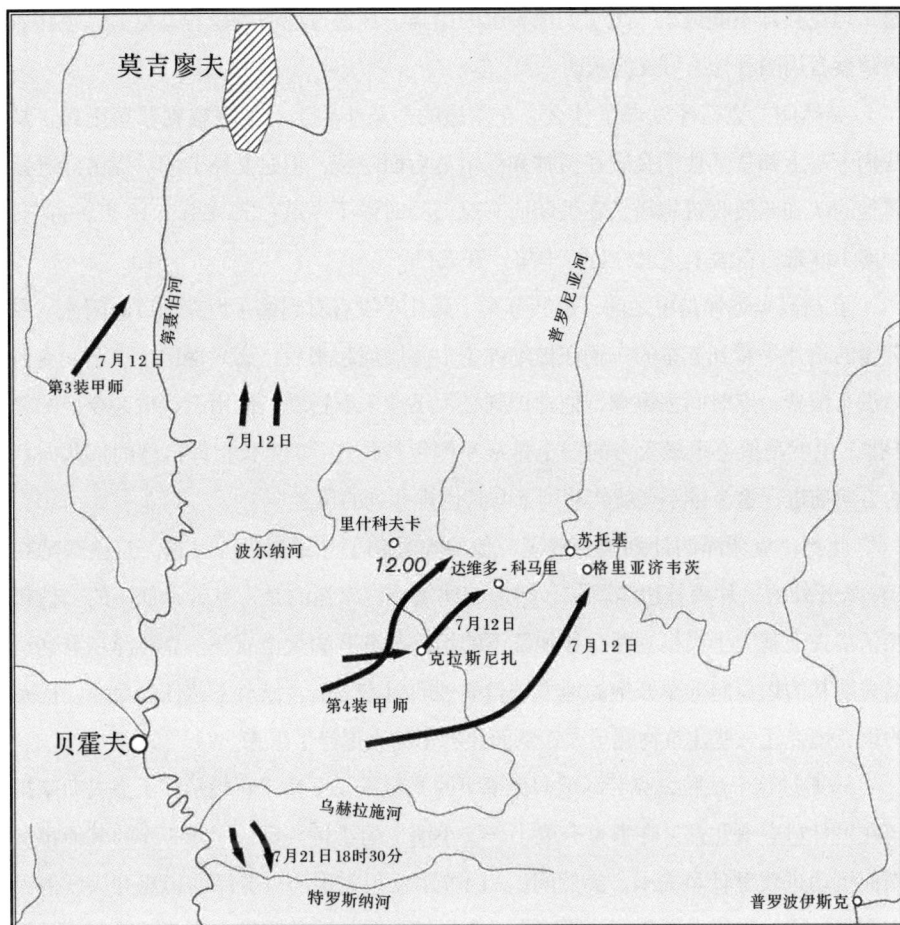

图24：1941年7月12日，第3和第4装甲师在贝霍夫－里什科夫卡地区

察的轻装排回来报告说苏军的反坦克炮已开火，击毁了溪边的一辆坦克。克劳泽向营长报告，营长立即指示克劳泽脱离小溪，转而继续向东进攻，同时拉赫法尔中尉会率他的一个连继续向北进攻。预定的机动方案是从两侧包抄那个困难的通道。很快，克劳泽就能听见从拉赫法尔连所在的地方传来的遥远的枪炮声了。不久后，克劳泽收到一份报告，告诉他敌人有2门反坦克炮和步兵在里什科夫卡边缘战斗。

接到报告后，克劳泽指挥他的连前往里什科夫卡，但当他到达这个村落的时候，战斗似乎已经结束了。2门废弃且已哑火的敌军反坦克炮，是敌人逃跑的证明。然而，德军坦克兵却不能放松。炮手们像警惕的山猫一样透过舱门凝视着。克劳泽也眯着眼睛察看周围有什么可疑的东西。

突然间，克劳泽发现了什么。在左边的一条小路上，他观察到苏军士兵正从几辆卡车上卸货。他们企图在树林和灌木丛后面隐蔽，但这是徒劳的。克劳泽赶紧将他的头和四肢收进炮塔，在关闭所有舱门的时候下令道："高爆弹，10点钟方向，距离100米，在灌木丛里，目标卡车，开火！"

在被高爆炮弹击中之前，那些苏军士兵几乎没有看到德军坦克炮口的闪光。克劳泽的填弹手看到苏军的车辆在被炮弹击中并燃烧起来后，高兴得像个孩子。克劳泽没有浪费一点时间去得意，他意识到必须迅速采取行动。他用无线电命令他的第3排，也就是他连里最后方的一个排从左侧包抄村庄。3排长指挥自己的部队向新的方向前进，这个排不久就转移到了与其他排并列的位置。

此刻，克劳泽的计划被挫败了，他的连受到了苏军炮火的打击。这些火炮在500米开外的一片森林边缘就位，附近有建筑物。幸运的是，克劳泽部下的一位排长沃洛夫斯基中士当机立断，让他部下的坦克与苏联的火炮战斗。克劳泽在看到沃洛夫斯基的坦克向苏军开炮的地方进行酷烈的射击之前，没有下达任何命令。德军的坦克炮弹让一些建筑物起了火，从而让苏军的火炮静了下来。

一避过这个威胁，克劳泽就向他部下的几位排长下达了新指示。沃洛夫斯基排留在里什科夫卡北部，在那里夺取了一条小溪上的小桥头堡，同时3连的其他排从南面机动进攻里什科夫卡。突然间，2门苏军反坦克炮向克劳泽的坦克开火，但没有命中，或许炮手在如此短的距离内没有足够的时间妥善瞄准。克劳泽的驾驶员驾驶这台钢铁巨兽直接碾过那2门反坦克炮，在它们重新装弹之前压碎了它们。

碾过反坦克炮后，克劳泽命令1排长朗格少尉去追击那些火炮刚刚被碾压的苏联守军。洪施泰特尔少尉指挥的轻装排，接到指示去支援朗格的推进。克劳泽的命令可能非常好，不过就像在战争中经常发生的那样，始料未及的事情出现了：就在洪施泰特尔接受任务的下一刻，苏军炮兵的炮弹如同冰雹般从他这个排的上方落下。尽管遇到这次炮火打击，克劳泽还是命令洪施泰特尔的坦克留在原地，直到朗格开始进攻为止。

洪施泰特尔的部队不用被迫久等。克劳泽通过眼角的余光看到朗格冲了上去——一如既往，他的头探出了坦克的防护装甲。片刻后，克劳泽在无线电里听到了朗格的声音。这声音告诉他，1排已经到达克劳泽心中的位置，并敦促他命令3排和轻装排进攻。克劳泽刚发布完命令，就听见坦克发出了沉闷的撞击声。一枚穿甲弹穿透侧面装甲进入发动机机舱的同时，坦克的发动机停止了运转。这辆坦克失去了动力，不过克劳泽和部下的车组成员没有负伤。

洪施泰特尔又派了一辆坦克给克劳泽，让这位连长能继续率领他的部队。在换过坦克后，克劳泽命令朗格继续进攻。克劳泽那辆受损坦克的车组成员仍在原地，他们用火力支援这次进攻，并向营长中转信息。在德军的坦克连里，连长乘坐的坦克往往配备额外的无线电台——一台工作距离较短的用于连内通信，另一台工作距离较长的用于与营长和团长通信。这两部电台的工作频率也不同。当克劳泽转移到另一辆坦克上时，就不能指望还能与营长通信了，于是他希望车组人员留在原来的坦克里操作无线电。

不幸的是，损坏的坦克处于一个暴露的位置。克劳泽的驾驶员从坦克里跳出来，将一条牵引索挂上另一辆坦克，让这辆坦克将被撞坏的坦克拖运到一个掩蔽所。与此同时，克劳泽攻击了苏军的炮火阵地。他将守军都打跑了，并在新坦克靠近苏军火炮时跳了出去。他打开苏军火炮的后盖，将手榴弹塞进炮膛，然后寻找掩体。手榴弹一爆炸，他就钻回了坦克里。

在克劳泽忙碌的时候，沃洛夫斯基排继续向里什科夫卡的北角进攻。他的坦克遭到来自村庄边缘的一片林地里的火力打击。这波火力瞄准得良好，有火炮炮弹一起飞来。沃洛夫斯基没有浪费时间，他立即命令他的排去进攻树林里的苏军。德军坦克炮和车载机枪的火力很快就说服苏联守军放弃了他们的阵地。希尔蒂加德中士让他的坦克开到离苏军很近的位置，以至于他能够向苏军炮车投掷手榴弹，最后几个苏联守军也撒腿逃跑了。

沃洛夫斯基用无线电报告在村北发生的战况，但由于克劳泽放弃了他原先的坦克，问题就出现了。克劳泽能收到沃洛夫斯基的信息，但沃洛夫斯基听不到克劳泽的声音。沃洛大斯基决定，让他的排走下坦克，步行扫荡这片林地，同时他亲自向南行驶，看看能否与克劳泽取得联系。这个方案成功了，但村南部的战况也已变得更为激烈了。

克劳泽已命令洪施泰特尔去扫荡村南部的林地，然后去支援朗格排。然而，一些坦克渐渐被困在了林地里。当坦克手们想方设法拖动坦克时，遭到了苏军轻武器的打击，其中一名坦克车长中弹身亡。洪施泰特尔陷入了麻烦，不过苏联守军已在交战了。朗格意识到并抓住了这个机会。他率领本排绕着苏军阵地机动，从其后方进攻。他的坦克不久就接近了尚未察觉到他的苏军炮手，而他很快就会命令他部下的坦克开火。

朗格仔细研究了地形，但他仍然因苏军在其左翼一片林地边缘的反坦克炮火力而震惊。一枚或多枚炮弹命中了朗格的坦克，使其动弹不得。德赖茨纳中士的坦克也中弹了。他以身为连里的冒失鬼著称，而这次运气不在他这一边。德赖茨纳的坦克炮塔被击中，他的头部被金属碎片严重打伤。排里尚未中弹的 2 辆坦克开进了一片小洼地，在那里能避开反坦克炮，还能向他们想要攻击的苏军炮兵部队的车辆开火。朗格试图步行指挥这次战斗，而德赖茨纳的驾驶员带着车内身负重伤的车长，将坦克开进了一座急救站。

克劳泽用无线电定位。他命令洪施泰特尔进攻，从而为位置暴露的朗格排减轻些压力。洪施泰特尔排击败了苏军炮兵部队，1 排的坦克也加入了战斗。受到这次成功的鼓舞，洪施泰特尔继续前进，但还是引来了曾大举杀伤朗格排的苏军反坦克炮部队的火力。泽夫格中士的坦克是第一个中弹的。他和车组人员毫发无伤地逃出了坦克，但他在和无线电操作员寻找掩蔽所时，被苏军的一枚高爆弹打成了重伤。其余车组人员设法将两名伤员送进了掩蔽所，洪施泰特尔用无线电紧急呼叫了一名军医到场。他的努力最后成了徒劳，泽夫格和无线电操作员都受了致命伤。

在这个阶段，克劳泽与营长讨论了战况，他建议发动另一次进攻。营长同意了。克劳泽确保了沃洛夫斯基排能在重新进攻前与连队会合。在指示完部下的几个排后，克劳泽以剩余的坦克再度进攻。他本人的坦克移动到中路，不久就到达了高地，从那里可以看到他的连在前进。洪施泰特尔排就在朗格排一旁编队，组成了克劳泽的左翼，向一片林地冲去。到目前为止，一切看来都在按计划进行，不过很快，克劳泽就从无线电里得知，左翼的两个排遇到了一片沼泽，阻碍他们继续前进。

尽管遇到了麻烦的障碍，克劳泽还是决心继续进攻。他命令部下的坦克以密集的火力对沼泽之外的森林边缘进行射击，然后从两翼绕过森林。部下没有完全按照克劳泽的计划行事。经过猛烈的射击后，朗格少尉相信敌人已经非常虚弱。由于距离很短，他爬出坦克，徒步攻击那个阵地，其他坦克兵也都效仿他的做法。在各车长、无线电操作员和驾驶员攻击苏军阵地的同时，炮手和填弹手们留在坦克里提供火力支援。当克劳泽的部下以这种非正规的方式夺取苏军阵地时，他几乎无能为力，但目标已经达成，这才是重点。

克劳泽没有多少时间去享受这次成功。不久后，他乘坐的坦克就两度被苏军反坦克炮击中。一枚炮弹击伤了一条履带，另一枚以斜角命中侧装甲被反弹开去。克劳泽命令他的车组人员弃车出逃，几名坦克兵像猫一样跳出坦克，到达了树林里的掩蔽所。此刻，克劳泽意识到他所有的地图、密码表和其他重要文件还留在坦克里，那辆坦克除了履带受损外，还完好无损。他决定去取回文件。炮手和填弹手会用他们的手枪掩护他。在苏军的火力暂停时，克劳泽冲向那辆坦克。令他大为吃惊的是，他看到驾驶员也在做同样的事情，后者甚至还在设法发动引擎，将坦克开进一片没有暴露在苏军炮手眼前的洼地里。

当克劳泽得到掩护时，他平静下来，并意识到这辆坦克没有严重受损。他决定向右移动，以便更好地了解战况。克劳泽短暂瞥了一眼，大约 15 名苏军战士在树林中没了踪影。在悄悄靠近森林边缘后，他发现一名散兵坑里的苏军士兵用自己的武器瞄准了他。克劳泽赶紧掷出两枚手榴弹。他看见几名苏军士兵卧倒在地。他想利用手榴弹造成的冲击，告诉炮手向前冲，在他的掩护下，解除那几名敌兵的武装。填弹手也赶紧主动前进，帮助解除震惊的苏军士兵的武装，后者被生擒，然后再被送到后方。

在这个短暂的插曲后，克劳泽看到了泽夫格被毁的坦克，然后又看到了另一辆。军医救治伤员，确保他们能被送走，而洪施泰特尔就在他的坦克里监督。红白相间的旗帜迎风飘扬，军医的车辆开走了。克劳泽决定恢复进攻，他相信苏军的防御左强右弱。为此，他选择让 2 排和 3 排向左翼的敌军开火，而洪施泰特尔的轻装排和 1 排在右翼进攻。

进攻之前，克劳泽发出了必要的指示，特别提到了那片曾阻挠 3 排前进的沼泽。然而，由于许多坦克弹药不足，无法立即发动进攻。在坦克之间重新分配弹药才缓解了这种局面。

准备工作都完成后，克劳泽下令开始进攻。2 排和 3 排向据信是苏军防御最强的地方开火。右翼的坦克全速驶向公路边的一片树林，在那里，苏军的炮手看不见他们。当此时刻，克劳泽从无线电里收到一则令人不安的消息：洪施泰特尔坦克的主炮出了故障。尽管出现这种严重故障，克劳泽还是命令他留在自己的射击位置上，并敦促其他坦克继续前进，全速突入苏军阵地。克劳泽不久就意识到洪施泰特尔正以某种角度跟随在后面。后者的主炮还是不能用，但车载机枪向推定的敌军阵地射出了子弹。

德军坦克在酷烈射击的同时穿过了苏军阵地。守军四散奔逃，留下了大约 10 门火炮和许多车辆。克劳泽的部队一时之间变得极度兴奋，但他敦促部队继续前进，收获胜利果实。克劳泽指出了更多要摧毁的目标，同时，从包括朗格少尉的坦克在内的几辆被摧毁的坦克里出来的战士们要自行跟上队伍。在围捕战俘时，他们派上了用场。

苏军的防御仍未彻底崩溃，其反坦克炮在 800 米射程内向德军开火。不过克劳泽已料到这一点，分派出几辆坦克去应对威胁。苏军反坦克炮立即还击。此刻，克劳泽接到了营长停止射击的命令，但他置若罔闻。他想在停止行动之前完成对敌人的毁灭性打击。

战斗一直持续到傍晚，克劳泽连占据了上风，当他认为部下的官兵已经取得足够的收获时，才中止了这次战斗。受损的坦克从战场上被回收，送往修理车间。克劳泽的部下寻找他们可以露营过夜的地方。他和部下的官兵们确信，他们擒获了大约 200 名战俘，摧毁了大约 20 门火炮和 10 门反坦克炮。克劳泽希望通往莫斯科的道路已畅通，可这还为时过早。7 月 12 日，第 4 装甲师接连苦战数次，他们赢得了一些胜利，但苏军的防御体系会恢复。次日战斗又开始了。[26]

观察克劳泽连如何独立战斗相当有意思。有一次，他与营长讨论战况，但后者没有干预，只是同意而已。而有一次营长确实向克劳泽传达了命令，他却又置之不理了。独立行动的不仅仅是克劳泽，他的部下在许多时候也是如此行事的，而这没有被认为有什么大不了。这对德国军事学说依赖的指挥思想体系来说是合乎逻辑的结果。到 1941 年夏季战事为止，德国陆军有足够的时间来训练和培养他们所需的精神。在 1939 年进攻波兰之前，并不是这种情况，那时，采取主动的意愿还没有到达一个令人满意的水平。然而，从波兰战事到"巴巴罗萨"行动之间的 21 个月，提供了训练、积累经验和将能力较差的指挥官淘汰的机会。

7 月 12 日，克劳泽连没有与其他兵种协同作战，只是独自战斗。在克劳泽写的长篇报告中根本没有提到德国空军。这颇为常见，大部分德国陆军部队的战后报告没有提到与空军的任何协同作战，这说明这种协同行动不是很常见。[27]

像克劳泽连在 7 月 12 日进行的那种战斗，对德军装甲兵而言代价不是特别高，但由于他们频频战斗，累积效应绝不是不值一提的。7 月 17 日，第 35 装甲团报告，该部处于战备状态的坦克仅剩 40 辆。大部分坦克的减少，是由 6 月 22 日以来坦克行进了 500 多公里累积的损耗造成的。[28]

卢加、斯摩棱斯克和基辅

6 月 26 日，在德维纳河建造了一个桥头堡后，第 56 装甲军向列宁格勒的推进暂时停止。北方集团军群的其他各部跟不上冯·曼施坦因指挥的这个军的惊人推进速度。苏联的援军也开始在陶格夫匹尔斯以北地区集结,迫使第 56 装甲军数度激战。然而，7 月初，德军已准备好再度出击。他们再一次非常迅速地推进，但这次第 41 装甲军的进展要比友邻部队更快。7 月中旬，第 41 装甲军越过了卢加河。德军距离苏联第二大城市列宁格勒仅剩 100 公里了。[29]

再往南，中央集团军群在继续其进攻势头，7 月 16 日，第 2 装甲集群占领了斯摩棱斯克。在斯摩棱斯克以北地区，第 3 装甲集群甚至已经到达东面更远的地方。7 月 15 日，第 7 装甲师占领了亚尔采沃，同时第 20 装甲师先头部队到达了亚尔采沃东北地区。这样的情况意味着第 2 和第 3 装甲集群已经走过了从苏联西部边境到莫斯科的 2/3 的距离。[30]

迄今为止，德军取得的成功无疑是惊人的，可是一些问题也清晰可见。乌克兰境内德军的前进速度在最初的战斗后加快了，但苏军的抵抗没有被打破。指挥南方集团军群的冯·伦德施泰特元帅可能会为他部下的几个装甲师在 7 月 12 日到达基辅西面 100 公里处的一个位置而高兴。可是，在取得这一成就之后，向基辅的前进将会停滞。且冯·伦德施泰特将指引他的部队南下。[31]

与中央集团军群不同，冯·伦德施泰特的军队没有包围任何重要的苏军部队。如果没有将大量敌军分割包围，南方集团军群就不能给敌军造成重大损失。这就使得苏军最高统帅部能向被德军中央集团军群攻击的区域派出大部分援兵。德国陆军总参谋长弗朗茨·哈尔德大将的一句名言这样写道："我们本以为会遭遇 200 个师，但已经确认的有 360 个师。"那些多出来的师大部分都出现在了中央集团军面前。[32]

不准确的情报不是唯一值得关注的原因。虽然中央集团军群几个装甲师的表现

189

令人难忘，但德军师级建制大部分是步兵师，依靠人足和马蹄来机动。即使中央集团军群拥有大约一半的德军机械化师，大部分还是由步兵师组成的。7月中旬，步兵师就落后于装甲先头部队。因此，相对较少的装甲师和摩托化师不得不承担一部分超出他们承受范围的战斗份额。[33]

当然，德军的将领们已经意识到步兵师几乎无力跟上装甲师的速度。出现这种情况不足为奇，却需要采取措施。

图25：1941年6月—10月的东线

第 2 和第 3 装甲集群到达斯摩棱斯克以东地区时，在这座城市西面形成了一个包围圈，大量的苏军部队在那里受到压迫。出于不明朗的多种原因，德军在第聂伯河沿岸留下了一个狭小的出口，允许一些苏军溜出去。然而，苏军已经蒙受了一场代价极其高昂的失利。德军合计擒获了 301110 名战俘，缴获了大量战利品，其中包括 3205 辆坦克和 3000 门火炮，不过这个大型包围圈的战斗要到 8 月 5 日才结束。[34]

当斯摩棱斯克包围圈正在让苏军失利时，大多数步兵师已追上机械化部队，德军也找到时间来修复铁路，可以让火车将补给送到靠近前线的地方了。当时卡车和公路的容量有限，使得先头作战部队和铁路终点站之间的距离不能太长。在战事之前，德军策划人员估计两者间的距离不应超过 300 公里。但在 7 月的前几个星期里，这段距离就已经被大大超越了。虽然目前各种补给困难得以解决，但将来可能难以承受。因此让火车能够在更远的东面卸货，是保持攻势延续性的一个先决条件。[35]

在这个阶段，德军就将来的进攻方向展开了一系列讨论。从一开始，德军就讨论了几个目标。在某种程度上，这些目标与各集团军群的前进轴线吻合，苏联的地理条件也让 3 个德军集团军群有向不同方向推进的趋势。北方集团军群向列宁格勒进攻，沿着一条东北方向的轴线逼近这座城市，而南方集团军群向东面进攻。托洛佩茨地区的地形很崎岖，而 7 月份德军两个集团军群已经推进到被托洛佩茨周围的林地分开的地步了。南方集团军群从波兰攻入乌克兰，向东南方向进攻。中央集团军群和南方集团军群被普里皮亚季地区分开，那是一大片沼泽地，在夏季不适合进行重大行动。由于公路和铁路稀少，通行能力低下，在冬季这片沼泽区也不易行动。不过，在第聂伯河以东大约 100 公里处，沼泽区就到头了，地形变得更为有利。7 月中旬，中央集团军群已经越过普里皮亚季沼泽地带，可是南方集团军群还没有越过第聂伯河。因此，中央集团军群就形成了一道漫长而有问题的侧翼，让其下属各部忙得不可开交。

德国的多位陆军指挥官与希特勒就如何继续进行这场战事发生了分歧，结果战事在 8 月蹉跎不决。中央集团军群的行动明显由于这些分歧而被严重拖延。冯·博克的部队没有向东进攻，而是倾向于在南北两个侧翼进攻。苏军因此获得了喘息的机会，得以向莫斯科以西地区派出援兵。双方将展开多次苦战。

索日河之战

与之前的历次闪击战战事不同，对苏联的进攻将导致一场持久战。波兰战事在前两周就大局已定；挪威战役拖延的时间稍长，但除了在纳尔维克之外，德军在几周之后也明显占据了优势；1940 年西线战事在最初的 10 天内，德军装甲师到达英吉利海峡之时，便已成定局。虽然这三次战事在最初的阶段后，仍继续进行了多次代价高昂的战役，但作战迅速让伤亡数字没有上升到惊人的水平。

"巴巴罗萨"行动开始不久德军就取得巨大成功。德军前进速度惊人，苏军的损失达到了闻所未闻的程度。然而，庞大的苏军预备队让这个国家免于在德军的冲击下崩溃。渐渐地，德军的伤亡人数尽管远少于苏军，也累积到了相当大的程度。到 7 月 31 日为止，德军记录的伤亡人数为 213301 人，其中 58228 人阵亡或失踪。这样的伤亡超过了以往的历次战事，迫使德军必须向作战部队补充兵员，否则后者的战斗力就会退化。[36]

格奥尔格·霍夫曼中尉是一名 25 岁的军官，曾在几个很少有战斗发生的前线地区服役，如 1940 年 5 月和 6 月的莱茵河沿岸前线。法国战败后，霍夫曼驻扎在离瑞士边境不远的贝尔福。1941 年 7 月 28 日，他仍然在那里。他和加布施中校一起去了一家赌场打牌。两人都知道霍夫曼可能永远不会再回到法国，因为他第二天就要坐火车去东线，到一个步兵部队服役了。[37]

霍夫曼乘坐的火车在华沙短暂停留，大约 100 名将在东线服役的军官在这里集结。这批军官中没有人接受过反坦克训练，也没有人有在反坦克部队服役的经验。霍夫曼提到他曾与一个反坦克连一起行军，上级便立即决定让他接掌一个反坦克连的指挥权。8 月 1 日傍晚，他登上了一列开往明斯克的火车。

当霍夫曼到达明斯克时，不由自主地注意到这座城市有多么混乱，不过他几乎没时间去考察白俄罗斯的首都。旅程延续到博布鲁伊斯克，他从那里开汽车继续赶路。8 月 6 日，霍夫曼终于到达第 34 步兵师的前线。他向师长汉斯·贝伦多夫中将报到，师长指示他去第 80 步兵团。他在霍斯托罗夫找到团长瓦尔特·赫恩莱因上校。团长告知霍夫曼，将会委派他指挥团里最精锐的一个连，即第 14 连。与大多数德军步兵团一样，第 80 步兵团有 3 个步兵营，所辖各连番号分别为第 1—4 连、第 5—8 连，以及第 9—12 连。通常步兵团还有一个装备步兵榴弹炮的连，番号为第 13 连；另有一个反坦克连，番号为第 14 连。第 80 步兵团就遵循这种编制模式。

霍夫曼次日就接掌了这个连的指挥权。赖茨中尉——一位曾指挥过第4排的预备役军官，曾临时指挥过该连，不过现在他重新去担任原先的职务了。8月8日，霍夫曼尽可能多地与在该连服役的官兵会面，他在他们的战斗阵地走访。他们中的大部分人在一年多以前的西线战事期间就在连里服役。他们显然要比霍夫曼更有战斗经验，不过他希望自己不久就能获得他们的信任。几天后，他会在战斗中接受考验，因为第34步兵师会强渡索日河。

8月9日，对索日河的进攻已准备就绪。师长和大部分其他高级指挥官都参与了备战。霍夫曼得知他会在一位新任团长麾下服役，因为瓦尔特·赫恩莱因会接掌精锐的大德意志团的指挥权。其他指挥官完成了进攻计划，次日的时间会用于锁定敌军阵地和研究该地区的地形。霍夫曼不知道进攻何时开始，不过当他仔细查看索日河附近的地形时，意识到未来仅几个小时内，或者最晚在几天后，他将接受战火的洗礼。他想起了他那在第一次世界大战最后一年阵亡的父亲。霍夫曼生于1916年，在父亲去世之前，他都很少见到他。

8月11日，德军决定在次日发动进攻。傍晚，霍夫曼和他的部下，就像其他会参与进攻的部队一样，爬上了河边的几座阵地。次日的进攻将会从那里开始发动。在第一批橡皮艇将步兵送过河之后，霍夫曼连就会跟上。一开始，他们会将37毫米轻型反坦克炮带到彼岸，然后会让较重型的50毫米火炮过河。

夜色很黑，几乎听不到任何动静，霍夫曼有充裕的时间去考虑各种难题。明天谁会死？哪些战士将不会复返？没有人知道答案。苏军炮兵短暂打断了霍夫曼，但当炮弹的爆炸声消失后，思绪再度将他萦绕。霍夫曼不知道连里的其他人、那些已经见识过许多战斗的人，是否被类似的思绪困扰。

进攻在8月12日一早发动。霍夫曼是最先到达河对岸的人之一。当橡皮艇载着他过河时，步枪和机枪的子弹从他头上呼啸而过。霍夫曼是幸运的，不像一门运过河的反坦克炮。这门炮被直射火力摧毁了，不过德军的进攻没有变得迟缓。当霍夫曼部下的一个排到达东岸时，他建了一个临时指挥所。不久，一个装备50毫米火炮的排也被送过了河。

第一天的进攻在按计划进行，索日河上的一座桥头堡被德军占领并得到了巩固。次日凌晨3时10分，进攻又开始了。霍夫曼率领一个轻反坦克排和一个重反坦克排冲进了一片无人区。他们遭遇了一个德军巡逻队，不过在发生自相残杀事件之前，就确认了彼此是友军。后来发现了苏军，但后者立即撤退了。新任团长瓦尔穆特中校命令霍夫曼率领他的重装排和第 13 连的一个排准备伏击。霍夫曼向这 2 个排发出了必要的指示，他们很快就进入了合适的射击阵地。在霍夫曼的指挥下，他们向撤退的苏军部队开了火。于是，霍夫曼经历了战火的洗礼。

次日，第 80 团继续进攻。团长转发了邻近的第 17 步兵师的致谢信，因为后者得到了霍夫曼安排的伏击的帮助。过了一段时间，霍夫曼连在瓦西里耶夫卡附近陷入了苦战，他在那里忍受了遭到敌军迫击炮炮击的不愉快经历。

8 月的下半个月，霍夫曼连基本上在重整中度过，并逐渐向东运动。9 月初，第 34 步兵师已到达布良斯克西北的杰斯纳河。9 月 1 日，情报显示苏军装甲兵正直取该师而来。

乌格斯特之战

苏军坦克逼近的消息让德军第 80 步兵团的指挥官们感到紧张。9 月 2 日，苏军以密集炮火打击德军多处阵地似乎证实了德军对敌人行将发动攻击的担忧。在与团长的一次会面中，大家讨论了各种方案。瓦尔穆特中校希望将第 14 连化整为零，以这种方式让该团的 3 个营都得到一个反坦克排的加强，第 4 个排将会由团里直辖。霍夫曼反对，他想保留对全连的控制权，他认为自己最清楚反坦克炮应当在哪里和如何部署最佳，如何使用能发挥最大作用，又如何与其他部队有效协同作战。瓦尔穆特有些怀疑，但默许了。他补充说霍夫曼将承担起责任。

霍夫曼决心按照自己的思路行事，他走访了他部下的各位排长，确保一切准备就绪。各战斗阵地都进行了更妥善的反火力伪装和防护。霍夫曼确定炮手们能很容易地使用他们的武器。由于霍夫曼想在敌军坦克到达 200 米射程之前保持火力静默，炮手们就必须能够快速重新为他们的火炮装填弹药。此外，德军还会设法命中敌军坦克的侧翼，各排长和炮长可以自行决定开火。为确保敌军的坦克中弹起火，霍夫曼指示他们除了穿甲弹之外，还要使用高爆弹。他还与友邻团的反坦克连进行了讨论，以确保双方能顺利协同作战。这就是他所能做的一切，剩下的就是彻夜等待了。

9 月 3 日 9 时正，悬而未决的状态结束了。苏军火炮和重迫击炮炮轰德军阵地。霍夫曼预计苏军最酷烈的进攻会对准第 80 和第 253 步兵团之间的接合部，他去见弗伦茨少尉，后者的一个排负责保卫 253 团附近的几个阵地。他还在弗伦茨的阵地

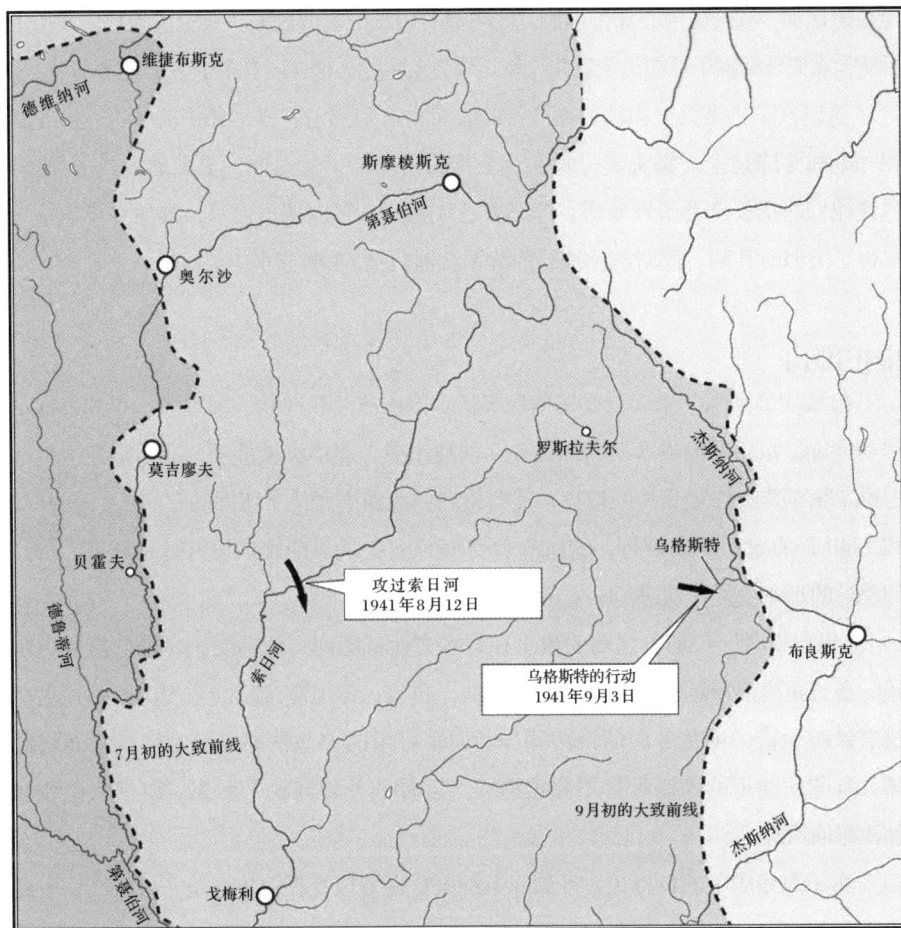

图 26：1941 年 8 月 12 日和 9 月 3 日，索日河和乌格斯特的战斗

上找到了一名炮兵火力引导员。霍夫曼看到的情况让他安心，便匆匆到另一侧翼查看那里正在发生什么事情了。

苏军的炮火也对准了德军主防线后方的区域，这使霍夫曼前往另一侧翼的旅程变得很危险。在路上，他遇到一个士兵，此人告诉他，第 14 连一名负伤的少尉在急救站里身亡了。霍夫曼意识到那个人很可能是弗伦茨，他赶紧跑去急救站，那里离他大约 300 米。结果证明霍夫曼是对的。在他离开后不久，弗伦茨少尉肩部就被一枚子弹击中了。

现在他死了。霍夫曼内心深受震撼，他叫他的司机把车开过来。弗伦茨的尸体被抬上后座，霍夫曼满脑子都在想今后几天和几周会发生什么事，还有多少人会死去呢？

这辆汽车将霍夫曼和他那不寻常的载荷物送到弗伦茨排，弗伦茨的遗体被安置在一处战斗阵地上。霍夫曼得知了这个排的情况，了解到他们勇敢地完成了任务，尽管他们的排长已受了致命伤。苏军的进攻在一小时内被击退了，其他各排也报告取得了类似的胜利。德军声称摧毁的敌军武器包括 38 辆苏军坦克。

维护部门

挪威战事期间并未大量部署作战车辆，但在波兰和西欧，德军的坦克都占据了重要地位。在后两场战事期间，许多车辆被击中，遭遇机械故障，或者陷在困难地形里。德军选择修复受损的坦克，就要将它们运到主要位于德国的车间去。1939 年和 1940 年的战事周期短暂，这意味着受损的坦克通常在战斗结束时才修复。所以修理后的坦克往往被送进另一支部队。

"巴巴罗萨"行动与之前的战事在许多方面都不同，包括受损车辆的修复。东线的漫长距离使得运输受损车辆耗时良久。再者，像坦克这样的重型车辆必须主要依靠铁路运输，可是苏联的铁路稀少，德军可用的那些铁路又经常因战争而被破坏，且苏联使用的铁路规格不同也造成了各种额外的问题。后来，游击队也在增加德军的困难。

由于东线战争旷日持久，等到战事结束后再修理受损的坦克是不可取的——经过两个月的战斗，大量的坦克受损。根据 8 月 23 日讨论东线各部状况的一份报告里的表格显示，按照规定的建制，各部应有 3152 辆坦克。然而，到那时为止，706 辆已被摧毁或严重损坏，被认为不值得修理，另有 718 辆被带进车间，等待修理。[38]

显而易见的是，许多坦克受损，却仍未修复，从个别部队发回的报告证实了这一问题。第 4 装甲师 7 月 21 日的一份报告说明该师仅有 44 辆处于战备状态的坦克，同时已损失的坦克有 42 辆。该师还有 89 辆坦克需要修理，其中 40 辆因为没有可用的必要备件，无法维修。[39]

坦克发动机是一个重要部件，它们在战斗和长期推进过程中磨损十分严重。尘土飞扬的公路上的灰尘被吸入进气管，也造成了严重损坏。在许多情况下，最好是更换整台发动机，但这样的措施会干扰新坦克的生产，故希特勒不愿将新发动机运给东线的部队。然而，8 月 4 日，他默许了将 400 台新的坦克发动机送到那里。[40]

路途遥远、缺乏备件和地形崎岖，都对维修工作提出了很高的要求。鲁道夫·鲁伊特军士在第 35 装甲团参谋处服役，同时还耗费大量时间从事维修工作，他能亲眼看到这种工作有多么复杂。除了回收和修理坦克外，维修人员还必须将补给送到前线，且经常发现自己也在战斗。[41]

在东线战事初期，鲁伊特没有面临什么巨大危险。他最关心的似乎是自己的"屈贝尔瓦根"（"桶"式）军用车上的一个失去压力的轮胎。这一阶段很少有车辆损坏，在进攻发动之前，车辆也都接受了所有必要的维护。可是，随着时间的推移，会发生更多故障。只要需要维修的车辆够少，就可以把时间花在为作战部队运送食物、弹药和燃料上。快速的前进导致了高油耗。此外，随着前锋部队冲入苏联境内，战斗部队与铁路和兵站之间的距离也在迅速增加。

河流可能会成为麻烦的障碍。当鲁伊特准备越过德鲁蒂河时，才发现原来撤退的苏军炸毁了桥梁。于是德国工兵准备了一艘渡船，只有最重要的车辆才能用渡船运过河。可是正如鲁伊特所说："每个人都认为自己很重要，军衔越高，就越热衷于这样认为。"最后，鲁伊特和他的"屈贝尔瓦根"汽车满载口粮后，被渡船运过河去。他出发前往新贝霍夫，为装甲团的战斗部队提供急需的口粮。这辆汽车沿着非常干燥的公路行驶，汽车后面形成了大片烟尘。后来，鲁伊特得知他经过了一支距离公路很近的苏军部队，不过或许烟尘将他的车遮挡住了，他没发现有人开枪。一旦鲁伊特到达新贝霍夫，就必须找到战斗部队。这并不容易，因为他们几乎一直在移动，当然他们也会设法尽可能隐藏自己的行踪。

鲁伊特意识到为战斗部队提供补给是一项非常艰难的任务。他想到了补给军官们如何运用他们的才能去判断许多事情，一个例子是为坦克补给弹药。坦克主要使用两种类型的炮弹——高爆弹和穿甲弹，这取决于战斗目标的类型。由于弹药不能及时送到前方，就必须预估两种弹药的相对消耗量。两种主要型号的坦克，"III"型和"IV"型坦克携载的武备不同，使用弹药的类型也不同。这就有必要确保前线所有类型的弹药都没有耗尽。

在补给和维修部门服役的战士们也发现自己偶尔会参与战斗。有一回，鲁伊特被派往第 10 摩托化步兵师执行一项任务，该师也隶属于第 24 装甲军。3 辆坦克会支援该师，不过它们当然需要补给和维修。鲁伊特的上司莱因哈特军士收到手榴弹，分发给了包括鲁伊特在内的部下。然后他们和坦克一起被派去执行战斗任务。手榴弹一直没有用上，但鲁伊特不得不为敌人实际上始终没有进行的一次进攻等候几个小时。

维修和维护部门几乎没有片刻闲暇。当战斗部队分配到一天的休息时间时，坦克手可以放松，但对于机修工而言，这样的日子和其他日子一样艰难。损坏的坦克必须恢复服役，处于战备状态的坦克必须仔细检查，以确保其仍然可用。在进攻之前，各维护连队经常要彻夜工作，从而让尽可能多的坦克参战。这项工作需要大量的想象力、主动性和知识。缴获的车辆往往被用于替换损失的车辆，而各连队为了缴获的汽车和卡车展开了激烈竞争。

在进攻期间，维修部门都紧随在战斗部队身后。9月9日，在巴图林的一次夜袭期间，鲁伊特紧跟在坦克后面。天色不是特别暗，让坦克在对抗微弱的抵抗时能迅速前进。可是，在马凯耶夫卡，浓雾降低了能见度。就鲁伊特目力所及，没有其他德军部队跟随在后面。看来先头攻击部队与其他友军部队没有联系。在一处十字路口，于普纳中士看到有什么东西在一个散兵坑里移动，他立即向疑似敌人的那个东西掷出了一枚烟雾弹。这枚烟雾弹冒出烟来，鲁伊特认为过了很长一段时间，一个苏军士兵才将双手高举过头走上前来。[42]

德军在这一地区搜寻，发现了一些负伤的苏军战士，但没有其他敌人的迹象。德军在公路上重新集结，但几乎立即便遭到左右两翼的轻武器火力的打击。微弱的光线不允许德军做出准确的反应，但大约在200米远的地方有一座农场似乎提供了一些掩护。德军迅速赶到那里，没有出现任何伤亡。

夜间没有发生战斗。次日上午，鲁伊特沿着部队在不到12个小时前推进的公路返回。经过一段平安无事的旅程之后，他发现维修部门的其他人员都在忙着从夜间被炸毁的一个苏军车队里回收所有可用的东西。这个苏军车队曾与第35装甲团的一个营遭遇。

地形往往使维修部门的工作进展困难，他们的大多数车辆越野能力有限。虽然设计用于回收坦克的车辆具有良好的越野性能，可是当牵引的坦克重量超过20吨时，就会承受最大的压力。鲁伊特经常预先被派去勘察地形，这是避免各种难题的最佳方法之一。不过有时即使最仔细的侦察也不够。在巴赫马奇，鲁伊特体会到了一天的雨水是如何将美丽的草地和田野变成无法逾越的泥浆之海的。他的车陷在泥里了，不过看来他还是能够脱身。

经过艰苦的努力，鲁伊特的车从泥泞中成功脱身。他驶过一片树林旁的几座房子，希望找到一条路面较好的公路。确实有这么一条公路，他向他的司机挥手示意，司机设法来到了这条较好的路上，没有再被路面卡住。这个插曲发生在秋天到来之前的 9 月，一旦到了秋天，会遇上更多的持续降雨。因此可以料到天气在未来会变得更糟。不过鲁伊特在看到一辆汽油驱动卡车的驱动轴陷入松软的地面之前，对此并未考虑很长时间。一辆被缴获的苏军履带车辆设法将这辆卡车拖了过来，但卡车的发动机很快就过热了。

显然只有坦克才能在泥浆中通行，因为汽油驱动卡车并非唯一陷在泥泞中的车辆。鲁伊特的车和许多其他车辆一样，再度陷进了泥里。当天晚些时候，一辆坦克到达，将一些卡车从最烦人的泥泞中拖走，可是要回收所有车辆需要几天时间。陷在泥泞里的德军车辆是苏联空军的极佳打击目标。不出所料，3 架苏联飞机出现，空袭了动弹不得的德军车辆。鲁伊特和其他德军士兵在一段距离外寻求掩护。苏军飞行员的目标是车辆，但他们的打击精度很差。飞机离开现场后，德军检查了自己的车辆。一枚炸弹落在距离鲁伊特的汽车仅几米远的地面上，但除了弹片在车身上形成的小孔外，这些车辆都完好无损。

当然，将补给送到前线，回收受损的和为地形所困的车辆非常重要，尤其是对一个装甲师而言。这对德军而言显然毫无新意，他们已经做了许多安排来应对这些问题，但这些安排却不足以维护各装甲师中大量的作战坦克。于是，德军将被迫分散维修部队。这能够让维修速度更快些，可是较低的备件产量无法在前线进行局部补救。当然，野战车间可以将损坏的车辆拆毁，以获得修理其他车辆的零件，但这样的措施不能被视为解决备件短缺问题的长期可行方案。[43]

德军的坦克维修体系是为在本国附近进行的短期战事而设计的。这样的条件让坦克可以在战斗结束后被回收，然后在德国的完备设施里得到仔细维修。但苏联的漫长战争使得这样一个体系变得不切实际。8 月底，700 多辆坦克——大约是东线部队编制坦克数量的 1/3 正在车间里等待维修。[44]

经受磨损的不仅是坦克，其他车辆，诸如卡车也受损了。9 月初，大约 15% 的车辆在等候修理。这一损失幅度不如坦克，却意味着德国向前线部队输送补给的能力下降了。[45]

坦克的损耗尤为关键，是因为它们在"巴巴罗萨"行动中的地位似乎要比在以

199

前的历次战事中都更重要。德军在苏联的军事行动更符合大众对"闪击战"的印象，这部分可以归因于"巴巴罗萨"行动中德军坦克的火力和防护能力得到了改善。

几个月后，随着坦克受损或被摧毁，而且未得到修复或补充，这种可能是德军最重要的武器的冲击力就被削弱了。只不过，战争是一种双边斗争，一方的问题可能会被另一方正在承受的各种麻烦很好地掩盖。因此，最好将你的问题同敌人的问题，而不是某种抽象的理想进行比较。苏军的损失比德军大几个数量级。例如，截至 7 月 9 日，苏军的坦克损失近 1.2 万辆，且损失还在继续增加，使德军能够更加深入地进攻苏联。[46]

基辅包围圈

尽管两个装甲集群指挥官提出了反对意见，但在到达斯摩棱斯克地区之后，关于中央集团军群未来兵力部署的扩大讨论，最终还是以这两个装甲集群被派往不同方向而告终。赫尔曼·霍特大将指挥的第 3 装甲集群，被派往北方为北方集团军群助战。此举会让两个集团军群之间的缺口闭合，并占领托洛佩茨地区。北方集团军群因而可以封锁列宁格勒，开始一场长期围城战，并最终导致非常高的死亡人数。[47]

托洛佩茨地区的战斗不是特别"闪击"式的。德军取得了胜利，但前进的速度不是非常快，也没有擒获多少战俘。正是希特勒驳回陆军总司令部的反对意见，推动了托洛佩茨作战。陆军总司令部发现，托洛佩茨地区除了有可能充当进攻莫斯科的跳板外，其他价值微乎其微。

如果说在托洛佩茨的战斗可以被认为基本上是在浪费时间的话，那么第 2 装甲集群根据希特勒的主动提议进行的进攻却并非没有回报。托洛佩茨地区的地形不合适，几乎无法提供包围作战的机会。相比之下，基辅地区提供了更好的地形，苏军在那里处于一个不稳定的状态。

若参与基辅战役，古德里安的装甲集群就将转向南方，这是他强烈反对的事情。他试图阻止将他的几个师用于这次战役，因为他一心想继续逼近莫斯科。古德里安麾下 2 支最强的部队是第 24 和第 47 装甲军，这 2 个军已经经历了数周苦战。8 月 22 日 19 时，第 2 装甲集群被问起可否将进攻方向向南转移 120 度时，古德里安当即反对，并于 8 月 23 日乘飞机去见了集团军群司令冯·博克元帅。当天下午，这两位军官飞往拉斯滕堡，试图说服希特勒改变他的决策。但他们没有成功，8月24日上午，古德里安便命令他部下的几个装甲师转向南方了。他们在同一天突破了苏军的防线，8月25日傍晚，他们已经在苏军防线内突入了120公里。[48]

这是德国陆军拥有巨大作战灵活性的上佳事例。在非常短的时间内，整整一个装甲集群改变了主攻方向，并能立即迅速地前进。看来，这种灵活性很明显是德军指挥思想体系强调主动精神的结果。这让高级指挥官将注意力集中在想要实现的目标上，同时他们的下属可以去处理各种实际问题。[49]

像最初两天那样快的推进速度难以为继，造成这种情况的原因可能是几个德军师的消耗非常严重。这次进攻的先锋第3装甲师，在8月22日仅有60辆处于战备状态的坦克，而在"巴巴罗萨"行动开始时该师共有198辆。古德里安坚持认为他的部队需要暂停，以便士兵休息和装备修理，但分配给他的新任务妨碍了他的计划。[50]

第3装甲师的坦克部队并非唯一损耗严重的部队，几个步兵营的作战兵力仅剩全员的50%。古德里安估计，一次暂时休整可以让各营兵力达到编制兵力的75%。另一支先锋队第10摩托化步兵师同样筋疲力尽。[51]

随着几个突破后的师驶入敌军集群纵深地区，他们必须覆盖的地区扩大了。在虚弱的状态下，他们不得不投入其有限资源的较大部分来保护自己的侧翼。由于公路变得非常糟糕，敌军的抵抗力量也没有崩溃，古德里安的前进速度从8月27日起开始放缓。8月26日，第3装甲师占领了诺夫哥罗德 - 谢韦尔斯基；9月7日，该装甲集群到达科诺托普，仅向南方继续推进了85公里。[52]

古德里安从北面进攻的同时，埃瓦尔德·冯·克莱斯特大将指挥的第1装甲集群，将会在基辅东南渡过第聂伯河北进。这一路进攻的进展也相当缓慢，如果苏军指挥官得到指示从基辅地区撤退，他们或许能够逃出德军的包围。除了最初几天，德军的推进速度都太慢，乃至在苏军部队撤退之前，他们无法封锁包围圈。当然，这样的一系列事态会让基辅落到德军手中，也会让他们得到第聂伯河上的一个巨大桥头堡。可是他们不会得到大量战俘，希特勒也不会拥有一个值得夸耀的重大胜利。

但希特勒是幸运的。苏军没有及时下达撤退命令。相反，9月9日，德军第24装甲军在科诺托普附近越过了谢伊姆河。第3装甲师随后突破苏军防线，在9月10日早上占领了罗姆内。这将会被证明是一次决定性的胜利。[53]

图27：1941年8月—9月，中央集团军群改变进攻方向

然而，问题再度出现了。雨水将公路变成了泥泞的沟渠，让德军为先头部队提供补给变得非常困难。在罗姆内，第 3 装甲师非常幸运地找到了一座苏军的仓库，里面有大约 400 立方米的燃料。这让该师得以继续前进，于 9 月 12 日抵达洛赫维察。[54]

　　第 3 装甲师在从北方进攻的同时，冯·克莱斯特的装甲集群在克列缅丘格建立了一个越过第聂伯河的桥头堡，开始向北进攻。第 16 装甲师取得了特别出色的进展，9 月 12 日傍晚，包围圈的缺口已经缩小到 75 公里。而苏军的部队位于包围圈缺口西面 220 公里处。[55]

　　现在，要从正在形成的包围圈撤出已为时太晚。德国先头部队面临的抵抗微弱，9 月 15 日，基辅地区苏军周围的包围圈已经闭合。苏军 5 个集团军被围，并在接下来的 10 天里被击败。俘虏数量巨大——德军在这次战役期间俘获了 66.5 万人，一个鲜有战役能超过的数字。[56]

　　就战俘和战利品的庞大数量而言，这次战役是一次巨大成功。然而，这一胜利其实是悬在一条非常脆弱的细线之上的。如果斯大林命令他的军队撤退，德军的成果很有可能会大大减少。在大多数包围作战中，德军都推进得太快，乃至大多数苏军哪怕及时得到命令，也不能快速撤退。基辅战役是不同的，但拜斯大林的无意合作所赐，德军歼灭了守卫乌克兰的绝大多数部队。

　　因此德军在基辅战役的胜利被认为是相当侥幸的，而且基辅的胜利还带来了各种不利因素。诚然，通往哈尔科夫的道路现在向南方集团军群敞开了，可是失去的时间已无法弥补。由于预计莫斯科地区的秋雨会比乌克兰来得早，时间的损失对中央集团军群而言更加令人担忧。此外，古德里安的部队也变得越发疲乏。例如，9 月 27 日，第 3 和第 4 装甲师一共仅有 93 辆处于战备状态的坦克。[57]

奥廖尔

　　在基辅的苏军被一网打尽后，中央集团军群可以再度将目光投向莫斯科了。一次对苏联首都的大规模进攻——"台风"行动——将会发动。除了分居南北两翼的第 2 装甲集群和第 3 装甲集群，中央集团军群还得到了北方集团军群的第 4 装甲集群的加强。这个装甲集群被安置在中央集团军群中路。第 2 和第 5 装甲师两支生力军也到达了东线，被纳入了埃里希·赫普纳大将的第 4 装甲集群。

　　冯·博克元帅可用的兵力数量极其庞大，但在前线的另一侧，同样庞大的苏军已经做好了防御准备。后者有充足的时间准备他们的防线，因为前线数周以来几乎是静止的。援军已经到达，不过苏军也有许多部队筋疲力尽。

古德里安集群要推进的距离最长，这是他绕道进入乌克兰的后果。与中央集团军群的其他部队将在 10 月 2 日进攻不同，他在 9 月 30 日就会出击，第一个目标是奥廖尔，那是一个重要的公路和铁路枢纽。同以前一样，古德里安将最重要的任务分配给里奥·盖尔·冯·施韦彭堡装甲兵上将率领的第 24 装甲军。这个军从格卢霍夫地区出击，不久就取得了惊人的进展，尤其是第 4 装甲师。[58]

9 月 30 日 6 时 35 分，第 4 装甲师发动了进攻。师长冯·朗格曼·翁德·埃伦坎普少将指定埃贝巴赫上校指挥的一个战斗集群为这次进攻的先锋。该战斗群不久就遭遇苏军坦克，不过埃贝巴赫迅速发现，他的坦克和下属高炮能够压制敌人的威胁，继续前进。然而，不久之后德军就被苏军的 KV 重型坦克挡住了，这些坦克就在部分被薄雾遮蔽的阵地上战斗。近战中，步兵被派去压制重型坦克，但苏军发现了德军的这个意图。KV 坦克被转移到其他得到雷区保护的战斗阵地。德军派坦克从侧翼包抄，同时以密集炮火射击苏军坦克所处的地区，解决了这个问题。苏军发现最好还是撤退。[59]

埃贝巴赫与他的战斗群继续向东北方向前进，下午，双引擎梅塞施密特 Bf-110 战斗机支援了他的部队。德国空军偶尔会引来苏军防空部队的火力，但他们仍可以为前进中的地面部队助战。这种战斗机的火力不是很强，意味着它们在进攻苏军的地面阵地时不是特别有效，但它们能够发现严阵以待的苏军阵地，并清楚地指示其位置。这让埃贝巴赫战斗群可以迅速去包抄或摧毁这些阵地。傍晚，埃贝巴赫前进了近 30 公里，到达了克卢格拉亚·波利亚纳。他的战斗群彻底突破了苏军的防御。[60]

进攻在 10 月 1 日继续进行。埃贝巴赫的部队再度得到空中支援——这一次俯冲轰炸机和战斗机一起出动，战斗群的推进速度甚至超过了前一天。中午，该部抵达谢夫斯克，那里的几座重要桥梁被完好地占领。当一架德军飞机意外轰炸了埃贝巴赫战斗群的人员时，意味着一起自相残杀的事故在谢夫斯克发生了。这类问题在波兰战事期间非常频繁，一直没能完全解决，所以几乎不足为奇。在 1945 年以后发生的战争中也不乏此类事故，说明这个问题确实很难解决。[61]

占领了谢夫斯克，说明第 4 装甲师自 9 月 30 日上午以来，已经前进了大约 70 公里。苏军的防御体系已经支离破碎，无法再阻止德军前进。然而，埃贝巴赫的部

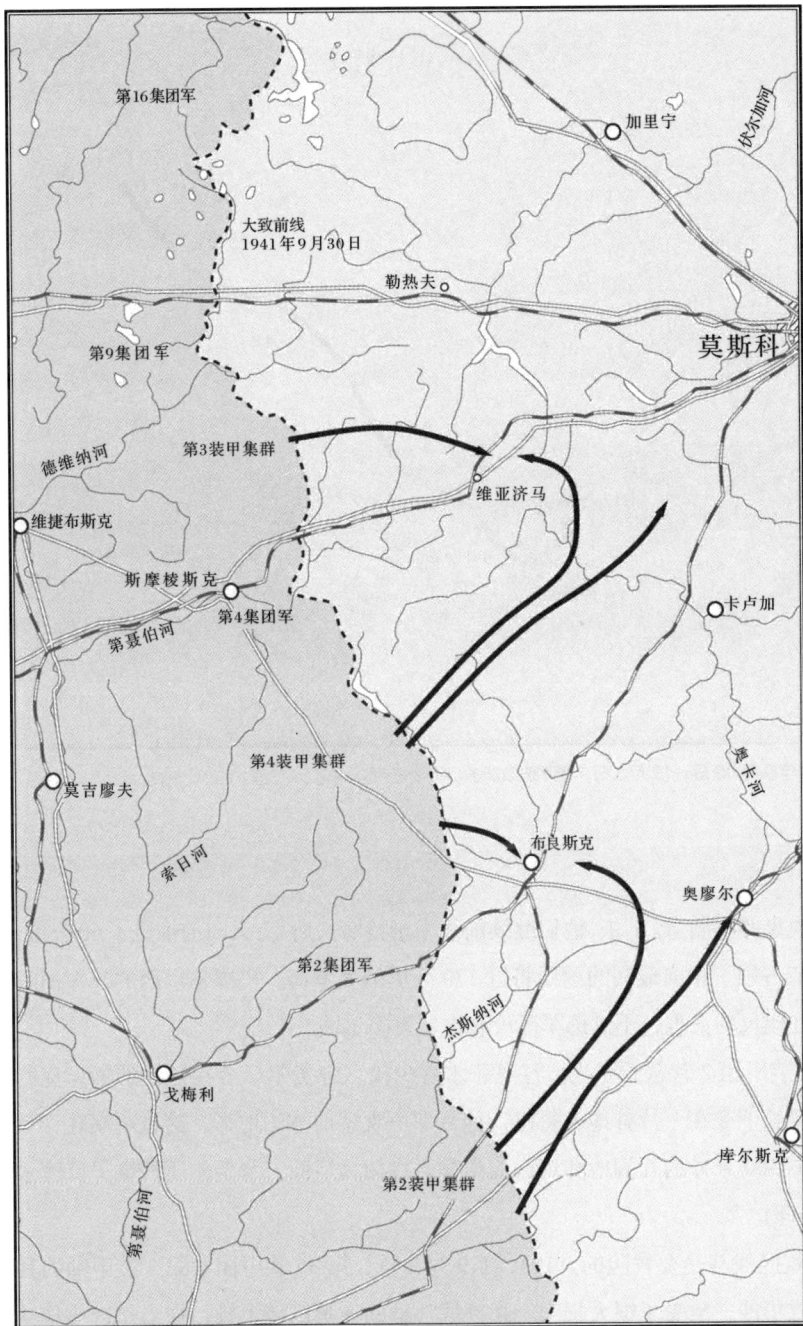

图28: "台风"行动期间装甲部队的早期突进

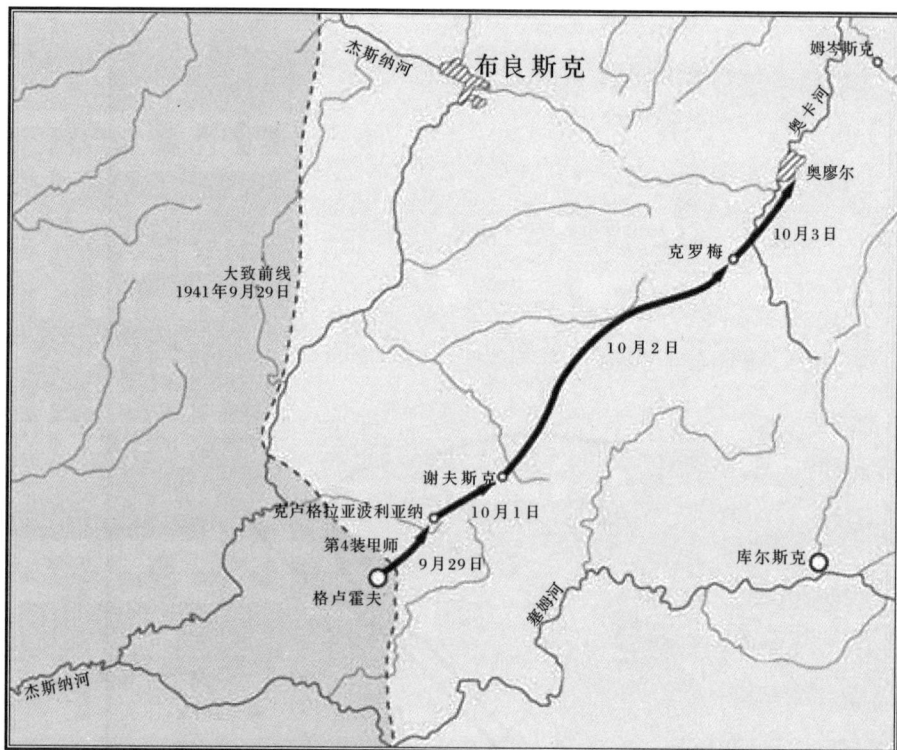

图 29：1941 年 9 月 30 日—10 月 3 日，德军进攻奥廖尔

下对这一成果并不满意。下午，他们继续前往季米特洛夫斯克，又向前推进了 60 公里；次日，他们占领了距离最初的前线将近 170 公里的克罗梅。奥廖尔以西的苏军面临着一场近在咫尺的灾难，不过德军还没有占领奥廖尔城。[62]

第 35 装甲团 2 营营长是冯·容根菲尔特少校，舍费尔二等兵是他那辆坦克的填弹手。营长下令在一片林地上暂停，他从那里观察前方的地形。透过观察孔，舍费尔能看见 500 米外的开阔地和更远的树林。在树林后面，舍费尔还瞥见了奥廖尔城里的建筑物。[63]

在建筑区战斗是要冒险的。1939 年 9 月 9 日，第 35 装甲团和第 4 装甲师的其他部队进攻华沙，蒙受了很大损失。指挥战斗群的埃贝巴赫上校，在当年进攻华沙时正是 35 装甲团团长。那一次，他的部队未能夺取目标就悄悄溜走了；这一次，各种条件更加有利。奥廖尔比华沙小得多，人口大约相当于华沙的1/10。此外，德军向奥廖尔推进的速度极快，让守军没有多少时间准备。[64]

舍费尔没有想过这个团的历史，他被一束反射到视野中的光线吸引。或许这只是玻璃表面反射的阳光，但为防患于未然，炮手奥伊勒中尉决定向那个神秘的目标射击。舍费尔将一枚高爆弹装入炮膛，而奥伊勒用主炮瞄准。随着一声尖锐脆响，炮弹射出了炮管。一秒钟后，炮弹命中目标爆炸了。为了避免任何不必要的风险，奥伊勒和舍费尔又向这个目标开了一炮。[65]

片刻后，冯·容根菲尔特命令部下的坦克进攻。他们驶入开阔地，那里除了几个土堆外相当平坦，德军的这个坦克营以大致相当于宽阔楔子的队形前进。战场看似平静，但在德军坦克进入开阔地后，苏联守军便猛然开火了。舍费尔觉得子弹从四面八方射来。德军的坦克继续向奥廖尔城郊驶去，同时用机关枪还击。连续射击的机枪产生的废气令人恼火，舍费尔打开了通风系统，刹那间，火焰席卷了坦克。因为一名苏军步枪兵向这辆坦克掷出了一个燃烧瓶，火苗被通风系统吸入了战斗内舱，冯·容根菲尔特少校命令车组人员撤离。尽管少校身材矮壮，还是以惊人的速度离开了这辆坦克，其他车组人员也一样。[66]

舍费尔和其他车组人员在坦克后面寻求掩护。激烈的战斗之中，他发现自己身为一名坦克兵，居然在装甲坦克之外，这非常有趣。他的思绪很快就被打断了，苏军步兵正从散兵坑里开火射击。德军坦克手尽力应对，一些伴随坦克行动的步兵也来助战。由于坦克兵除了卢格尔手枪之外，没有更重的武器，也没有多少弹药，所以迫切需要这样的帮助。尽管有步兵助战，这5名坦克车组成员仍然有很大压力。炮手、无线电操作员和驾驶员都受了伤，舍费尔打光了他的最后一颗子弹。此刻，他听到身后传来一声巨响。他扭头看见了加布里尔中士的坦克正与排里的其他坦克一起，为了让受损的坦克出发而设法压制苏军的反抗。[67]

舍费尔环顾四周，发现冯·容根菲尔特少校就坐在受损坦克的左履带旁。少校仍然戴着耳机和喉式传声器，可是断裂的电线从他的腰带里垂了下来。尽管如此，他还是按下传声按钮，重复说道："莱克沙特，前进！莱克沙特，前进！"舍费尔朝少校快速走了几步，抓住断裂电线松开的一端，放在少校眼前，用带着浓重口音的方言说道："难道你没有看到电线已经断裂了吗？"少校难以置信地盯着舍费尔看了片刻，然后将麦克风扔掉了。[68]

这种不可靠的行为在激战的任何人身上几乎都会发生，明显的致命危险造成的压力会让人们严重误解正在发生的事情。他们也很容易误判时间，实际上，一系列看似很长的事件可能只是在几秒钟内发生的。从冯·容根菲尔特的坦克被击中的那一刻到加布里尔排到来，可能不过几分钟而已。不久，莱克沙特就乘着他的坦克到来了。他显然无法听到冯·容根菲尔特的要求，不过他明白营长的坦克已被击中。此时，冯·容根菲尔特已经恢复镇静，他进入了莱克沙特的坦克，向奥廖尔开去。[69]

医护人员很快就赶到并负责照顾伤员，他们还询问了坦克的损坏状况。快速检查表明，只有捆绑在坦克外面的部分辎重着火，这意味着火势很容易被熄灭。晚上晚些的时候，坦克被开到了奥廖尔的火车站。次日，坦克车组人员收到补给，他们又见到了冯·容根菲尔特少校。舍费尔发现他恢复了原来的状态，这或许要归功于野战厨房供应的优质金枪鱼。[70]

整体而言，埃贝巴赫战斗群要比冯·容根菲尔特部更成功。虽然苏联空军空袭了他的前进部队——天黑之前，德军计算苏军空袭不下35次——他们还是向奥廖尔快速推进。在傍晚之前，都没有德军战斗机掩护。坦克和摩托车兵当先挺进，他们设法占领了奥廖尔。这座城市毫无防备，以至于德军到达时，有轨电车仍在按照时刻表运营。[71]

埃贝巴赫战斗群在这次非常快速的推进期间，没有蒙受重大损失，总共只有34人阵亡和121人负伤。坦克的损失也不大——损失5辆"III"型坦克和1辆"IV"型坦克。4天之内，埃贝巴赫的部下擒获1136名俘虏，缴获15辆坦克。[72]

在4天之内，第4装甲师推进的直线距离大约为210公里，面对严阵以待的敌人，他们表现得非常出色。苏军的防御体系被彻底摧毁，古德里安装甲集群取得了良好进展。莫斯科城前的苏军防线南翼已被动摇。此外，在苏军最高统帅部引起关注的不仅有古德里安的成功，还有在更北面的地方，中央集团军群10月2日就开始进行的"台风"行动。[73]

维亚济马

"台风"行动开始之前，赫普纳大将指挥的第4装甲集群从列宁格勒地区被调往中央集团军群的中路地区。赫普纳带来的主要是参谋部和一些支援部队。在该装甲集群向列宁格勒推进时，隶属该部的几个装甲师被派往其他区域。"台风"行动的开始阶段，他将控制 5 个装甲师。其中 2 个是新到的第 2 和第 5 装甲师，还有 3 个师从"巴巴罗萨"行动开始时就已在战斗，不过都属于其他装甲集群——从第 2 装甲集群调来的第 10 装甲师、第 1 装甲集群调来的第 11 装甲师，还有第 3 装甲集群调来的第 20 装甲师。

赫普纳部队的前方是杰斯纳河。由于他的装甲集群在河上没有可用的桥头堡，最初的进攻会由步兵师来进行。对战俘的审讯使他们获得了苏军防御体系的信息，这对进攻计划颇有用处。计划和准备的时间很少，但久经战阵的部队能够应对这样的困难。[74]

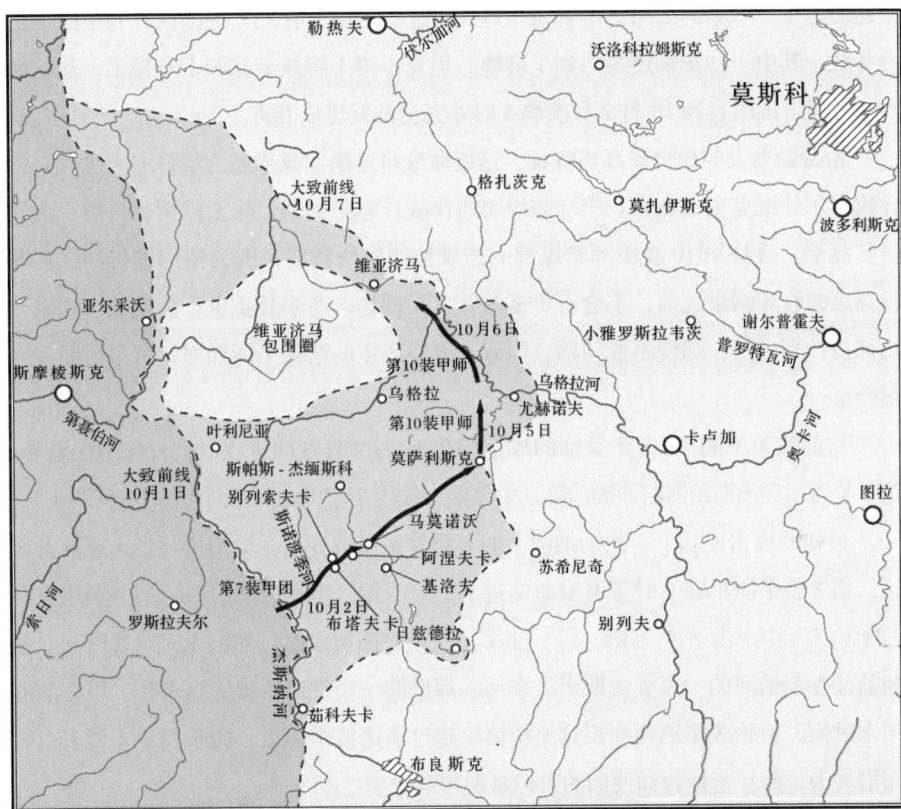

图 30：第 10 装甲师关闭维亚济马包围圈

隶属第 10 装甲师的第 7 装甲团的战士们驱车前往分配给他们的集结区时，天气寒冷多雨。他们之中很少有人知道重新部署背后的原因，不过战士们对这种不确定性习以为常。机密性要求对事关全局的情报严加管制，在这一阶段，机密性要比临机应变和采取主动的能力更加重要。但一旦战斗开始，事情就会有所不同，彼时局部主动性的重要性就会大增，因为成功的主动性至少需要对整体任务有一些了解。[75]

有关整体目标的情报很快会顺着指挥结构下传。10 月 1 日 14 时，第 7 装甲团团长冯·豪恩席尔德上校与团里的军官举行了一次指示传达会，军官们都被告知了次日一早将会开始的进攻的各种计划。几小时后，他们也收到了书面命令。由于还是白天，这些指示没有引发任何行动，不过黄昏之后，该团就开始转移到将会发动进攻的阵地上去了。工兵们已经加固了公路，使之能够承载大量交通工具，他们甚至还修建了一些新的公路。尽管做了这些工作，但由于轮式车辆即使在装甲团里也占多数，其中一些车辆还是遇到了麻烦。坦克不得不将被卡住的卡车拖走，这就导致了延误。该团直到 10 月 2 日凌晨 5 时才完全做好进攻准备。[76]

希特勒当天的命令被高声宣读。这道命令将这次作战描述为最终的大决战，将导致布尔什维克主义死亡。第 7 装甲团的作战日志中提到，战士们精神抖擞，士气极其高涨。或许第 10 装甲师参谋部的乐观情绪有所减弱，因为他们被告知，在即将到来的战斗结束之前，不会有更多的补充兵抵达，冬季装备也不会发放。如果一切都按计划进行，那就不成问题，但万一战斗产生的结果不能如愿，后果可能就会很严重。[77]

与前几天不同，258 步兵师的战士们在 10 月 2 日发动进攻时，天气晴朗温和。第 7 装甲团在杰斯纳河略西面的阵地里等候，该团 2 营仍在河西面大约 10 公里处。[78]

最初的攻击成功了。杰斯纳河上的多座桥头堡被夺取，军用桥梁也迅速准备就绪，第 7 装甲团早在 8 时正就奉命前进了。一开始，坦克运动缓慢，第一辆坦克在 9 时 30 分到达杰斯纳河河畔，经一座军用桥梁驶向河东岸。他们没有浪费时间，匆匆前往杰斯纳河的一条支流斯诺波季河。那里的一座铁路桥被完整占领，坦克能够涉水过河，但轮式车辆要使用这座桥梁。越过斯诺波季河后，团长指示 1 营去占领布塔夫卡，而 2 营被告知他们的目标是别列索夫卡。[79]

1 营在等候攻击命令时，遭到了苏军炮火的攻击。但不久，苏军炮兵就遭到了德军俯冲轰炸机的空袭。1营长冯·格伦德赫尔少校接到指示，让他在接到新命令之前坚守阵地。但当他看到斯图卡飞机向苏军炮台猛扑时，立即命令他的营发动了进攻。格伦德赫尔指示他的2连去掩护右翼，4连去确保左翼，第3连会从中路进攻，1连和营参谋科紧随其后。[80]

格伦德赫尔主动出战是一个相当典型的事例，说明了德军是如何根据战况采取行动的。如果战况允许，他们就会无视已经得到的命令。作战日志或者参战各部队的报告都没有任何内容说明他们已被告知对苏军炮兵的空袭。尽管如此，格伦德赫尔在命令他的营进攻时，还是有效利用了这一优势。第7装甲团1营非常成功，夜间就杀到了别列索夫卡，并在那里与格哈特少校的2营会合了。[81]

第7装甲团因而取得了决定性胜利，可是该部没有戴着他们的月桂冠休息。太阳下山后，坦克继续前进，目标是基洛夫。但他们很快就发现，发布的地图并不完全可靠。德军必须找到在黑夜中行驶的另一种办法——当地的农民伴随几辆先头坦克充当向导，让进攻在10月2日深夜继续进行。[82]

午夜过后，1营遇到了苏军反坦克炮守卫的一道坦克壕。发生的战斗在该营的战后报告里仅获得简短评论："弱敌。反坦克炮被摧毁。"短暂的战斗之后，1营继续前进，凌晨1时占领了阿涅夫卡，随后在那里暂停。[83]

与此同时，2营也在夜间进攻，黎明前到达了马莫诺沃，苏联守军在那里抵抗前进的德军。1营几乎同时到达马莫诺沃。德军迅速粉碎了抵抗，占领了这个村落。他们在附近的机场摧毁了3架苏联飞机。由于坦克可以驶过附近的河流，他们还建立了一座过河的桥头堡。[84]

第7装甲团以这样一种方式前进，一夜之间就将苏军的防御体系撕裂到近乎崩溃的程度。传统的军事指挥不鼓励使用坦克夜袭，但德军经常无视这一原则。他们在"巴巴罗萨"行动期间多次用坦克夜袭，1940年西线战事期间也经常如此行事。此举可以被看作是德军对时间高度重视的一种标志。为了在战役的整体背景中获得优势，他们接受与夜间战斗相关的各种不利因素。在这一战例中，敌军的防御系统被严重打乱。10月2日的夜晚也相对明亮，第7装甲团彻夜推进，在进攻的最初24小时内就成功地向苏军防线突入了40多公里。

德军在"台风"行动第一天的快速推进，在苏军的防线中形成了突破口，但次日德军无法充分利用这一成就。燃料不足妨碍了进攻的延续。坦克的推进已比补给车辆更快，但它们油箱里的燃料所剩无几。师长沃尔夫冈·菲舍尔少将沿着能找到第7装甲团的方向前进，中途为苏军的反坦克炮所阻。不过，苏军的反抗没多久就被排除了。随着第7装甲团的突入，苏军的防御体系变得混乱无序。第10装甲师的摩托化步兵得以带队继续向莫萨利斯克前进，于是进攻的主方向略微变得更靠东北方。[85]

在几辆收到燃料的坦克的帮助下，摩托化步兵能够继续快速推进了。第69摩托化步兵团在10月3日和4日特别成功。10月4日傍晚，该部到达莫萨利斯克正南面的一个位置。第10装甲师由此在两天半内推进了120多公里。第一个目标已经实现，现在是时候向北包围维亚济马地区的苏军了。[86]

德军在维亚济马地区正在形成包围圈。在构成右钳的德军各师之中，第10装甲师最为成功。赫尔曼·霍特大将指挥的第3装甲集群，也从斯摩棱斯克东北的阵地成功发起了进攻。第6和第7装甲师突破了苏军防线，沿着东南方向逼近维亚济马。为封住斯摩棱斯克—维亚济马轴线沿线苏军各部周围的口袋，第4装甲集群不得不转向北方，而东北方向上朝莫斯科的推进也在继续。利用苏军防御的混乱状态获得最多成果至关重要。苏军的多支部队沿着斯摩棱斯克通往莫斯科的主干道布防，费舍尔的第10装甲师向维亚济马逼近，以闭合对这些苏军的包围圈。党卫军"帝国"师会向莫斯科进发。[87]

第7装甲团2营接受的任务是在向维亚济马前进时当先锋。格哈特少校向部下的几位连长传达了指示，不过他们同他一样都明白坦克的燃料很少。该营只有部分兵力可以进攻，但由于苏军的防御薄弱——迄今为止德军快速推进的必然结果——德军仍然可以成功地向维亚济马挺进。[88]

油料匮乏和苏联守军给第7装甲团造成的阻碍一样大。前进中的德军坦克偶尔会遇到苏联的车队，每当这种时候，他们会立即发动进攻。当坦克接近一条铁路时，从炮塔舱门里探出头来的车长们发现了一列火车，他们立即开了火。被打烂的火车将铁路堵塞了，导致德军在10月7日黎明前才到达目的地。与此同时，第7装甲师已从北面到达维亚济马。[89]

当德军的南北两路"铁钳"在维亚济马会师时，几个苏联集团军在该城西面被包围了。此外，古德里安在南面的进攻让布良斯克附近形成了一个包围圈。因此，这次作战也被称为"维亚济马—布良斯克"战役。战役的结果是德军擒获了大批战俘。

10 月 19 日，中央集团军群报告该部自战役开始以来已擒获 67.3 万名俘虏。[90] 在这个数字上面应该加上一个未知的伤亡数字。在进攻开始时，双方各部署了将近 130 万人，而在不到 3 周的时间内，一半以上的苏军已被歼灭。[91] 此外，德军在很短的时间内已经走完了前往莫斯科 2/3 的路程。[92] "台风"行动可以被视为一个教科书式的战例，说明一次闪击战对那些面对它的人而言破坏性有多大。德军的伤亡和失踪人数不超过 6 万。换言之，德军的损失甚至还不到苏军伤亡的 1/10。[93] 就一场第二次世界大战中的战役而言，德军的伤亡与取得的战果相比非常小。

秋雨

苏军在维亚济马—布良斯克战役的惨败，让德军打开了通往莫斯科的大门。但有一个因素严重阻碍德军继续前进。如我们在上文所见，第 7 装甲团几度缺乏继续进攻的燃料，而其他部队也遭遇了类似的麻烦。虽然在 10 月的第一个星期里，天气一直很好，使公路能够承受一次大规模攻势必然造成的庞大交通运输量。但是，当第 10 装甲师与第 7 装甲师在维亚济马会合时，天气发生了很大变化。雨和雨夹雪的天气纷至沓来，战士们在散兵坑里的生活变得悲惨起来。由于苏联的公路很少有硬路面，所以在降雨后很快便无法通行了。10 月 13 日，中央集团军群报告说，在霜冻让公路变得坚硬之前，路况不太可能得到改善。[94]

各种困难让德军无法收获"台风"行动第一周赢得的巨大战果。然而，中央集团军群仍竭尽全力向莫斯科前进，只是在泥泞和融雪中无法维持极高的前进速度。好在极其虚弱的苏军防御让德军在恶劣的天气条件下，仍可取得收获。赫普纳装甲集群的第 19 装甲师是进攻莫斯科的一支德军部队。10 月 17 日下午晚些时候和傍晚，该师的部分部队，尤其是第 27 装甲团 1 营，向小雅罗斯拉韦茨发起了进攻，但在夜幕降临时停了下来。次日德军将会发起一次更坚决的进攻。[95]

第 19 装甲师的装甲部队——第 27 装甲团的官兵，在 10 月 18 日前的夜晚，想尽可能地抓紧时间多睡会儿，不过这并非易事。要想在晚上睡个好觉，往往需要多动脑筋。坦克兵有一项优势，他们可以在地上挖个洞，将坦克停在上面。钢铁车身提供了对抗自然条件和炮弹的掩体，引擎的热量也可以让在车身下睡觉的战士感到舒服一些。其他人就只能想办法去寻找房屋了，不过德军战士往往只能依靠编织的帐篷来抵御夜间的天气。

早早的起床号经常让战士们无法得到他们想要的充足睡眠，对第 27 装甲团 1 营各连的连长而言，11 月 18 日的上午也不例外。凌晨 5 时信使就将他们唤醒，敦促他们在 15 分钟后向营长报告。所以当他们几乎还全副武装地睡觉时，就要做好及时向营长汇报情况的准备。[96]

营长描述了即将执行的任务，下达了命令。第 19 装甲师应当占领小雅罗斯拉韦茨，从而为一次成功的持续进攻创造条件；第 27 装甲团会与第 74 摩托化步兵团协同作战，充当这次进攻的先锋。为了这次进攻还会组成一支特遣部队，由冯·韦特恩中尉指挥。他得到了 3 连的 4 辆 "IV" 型坦克、1 连的几辆坦克、第 19 反坦克营的一个连和一个工兵排。1 营及其所辖的坦克会跟随在这支部队后方，他们还得到了工兵的加强。团里的一个坦克连会被派出去与第 74 摩托化步兵团协同行动。攻击部队没有多少准备时间，为这次进攻所做的准备在 7 时必须就绪。[97]

像第 27 装甲团在 11 月 18 日上午所做的那样，将各种不同的部队编组成几个战斗集群，几乎可以视为德国陆军部队的家常便饭。自 19 世纪 20 年代以来，这种做法在德国陆军内部就是一项基本教义，他们还据此设计了几个训练项目。波兰战事暴露了快速扩军造成的各种不足，不过随后这些问题就得到了处理。1941 年秋，德军各部队已经组成过各种不同的战斗集群了。

战士们一边准备执行任务一边吃早餐。一切在 7 时就绪，一分钟后，众人从耳机里听到了 "前进！" 的命令。瑙泽中士一心求战，就在他的坦克里带队。德军刚开始沿着通往小雅罗斯拉韦茨的主干道前进时，没有遇到任何抵抗。他们占领了城镇以东大约 12 公里的一座桥。冯·韦特恩中尉指派约丹少尉和他的排去确保那座桥梁，战斗集群的其他部队继续前进。不久，前面的道路两旁突然燃起巨大火焰，德军吃了一惊。几个嵌入式火焰喷射器被触发，让先头坦克的驾驶员目眩难视。然而，1 排的几位驾驶员全速前进，直接驶过了火场。战士们隔着围住他们的坦克铁壁能够感受到火热，却没有其他不适。跟进的坦克向火焰喷涌的地方开火，设法将火势扑灭，让其他车辆继续前进。[98]

德军不久就意识到火焰喷射器是被用来延缓他们的行动，从而让苏军部队撤退的。当德军坦克继续沿着主干道前进时，坦克手们看见了废弃的机动车和马车。不久后，他们又遭遇了一些掉队的苏军士兵，但没有正规部队想与前进中的德军战斗。后者继续快速向小雅罗斯拉韦茨前进，并占领了特伦特沃村一条溪流上的桥梁。15

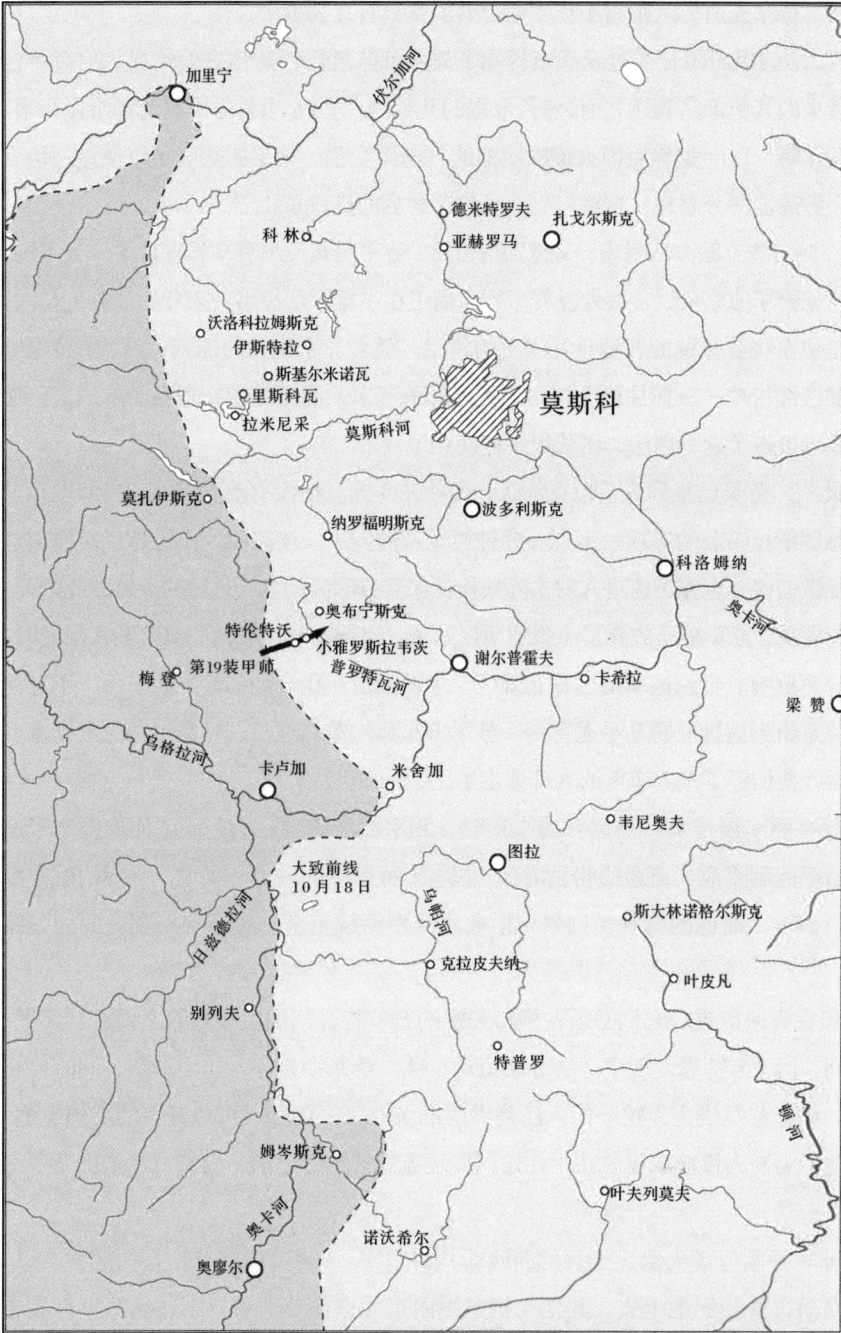

图31：1940年10月20日中央集团军群和第19装甲师的进攻

分钟后，德军先遣部队距离小雅罗斯拉韦茨就只有几公里了。[99]

第 27 装甲团团长通过无线电得知了先头部队进行快速推进的情况。他命令他们在营里的其他部队到达之前，守住取得的几处阵地。冯·韦特恩中尉选择听命行事，并发现 1 辆"IV"型坦克因火焰喷射器的打击而受损。火焰的热度足以使这辆坦克的一个散热器部分熔化，这辆坦克无法参与此后的进攻了。[100]

在向一些苏联车队射击，又遭到炮击后，德军的几位坦克车长发现了一架飞机。这是一架德军侦察机，它报告说苏军的车辆正在小雅罗斯拉韦茨东北的公路上行驶，目标是德军将要夺取的普罗特瓦河上的桥梁。随着苏军炮火的加剧，冯·韦特恩中尉想要继续进攻——抓住机会打击正在退却的苏军，而不是留在现在的阵地上。他用无线电报告了这一想法，团长很快便同意了。[101]

此刻，营长已来到先头坦克部队，也就是 3 连。他没有浪费时间，当即发动了对小雅罗斯拉韦茨的进攻。不到一分钟德军就遇到了一座路障，不过这仅对他们造成了轻微延误。坦克迅速进入射击阵地掩护工兵排除障碍物，进城的道路由此敞开。结果却发现，苏军早已放弃了小雅罗斯拉韦茨。当德军坦克以两列纵队驶入街道时，没有一声枪响。直到德军抵达东北郊区，才看到了一些令他们警醒的东西，不过他们很快意识到这种威胁几乎无害——苏军卡车和汽车靠近了，可是当司机看到德军坦克时，他们停了车。车上的人都逃走了。[102]

德军驱车经过那些被丢弃的车辆时，几乎都没有看它们一眼。他们提高了速度，希望能利用敌人遭遇的明显混乱。冯·韦特恩中尉取出一张攻击目标的航空照片进行研究，而他的驾驶员则驾车沿着小雅罗斯拉韦茨和奥布宁斯克之间的公路疾驰。[103]

坦克高速前进。它们必须在横跨蜿蜒的普罗特瓦河的桥梁被毁之前赶到那里。突然间，冯·韦特恩发现了一个苏联机动车队。德军径直冲入这个车队，同时疯狂射击。尽管苏军战士大吃一惊，还是设法准备好了一门随时可以开火的反坦克炮，不过他们的努力没能取得成功。在这门反坦克炮被摧毁之前，没有一发炮弹命中德军坦克。[104]

苏军开始惊慌失措，士兵们向四面八方逃窜。一些驾驶员努力将它们的卡车驶离路面，开到泥地上去。其他司机意图向东北逃往莫斯科，不过德军没有心慈手软。他们向每一个可能的目标开火，有些坦克直接从苏军车辆上轧了过去。公路边缘很快就到处都是残破、损坏或废弃的枪炮、运货马车、卡车和其他装备了。冯·韦特恩中尉没有费神去清点战利品。他用无线电催促道："不要耽误！我们必须占领那座桥。"[105]

坦克车手意识到为何冯·韦特恩说话语气那么重了。因为他们很快就目睹了自己的目标——一座二重木桥——苏军工兵正在准备炸毁它。突然间，瑙泽中士看到了一些奇怪的东西——一群牛正准备过桥，它们并未察觉到周围的战争。瑙泽毫不迟疑，命令驾驶员全速向木桥驶去。这台钢铁巨兽迅速逼近木桥，履带发出的"吱吱"噪音和引擎的轰鸣声吸引了牛群的注意力。但对许多牛而言，为时太晚了。坦克径直冲进牛群，一些牛被碾压，而其他的设法逃向了两旁。瑙泽驶过两道桥梁，没有苏军反坦克炮开火，他将正准备炸桥的苏军工兵都吓跑了。紧随先头坦克的德军工兵赶紧开始拆除炸药和雷管。普罗特瓦河上的桥梁很快就被德军牢牢掌握。[106]

坦克的履带让它们比轮式车辆更容易通过泥泞地带。尽管如此，对普罗特瓦桥的进攻主要还是沿着一条大型公路进行的，因为德军估计这条公路上的交通问题要比较小的公路或者周围的地形更容易应对。这就导致进攻的先锋由一支规模非常小的部队组成，如果德军遭遇强烈反抗的话，这将成为一个严峻的劣势。只不过由于苏军在维亚济马—布良斯克战役中惨败，使得他们在小雅罗斯拉韦茨地区的防御变得非常薄弱。因此，在苏军采取有力的应对举措之前，德军可以迅速挺进，实现他们的目标。

这次成功的突进也证明了秋雨会给一支主攻部队带来诸多不便。德军特遣部队在进攻期间遭到苏军炮火袭击，而由于泥泞，这支特遣队无法呼叫炮火支援来对抗苏军。薄弱的公路路况已经严重恶化，能够运送给第19装甲师炮兵团的弹药微乎其微。如果德军遭遇苏军的强大防御，缺乏炮兵支援可能会产生严重后果。[107]

最终，德军将无法如愿利用普罗特瓦桥头堡。河对岸的地区沼泽树林变多，苏军在这一地区的防御，也比普罗特瓦河西面更好。除非从一个较为宽阔的正面发动进攻，并提供充足的炮火支援，否则无法打垮这些防御阵地。但当时的天气让德军无法采取这样的行动，第19装甲师在之后的2周也没能取得多少进展。[108]

第19装甲师在小雅罗斯拉韦茨的战斗表明，在这一阶段，让中央集团军群停滞的不仅是泥泞。如果没有苏军防御，德军是能够不顾泥泞进入莫斯科的。然而，泥泞给进攻方造成了太多的困难，以至于哪怕零星的防御都能造成明显的延误。

小雅罗斯拉韦茨周围的战斗并不罕见，赫普纳大将的第4装甲集群全都陷入了类似的困境中。莱因哈特大将已取代霍特大将出任第3装甲集群司令，该集群在10月14日占领加里宁后也陷入了困境。莫斯科获得了急需的喘息之机。

迂回和撤退

随着泥泞的加重，战斗变得不那么激烈，机动也变得更少了。于是，比起步兵，装甲部队对作战的影响力在成比例地减小。哪怕在装甲师内部，步兵也不得不挑起重担。尽管实际上经过数月战斗，各步兵连都损耗严重，留存的战士们也因历尽艰辛而精疲力竭。

11月5日清晨，394步兵团3连3排的战士们被唤醒。该团是第3装甲师的2个摩托化步兵团之一，最近的战斗将他们带到了莫斯科以南图拉附近的地区。叫醒他们的信使带来了连长的命令，连长指示他们准备去执行一项特殊任务。半睡半醒的战士们都不知道任务的具体细节，就摇摇晃晃地从马厩里出来，在后面列队了。他们几乎立即就接到了行军命令。工兵将接管现有阵地的防务。[109]

前进片刻，这个排就到达了连长的指挥所。3辆坦克正在等待该排，步枪兵都爬到了坦克的车身上。他们被告知，空中侦察发现了一条防御薄弱的公路，也许能让德军绕过前方的苏军防御阵地。简短的传达指示会结束后，坦克驾驶员们便启动发动机出发了。步兵就趴在坦克上享受这段旅程，他们希望坦克会让他们的战斗容易些。此外，他们很快就发现，可以在坦克后部的排气管上给受冻的手脚取暖。[110]

当这支小部队到达一个村庄时，让他们下车准备战斗的命令就到了。战士们跳下车身，坦克越过蹲在散兵坑里的德军战士继续缓缓前进。通过了步兵组成的前方防线后，坦克驾驶员们开始更加谨慎地移动。尽管陷入泥泞的风险越来越大，他们还是像往常一样尽量在低洼地区行驶。步枪排的战士们非常专注，但坦克发动机和履带的噪音迫使他们主要依靠自己的眼睛留意四周。他们将一根手指按在保险栓上，这样一旦看到敌人，他们就能立即开火。

此刻，苏联人出现了——只是附近村庄里的平民。他们友好地接近德军，给他们牛奶喝。在坦克前进的时候，德军几乎没有时间享受这种款待，步兵也不能冒险与坦克分开。但须臾，德军小部队就因遇到一些灌木丛而停下了脚步。一个肢体语言极其丰富的女士突然出现并冲向了领队的坦克。由于德军小部队有一名翻译，能确定她正在告诉他们灌木丛里一座敌军阵地的情况。不久后，德军步兵就听到了一个他们不习惯的命令——"准备突入！"

他们的步枪几乎本能地举了起来。许多人将手伸进裤子，确保手榴弹在口袋里，然后爬上了坦克。车长们都已合上了炮塔舱门，发动机在转动。伴随着坦克的轰鸣声，他们高速冲向苏军阵地。在驱车绕过灌木丛时，他们看到了被翻出的泥土，这说明守军已挖掘好了壕沟。德军立即用机枪开火。有人看见一名苏军士兵冲向他的机枪，但还没够到枪口，就被德军子弹击中了。

德军步兵跳下坦克冲向最近的战壕，将手榴弹掷进去，然后赶紧扫荡这片阵地。不久，第一批苏军士兵就举起双手出现了。德军将这些苏军士兵送进了一片洼地，又用俄语高喊他们要继续扔手榴弹，以鼓励更多苏军战士投降。到此刻为止，德军的进攻都开展得非常好，不过在片刻之后，其他苏军部队就向德军开火了。坦克用火力还击，但当一门苏军反坦克炮加入战斗后，装甲兵都后退到一些建筑物中间去寻求掩护了。

德军步兵努力想控制住局势。壕沟系统看来范围很广，一直延伸到图拉。德军也能看到苏军的援兵正在逼近。占领的阵地不适合防御从当前方向进攻的敌人，因此不易坚守。撤退也不是一个有吸引力的选择，因为那会迫使他们在一片没有任何防护的开阔地上运动500米。德军战士盘坐在壕沟里，同时设法找出一种最优的选择。最后，他们决定撤退。

德军步枪兵几乎不敢将手举到壕沟上方。子弹从他们的头顶呼啸而过，苏军的反坦克炮也在射击。这个排的战士里有老兵，也有最近刚到的新补充兵。没有经验的人为撤退而松了一口气，但老兵提醒他们，必须先帮助伤员回到安全的地方。

德军战士极其小心，设法到达了那片安置战俘的洼地里。只有一名德军士兵负伤，但伤得不是很重，他可以自己走动。由于敌军的炮手无法立即找到他们的目标，所以那些最先跑的人不太可能被击中。为此，伤员在这种情况下会先走。

在德军机枪快速射击时，负伤的士兵向500米以外的村庄飞奔。其他战士几乎立即跟在了他的身后，排长和机枪手最后才离开他们的阵地，快步奔向村子。他们连跑带爬的时候，就像兔子逃避猎人一样。到达村子时，他们上气不接下气，但好在都毫发无损。

这个德军排几乎是在苏军发动进攻之前就回到了村子。空气中枪声弥漫，手雷的尖锐爆裂声偶尔会淹没轻武器火力的脆响。那时，3排在他们的"特殊任务"被耻辱性地中止后，正在将俘虏送到连参谋股。保卫村子的工兵请求3排助战。与连长商量后，步枪兵被送到了狭长的村庄里。

3排的士兵们在接近村庄时遇上了呼啸的子弹，不过他们仍然能与工兵建立联系，工兵将他们分配到了合适的战斗阵地。当时，德军的几辆坦克歼击车到了。它们的支援使德军能沿着主要街道发动一次反击。步兵越过园地向主街道左边前进，而工兵在主街道右侧推进，歼击车主炮的炮弹击中了笔直街道上的建筑物。一些房子着火了，有人见到苏军士兵从里面逃走。一挺苏军机关枪暂时挡住了德军的前进，但开往村庄尽头的坦克歼击车让它哑火了。

坦克歼击车向逃跑的苏军士兵短暂射击后，战斗的喧嚣渐渐消失了。德军战士在村里的一条街道上集合，考虑下一步该怎么办。这个狭长的村庄不适合防御，但问题是到底应当守卫还是放弃。在德军士兵商议的时候，尽管还能听到枪声，村民们却已从地下的藏身之处爬了出来。最后德军决定放弃这个村庄，在村子后面占据防御阵地。村民们因此发现自己处在了一片无人区里面。

暮色很快就降临到了这个寒冷的村庄上空，一场暴雪顷刻就抹去了白天的战斗痕迹。德军的进攻除了擒获俘虏外，没有取得任何积极成果。这其实不足为奇，随着较大规模进攻行动的停滞，战争已经演变成无数的小规模战斗。这种战斗的成果往往难以衡量，但在无情地削弱部队。

急救站

由于"巴巴罗萨"行动比以往任何一场战事的范围都更大更持久，德军的累计伤亡人数也大为增加。更多的补充兵必须被送入战斗部队，而医疗部门要做的工作也远比过去多。11月10日，德军总参谋长弗朗茨·哈尔德在日记中指出，截至11月6日，伤亡军官和士兵的人数已达686108人。在这个数字中，伤员512076名，占据了大多数。伤员的创伤可能差别很大，从非常严重的致命伤到只需要短暂医疗的轻伤都有。那些罹患疾病的人也必须和这个数字相加，因为医疗部门同样必须对他们进行治疗。[111]

军医和护士工作负担沉重，且资源匮乏。当秋雨将公路变成泥泞的海洋时，补给问题难度倍增。这显然也会对医疗部门产生负面影响，因为他们收到的药品会减少，而且伤员和病患很难被送到后方。由于前线附近的条件恶劣，德军都努力尽快将伤员送到远离前线的医疗设施里。这样的运输分几个阶段进行，第一阶段通常是将伤员送往野战救护车上的急救站，在那里会进行急救。然而，急救的目的是将伤员转移到野战医院，或者对他们而言最好的去处——被后送到祖国。

在装甲师服役的伤兵比较幸运，可以用半履带救护车运送。当秋雨让传统轮式机动车在地面难以通行时，这一点极为便利。或许步兵师的状况最糟糕，因为他们的野战救护车往往是马拉大车。这些动物败给了黏糊糊的地面，糟糕的地面几乎让马车都陷了进去。时间对伤员获救至关重要，而这种情况非常严峻。

恶劣的天气也对装甲部队产生了负面影响。阿尔特米勒博士在第7装甲团出任团军医，也被迫改变他的工作程序来应对气候条件。该团在斯基尔米诺瓦地区战斗，其主要医疗设施却位于拉米尼采。泥泞的道路让伤员在转移上耗费了太多时间，阿尔特米勒决定在里斯科瓦的一家当地医院里建立一个额外救助设施。[112]

阿尔特米勒更希望这个设施位于斯基尔米诺瓦，但建筑物的糟糕状态和偶尔出现的苏军炮火排除了这一选项。里斯科瓦是次佳选项，11月3日他在那里的工作就开始了。这里的条件肯定比在斯基尔米诺瓦更好，但还是遇上了各种困难。截至11月9日，这个急救站共接收了121名伤员，其中26人属于第7装甲团，其他伤员是第10装甲师的其他部队送来的。大约30人在可以用坦克或其他履带车辆运送时，被送到后方地区去了。[113]

运输能力低下就很难为伤员提供足够的食物。11月6日，一个野战厨房才到达里斯科瓦急救站。同一天，师里的一个摩托化步兵营长毛斯中校送来了他部下的战士们烘焙的大约40公斤面包，还有他们找到的大约5公斤蜂蜜。绷带的供应也不足，不过依靠精心护理和节约，在需要的时候还是可以更换伤者的绷带。[114]

虽说进行了上述的一切努力，阿尔特米勒博士和他的工作人员仍无法阻止5名伤员在急救站死去。不过其他所有的伤员都活了下来，11月9日傍晚，一个野战救护连的一个排来到了急救站。次日，大约60名伤员被救护车送往鲁绍，然后去莫扎伊斯克了，他们在那里会被转移到一列火车上。在秋季，泥泞意味着铁路远比公路可靠。[115]

图拉

占领奥廖尔数日后，第4装甲师的部队重新向东北方向挺进，到达了姆岑斯克地区，并在那里遭遇了苏军装甲兵。与此同时，天气急剧恶化。古德里安装甲集团军必须扫荡在布良斯克附近形成的一个大型包围圈，在那里会擒获大量战俘。因此，古德里安的部队直到数周后才开始接近莫斯科。尽管如此，11月初，其装甲集团军也抵达了工业城市图拉的郊区。古德里安的先头部队暂时被困在了这个地方，而11月中旬在图拉附近的战斗很快就呈现出一种更加停滞不前的特征，这与主导10月最初几天的快速行动截然不同。[116]

赫尔曼·蒂尔克在394摩托化步兵团第1营出任野战外科医生，该团是在图拉附近战斗的德军部队之一，隶属于第3装甲师，这个师自"巴巴罗萨"行动开始以来，经历了4个多月的连续战斗，已经蒙受了5000多人的伤亡（大部分为负伤）。这些损失中的大约3000人依靠伤员痊愈回归或者补充兵得到弥补。蒂尔克在该团服役的几个月里，许多面孔就此出现或消失。步兵通常占伤亡人员的绝大多数，这给在这些部队服役的军医带来了大量工作。与其他装甲师一样，第3装甲师有2个摩托化步兵团——第3团和第394团——这两个团的战士们面临着极高的死亡或负伤风险。[117]

身为军医，蒂尔克经常与作战部队相伴，他频频发现自己暴露在敌人的火力之下。不断恶化的天气让他不得不处理更多病例。在图拉城外的战斗中，一些德军战士受了冻伤。11月14日，蒂尔克在他的日记中提到，有一名一只脚被冻伤的士兵被送到他那里，结果那只脚有一半已经坏死了。这个可怜的士兵没有注意到他身体的这个部位是如何逐渐坏死的。蒂尔克几乎做不了什么，只能记下战争有多么可怕。[118]

补给问题每三天会略微减轻，因为每到那时容克Ju-52飞机会着陆提供补给，但急救站的需求远超出Ju-52飞机的供应量。尽管补给短缺，德军仍决定进攻图拉东南方。蒂尔克为照看他的药品承担了艰巨任务，因为温度下降时，装药的玻璃器皿容易破裂。几瓶疫苗和其他药物已经因冰冻而损失了。

11月16日下午，蒂尔克应召去参加一个指示传达会，会议讨论了关于即将来临的进攻的计划。军医们必须听取指示，以便他们能够充分利用稀缺的医疗资源。会后，蒂尔克为这次进攻做了各种准备。他晚上很早就上床睡觉了，一直睡到次日凌晨4时，然后被一阵可怕的噪音吵醒。苏联炮兵的一轮齐射在该地

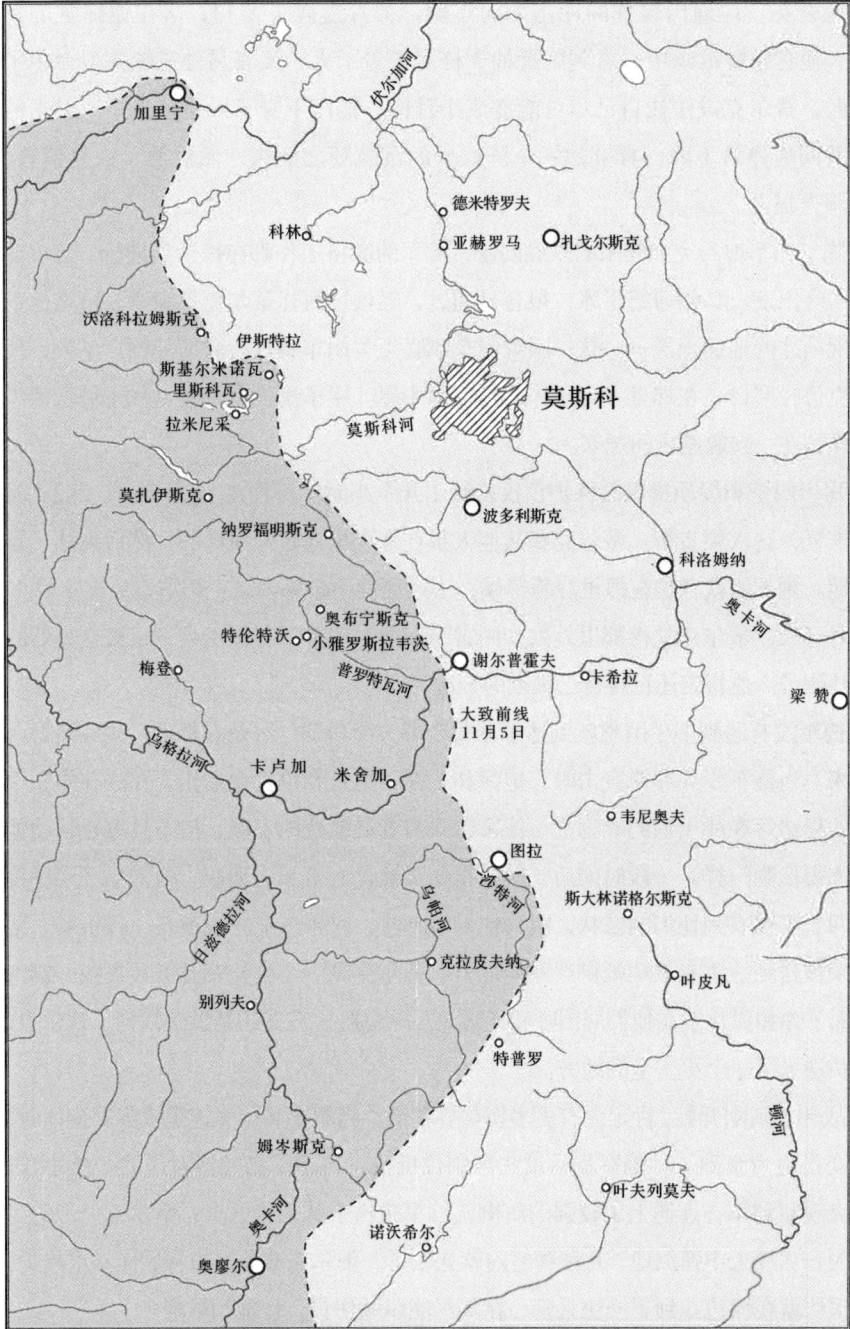

图 32：1941 年 11 月 5 日中央集团军群的前线

区落地开花，地面因爆炸的冲击力而震颤。弹片震碎了窗户，落在他睡觉的房间里。他在昏昏欲睡中，看到附近的 3 栋房子着了火。又有另外三轮齐射命中了该地区，蒂尔克设法让自己尽可能变成小目标。他蹲下身子以免被击中。射击的停止就同炮弹落下时一样突然。一阵怪异的沉寂随之而来，然后德军恢复镇静，开始调查损失。

除了苏军炮兵突如其来的早晨问候，德军的准备工作都在按计划进行。进攻部队在傍晚出发。乌帕河结了冰，很容易通过。轻松过河让蒂尔克很满意，可是他很快发现结冰的地面很滑——这一困难因车辆必须关闭车头灯行驶而加剧。午夜，他来到克鲁托耶村，在那里找到了一间过夜的小屋。屋子里没有供暖，战士们像沙丁鱼一样挤在一起躲避夜间严寒。

房屋四壁和屋顶提供的保护仅仅持续了几个小时。行程在 11 月 18 日凌晨 3 时迅速恢复，这次要步行。蒂尔克和其他人员在寒夜里通过一座峡谷，然后到达了预定阵地。剩下的就只是在那里静静等候，不过他们不必等太久。德军炮兵在 6 时 05 分准时开火，蒂尔克觉得那里处处如同雷鸣一般，他推测苏军士兵一定被这突然的炮声吵醒了。他肯定还记得自己最近的一次经历。

德军没有遇到多少困难就到达了谢尔吉耶夫斯科耶，可是在那里，战斗变得激烈起来。当德军步兵冲锋突击时，炮弹和子弹从炮管和枪管中射出。在战斗中，蒂尔克的思绪落在战士们的衣物上。德军士兵身着最温暖的衣服，但一旦停止运动他们就冻得像狗一样。一段时间后，第一批伤员被送到蒂尔克面前，他们在严寒中抽搐尖叫。仅仅看到他们的惨状，听到他们的呻吟，对蒂尔克来说就是一种折磨。他们必须被送到能更有效地抵御严寒的地方。蒂尔克派一个摩托车勤务兵去找一辆汽车，而子弹和弹片就在他们周围呼啸而过。虽然危险，汽车还是设法找到了蒂尔克，将伤员送去了一个更安全的地方。

战斗才刚刚开始，肯定会有更多伤员要救治。当第 3 和第 4 连进攻苏军掩体时，战斗变得更为激烈了。德军步兵设法压制住抵抗，占领了乌帕河对岸的一座小丘。蒂尔克观察到第 2 连遇上了较强的防御。苏军狙击手从左边开火，蒂尔克一旁的工兵排的一名战士中弹倒地，几秒钟之内就死去了。蒂尔克准备在树林后面寻求掩护，但他很快就在河边找到了一座兵营，在那里能照顾伤员，让他们取暖。

许多被送到蒂尔克所在的兵营的伤兵都受了重伤，其中一人胃部中弹，来到临时诊所半小时后就死了。下一个到达的是一名坦克兵，一名苏军狙击手的一颗子弹从坦克的观察孔射入后，他的眼睛中弹了。据说这些苏军狙击手是从西伯利亚来的，蒂尔克对他们很恼火。他们顽固地留在自己的藏身之处，在手榴弹命中他们的藏身地点之前，一直在威胁德军。

被送到蒂尔克处的伤员逐渐增加，他们中的许多人大腿和手臂骨折。蒂尔克决定在这座兵营里建立临时诊所是幸运的，因为外面天气寒冷，将战士们的胳膊和腿放进夹板要麻烦得多。蒂尔克的小诊所是一条医疗设施链的第一环，他希望尽快将伤员运送到设备更好的设施里去。不幸的是，运送伤员离开的车辆不能定期到达，伤员在营房里等候时大声呻吟。蒂尔克尝试安排额外的运输，最终设法找来了一辆卡车，将 10 名伤员运往一处更好的设施。

随着战斗的继续，被送到蒂尔克处的伤员更多了。他只得亲自将伤员从营房里运走。这段旅程特别危险，因为蒂尔克被迫绕道。他一路来到乌帕河沿岸，在那里，河流流经一道峡谷，而跨河的桥梁已经被毁。带着伤员折返是无法想象的，蒂尔克只能沿着河流行驶。天上的太阳逐渐落下，在行驶了 8 公里后，他的努力终于获得成功。他找到了一条跨河铁路桥。铁轨和枕木不适合汽车和卡车，但蒂尔克别无选择。伤员在颠簸的车辆中号哭，但他们明白，不舒服的旅程会将他们带到一个合适的医疗单位。

过河后不久，蒂尔克来到了一座燃烧着的村庄，他无法辨认地点。指南针让他确定了一个看起来合适的方向。再度将车驶近几座燃烧的村庄后，他开始怀疑自己最终回到了前线。不过，他是幸运的。又经过一段令人不安的旅程后，他发现了一条小河边的洼地里的营参谋科，在那里他几乎可以用电话联系所有的连队，确保伤员都得到救治。不久，他就与最后一个连建立了联系，后者报告说有 8 名士兵刚刚被迫击炮打伤。蒂尔克确保了这些伤员能够在一座供暖充足的屋子里接受治疗。

11 月 18 日，394 团的辖区发生了苦战，可是随后的几天都无法休息。进攻的目标已经实现，但两翼仍然脆弱，那里的战斗仍在继续。蒂尔克为营里编写了 11 月 18 日的伤亡报告，结果发现损失了 70 人——12 人阵亡，58 人负伤。蒂尔克抽出一段时间来阅读不定期延时到来前线的德文报纸。据报上说："苏联人已没有能力再进行许多抵抗。只有零星的残余部队正在投降，或为了生存而游荡。"

对在图拉战斗的战士们，还有像蒂尔克这样照料伤员的军医来说，报纸上登载的战局的乐观画面显得荒谬可笑。苏军的防御显然不是由没有任何指挥的散兵游勇组成的。气候也在让人感觉到了它的变化:严寒让面包不在火上解冻就不能食用,水瓶里的水被冻结了,新鲜的香肠也结出了冰晶,冬天的力量正变得越来越强。

苏联的秋天转变成冬季,泥泞被霜冻取代,德军对此的准备严重不足。然而,从将军们的角度来看,霜冻带来了一种便利,即当泥泞结冰时,卡车和其他车辆更容易在公路上行驶。这的确能让德军恢复对莫斯科的进攻,但夺取苏联首都的机会已不复存在了。当泥泞几乎将德军的补给运输车辆粘在地面上时,斯大林得到了他急需的喘息时机。从 10 月 19 日到 11 月 19 日,中央集团军群的收获其实很小。蒂尔克在图拉目睹的场面将会成为德军进攻莫斯科的最后一幕。古德里安的部队在 11 月 20 日前后突破了图拉的东南地区,然后转向北方。与此同时,赫普纳的装甲集群进攻莫斯科东北方,向苏联首都北面的运河推进。[119]

但此时,德军再也无法维持他们先前几次进攻的高速了。精疲力竭的各部队缺乏在苏军防线上打开口子,然后立即深入突进的能力。德军对莫斯科的进攻持续了两周,在 12 月初的几天里,进攻终于吃力地陷入了停滞。

"巴巴罗萨"行动失败了。

冬天

德军将领怀揣的冬天会为进攻行动带来较好条件的希望,不久就破灭了。多种严重的补给问题再度出现。这一回是铁路难以支撑。德军的火车发动机不是针对严寒天气设计的,这就导致了水管结冰和爆裂,然后发动机无法使用。德军试图用苏联的发动机来替换,但他们没有足够的收获。苏联铁路的较宽轨距也增加了德军的困难。这是一个特殊的问题,因为铁路是能够在苏联境内长途行进的唯一方式。如果不能依靠铁路,一支现代化军队所需的弹药、燃料、食物、备件、润滑油或任何其他物品能送到前线的量都会很少。[120]

冬天的到来意味着装备必须适应严寒和冰雪。例如,从车辆到榴弹炮,一切都需要润滑油。德军在夏季使用的那些润滑油不适合在低温下使用,因此,在润滑油被冻结后,已经损耗严重的装备常常就彻底无法使用了。战士们的军服也不适合冬天穿着。这些军服又轻又薄,在温暖的夏天是一种便利,但在寒冷气候下就非常危险了。再者,相对深色的德军军装与白雪也形成了鲜明对比。然而,最糟糕的还是

图33：1941年12月5日的中央集团军群和第40装甲掷弹兵团的撤退

这种军服无法保持战士们的体温。

德军在 12 月初守卫的各处阵地是因攻势行动停滞而形成的，所以不一定适合防御。与往常一样，步兵非常容易受恶劣天气的影响。第 17 装甲师的第 40 摩托化步兵团，正是经历过严酷的冬季撤退的部队之一。[121]

当古德里安企图切断图拉的对外联系时，第 17 装甲师继续东进，到达了莫斯科以南大约 100 公里的卡希拉以南地区。第 63 摩托化步兵团在奥卡河沿岸守卫卡希拉以南地区的前线，而第 40 摩托化步兵团守卫东翼。他们不会更进一步了，且到了 12 月，他们就会撤退。[122]

起初，第 40 团几乎完全沿着 11 月前进时的公路撤退，但战士们遇到了新的困难。他们几乎 4 周没有得到任何休息了。白天，战士们在战斗或者挖掘阵地。当然，地面结冰时，后者是一项非常辛苦的任务。夜间，他们重新集结，站岗、照应装备，还要执行无数其他妨碍他们休息的任务。[123]

疲劳战斗会提高事故和负伤的风险。德军战士因寒冷而麻木，他们经常没有注意到身体的某些部位已处于被冻坏的危险中。从 12 月 1 日至 26 日，第 40 团的不下 349 名战士遭受了不同程度的冻伤。由于德军的靴子太薄，不适合严寒，他们的脚特别容易冻坏。[124]

一个例子说明了较小规模的部队会遭受的影响有多严重。12 月 15 日，第 7 连 1 排在亚布罗诺沃占据了几座阵地。排长施皮尔少尉带来 47 人，他们在开阔地形的几座战斗阵地坚守了 19 个小时，没有采取任何防止天气侵害的防护措施。12 月 16 日傍晚，当该排被替换时，敌军火力造成了 2 人身亡，8 人负伤。此外，被冻伤的有 30 人，全排仅剩 7 名战士还适合战斗。施皮尔被冻得非常厉害，他筋疲力尽，再也无法指挥他那个排可怜的残余部队了。[125]

当希特勒部下的战士们在东线与苏军和多种不利因素战斗时，希特勒做出了他最让人难以理解的决策之一。12 月 7 日清晨，日本航母舰载机空袭珍珠港，那里是美国太平洋舰队主力的驻地。这次袭击不仅大出美国人意料，希特勒也吃惊不小。经过数日思考，他决定向美国宣战。由于日军对珍珠港发动袭击没有与德国人协商，因此后者其实没有义务与他们的盟友联手，但希特勒仍然做出了向美国宣战的神秘决策。

希特勒向美国宣战的决策最终会被证明是一个非常严重的错误，但由于美国武装部队没有立即准备好为对抗德国的战争做出实质性贡献，此举的直接后果是相当小的。然而，日军的举动清晰地确认了该国不会进攻苏联。相反，日本将在东南亚和太平洋地区发动攻势。这意味着斯大林可以自由地从西伯利亚调更多的援军到东线。

第40摩托化步兵团的战士们忙着存活下去，无暇考虑遥远太平洋的事件的影响。在他们的世界里，哪怕柏林都非常遥远。他们主要关心的是敌人的火力、严寒的天气和食物的短缺。持续不断的补给困难让前线食物更为稀缺，冰雪和严寒让野战厨房需要花费更多时间才能将热食送到瑟瑟发抖的士兵手中。运送食物的最后2—3公里往往必须使用雪橇。在严寒中，一顿热食要比平时更受欢迎。可不幸的是，要得到热食并不容易，第40团6连在亚布罗诺沃战斗了3天，没有得到一顿热食。[126]

在恶劣的气候条件下，个人卫生往往难以维持。1941年12月，40团的许多人都没有收到任何换洗衣物——甚至连内衣都没有。此外，在撤退期间，洗衣装备丢失了，也无法靠陷入混乱的运输体系替换。虱子猖獗，战士们更容易染上各种疾病。[127]

在很大程度上，德军在冬季遇到的种种困难是他们兵法的支柱之一——行动和运输补给能力的崩溃造成的。在德军享受的那种战争中，高速推进和作战机动性是取得胜利的关键。当秋雨将公路变得泥泞时，他们就失去了取得巨大成功的机会。冬季带来了危及单兵健康的种种困难，德国陆军还能做的就是在春天到来之前努力生存几个月，暗中为新的胜利保留一些希望。

原因和后果

"巴巴罗萨"行动是希特勒最奇特的军事项目。这个项目的范围和野心都远远超过以往的历次闪击战事。此外，希特勒的军队在训练、经验和自信方面都达到了顶峰。一连串的胜利让德军可以更加精进他们的作战方法，而经验被用于制定适当的训练项目，在两次战事之间的岁月里进行了各种演习。或许德国陆军在1941年6月达到了质的巅峰——那时的准备显然比1940年5月初好得太多。但是，经过4年的残酷战争，"巴巴罗萨"行动最终还是成了让希特勒垮台的战事。

在德军比此前的历次战事都准备得更完善时，"巴巴罗萨"行动为何还会失败呢？最根本的原因是斯大林军事资源的规模。他拥有的资源远胜于德国之前的任何对手。苏军兵力的巨大损失超出了其他国家能投入战场的兵力总和。基辅和维亚济马—布良斯克战役导致苏军伤亡大约 150 万人。尽管出现这样的两场惨败，苏军还是幸存了下来，到了年底，其在前线或前线附近的人数甚至比 6 月 22 日更多。与此同时，德军由于伤亡在减员——尽管远小于苏军的损失——但没有得到足够的补充。

德军关于苏联的情报当然极不准确，这一点非常重要。然而，德军对苏军在边境军区的兵力了解，似乎也并非很不到位。真正的错误是他们严重低估了苏联在纵深地带的预备兵力，以及苏联创建新军事资源的能力。如果苏联军队，包括预备队和尚未创建的那些部队的能力，能像德军先入为主的预想那样，德军将很可能获胜。他们确实给预料中的部队造成了毁灭性的打击，但新建的苏军部队到了，让德军除了继续战斗外别无选择。诚然，到达的苏军部队往往只经过匆匆训练，可是他们仍在战斗。

低估苏联军事能力的，绝不仅仅只有德国人而已。1939 年 8 月，当德国与苏联签署《莫洛托夫 - 里宾特洛甫条约》时，双方还就贸易条约达成了一致意见。根据这一条约，石油从苏联出口到德国。这导致英国人和法国人考虑袭击苏联在巴库的油田。这样的考虑表明，英国和法国决策者也没有意识到苏联的军事能力有多强大。[128]

显而易见，法国和英国，尤其是后者，有许多理由去评估苏联的军事潜力，但几乎没有任何证据说明他们做得比德国人成功。1937—1938 年，苏联数以万计的军官被处决、解职和囚禁。在其他国家，人们普遍认为，从那以后苏军的战斗力将会被严重削弱。1939—1940 年苏联在对芬兰的冬季战争中表现不佳，似乎也证实了这一结论。法军总司令甘末林也认为，在那之后的苏军几乎毫无用处。甚至苏联军事学院的 G.S. 伊瑟森教授也认为苏军在那之后被"斩首"了。[129]

对苏联军事能力的普遍误判远非孤例。军事情报部门夸大或低估另一国军事能力的例子有许多。军事情报远非一门精确的科学，在现代也有许多类似的严重错误。只不过，这说明在计划之时，谨慎应当是一项指导原则，留下了误差允许范围。而德国为"巴巴罗萨"行动进行的各项准备都缺少这种误差允许范围，必然的结果就是，德国国防军承担了一项难以完成的任务。

与 1940 年西线战事相比，"巴巴罗萨"行动期间德军的伤亡人数、投入的师数量和战事持续时间并没有增加太多。虽然这期间的每周伤亡人数略高，但投入的兵力也更多。[130] 因此，单个师在"巴巴罗萨"行动期间蒙受的损失比率可能更低。例如，第 4 装甲师从 1941 年 6 月 22 日—8 月 3 日的损失是 1571 人阵亡、负伤和失踪。这一时期的伤亡几乎与 1940 年西线战事正好相等，当时该师蒙受的损失为伤亡 2049 人。[131]

然而，德军在这两次进攻中的对手有一个鲜明的区别。苏军蒙受的损失明显高于西欧各国军队在 1940 年的损失。因此可以说苏军部队付出了更高的代价，而没有给德军造成更大的损害。只不过，苏军部队——尤其是预备队的数量要远比 1940 年西欧国家部署的部队多得多。

德军对于在何处实施主攻的分歧经常被众人讨论。这种分歧在中央集团军群越过第聂伯河，占领斯摩棱斯克之前，几乎没有浮出水面，但这显然对德军在 7 月的下半个月到 8 月的决策产生了负面影响。希特勒想将兵力集中到两翼，而陆军总参谋部宁可继续向莫斯科挺进。这场争议发生的同时，德军开始了与苏军第二梯队的战斗。苏军的这批部队在斯摩棱斯克地区已经被突破，但北方集团军群和南方集团军群还没有做到这一点。

希特勒与大多数陆军军官之间的分歧，可以被视为一个更基本的问题——一个人该如何击败对手这个问题的一部分。在这个问题上，希特勒强调经济因素，而将领们则想歼灭敌人的武装力量。德国国防军的特征和苏联的地理都在对希特勒的计划说"不"。更何况，哪怕是对敌人经济资产的成功攻击，也不可能取得速胜。如果不放弃赢得速胜的野心，那么改变一场意图赢得速胜的战事的方向看起来就是不合逻辑的。希特勒对两翼的关注也是因为担心侧翼威胁。在这种情况下，他表现出的是在 1940 年 5 月表达过的同一种焦虑。

这一分歧造成的时间损失是严重的，不过这并不意味着如果将领们自行其是，德军就会获胜。他们夺取莫斯科的机会很可能会更好，但即使莫斯科被占领，斯大林政权会垮台的迹象也不明显。

一个备选方案是从一开始就将"巴巴罗萨"行动设计成为赢得一场对苏联的消耗战而进行的行动。苏联的人力资源和武器产量无疑超过德国。一方面，德军造成的人员伤亡远远大于对手。1941 年，苏军的伤亡至少是德军伤亡的五倍。[132] 从长远来看，这种不平衡的伤亡交换比是无法承受的。可是要耗尽苏军的预备队，需要半年多的时间。因此，选择这个选项将迫使德军去计划一场较为长期的战争。另一方面，如果没有关于苏联经济、工业和人口的更佳情报，他们是否会计划这样一场战事是值得怀疑的。此外，如果美国参战，这样的计划可能就会受到西方日益增大的威胁的影响。

"巴巴罗萨"行动极佳地证明了德国的两难处境。一方面，德国的陆军在战术和作战方面都比其对手更为娴熟；另一方面，战略形势对德国人不利。这一点从 1939 年起就清晰明了了。对法国的意外胜利让希特勒获得了更多行动自由，但当进攻苏联时，德军再度发现自己处于需要有长期因素——诸如经济和地理因素才能解决问题的境地。

随着"巴巴罗萨"行动逐渐结束，第二次世界大战变成了一场消耗战。将新武器和新鲜兵员送到前线的能力将会最终区分胜利者和失败者。这样一场战争对德国不利。

注解

1. Frankson, "Summer 1941," 132–137.

2. Boog, Förster, Hoffmann, Klink, Müller and Ueberschär, *Der Angriff auf die Sowjetunion* (Frankfurt am Main: Schiffer, 1991), 359–363; Frieser, *Blitzkrieg-Legende*, 54–59.

3. Tessin, *Verbände und Truppen der deutschen Wehrmacht und Waffen-SS* (Osnabrück: Mittler & Sohn,Frankfurt am Main und Biblio Verlag, 1966–1975).

4. Frieser, *Blitzkrieg-Legende*, 44; Niehorster, *German World War II Organizational Series, Vol. III*.

5. 这一段是根据赫尔曼·蒂尔克的日记，BA-MA MSg 2/5354 写成的。

6. Boog, Förster, Hoffmann, Klink, Müller and Ueberschär, *Der Angriff auf die Sowjetunion*, 736–740, 832 (note 748).

7. 同上。

8. N. Zetterling and A. Frankson, "Analyzing World War II East Front Battles," in *Journal of Slavic Military Studies* (March 1998), No. 1, Vol. 11, 193–194.

9. Boog, Förster, Hoffmann, Klink, Müller and Ueberschär, *Der Angriff auf die Sowjetunion*, 549; Grigori F. Krivosheev, *Grif Sekretnosti Sniat* (Moscow: Voenizdat 1993), 368.

10. Boog, Förster, Hoffmann, Klink, Müller and Ueberschär, *Der Angriff auf die Sowjetunion*, 574; Krivosheev, *Grif Sekretnosti Sniat*, 164, 368.

11. *KTB PzAOK 2 Ia*, NARA T313, R80, F7318479ff.

12. *KTB 4. Pz.Div. Ia*, NARA T315, R195, F468f.

13. *Panzer-Regiment 35 Abt. Ia, Bericht über Einsatz Staryi Bychoff, Rgts.Gef.Stand, den 4.7.1941, 20,00 Uhr.*, BA-MA RH 39/689.

14. 德军为坦克配备的无线电装备的数据，见 Chamberlain, Doyle and Jentz, *Encyclopedia of German Tanks of World War Two*, 254.

15. BA-MA RH 39/689.

16. 同上。

17. 同上。

18. 同上。

19. 同上；*KTB 4. Pz.Div. Ia*, NARA T315, R195, F470.

20. *KTB Pz.Gruppe 2 Ia, 4-10 juli 1941*, NARA T313, R80, F7318508-8583.

21. Stolfi, *A Bias for Action*, 49–75; Thies, *Der Ostfeldzug, Heeresgruppe Mitte*, 7–20. 霍特的4个装甲师有1014辆坦克，可以与古德里安装甲集群 5 个装甲师拥有的 953 辆坦克相比。见 Niehorster, *German World War II Organizational Series, Vol. III*, 33.

22. Rolf Hinze, *19. Infanteri. und Panzer-Division* (Meerbusch: Verlag Rolf Hinze, 1997), 139–144; Thies, *Der Ostfeldzug, Heeresgruppe Mitte*, 7–20.

23. 这段记录根据 *Gefechtsbericht über den Angriff der I. Abteilung (2. Komp) auf Peremerka am 7.7.1941*, BAMA RH 39/588 写成。

24. Neumann, *Die 4. Panzer-Division 1938–1943*, 209–212, 225; *Oberleutnant Krause, 3./Pz.Rgt. 35,"'Bericht der 3. Kompanie über den Kampf bei Ryshkowka am 12.7.1941," Im Feld, den 22.Juli 1941*,BA-MA RH 39/743; *KTB 4. Pz.Div. Ia, 12.7.41*, NARA T315, R195, F463ff, 38–41.

25. 这段记录根据 BA-MA RH 39/743 写成。

26. NARA T315, R195, F463ff, 38–41.

27. 当然，德军地面部队刻意避免提及空军的各种努力——例如由于军种竞争的原因，这是可以想象的。然而，这似乎不太可能真正发生，因为空袭往往会对地面部队行动的方式和时间产生重大影响。空袭通常会影响进攻方向、时机、停顿和其他必须在报告中讨论的事项。看来陆军部队如果愿意去做的话，更有可能的是在报告中淡化空袭的影响，而不是佯装空袭没有发生。

28. *KTB 4. Pz.Div. Ia, 17.7.41*, NARA T315, R195, F463ff, 58.

29. Erich von Manstein, *Verlorene Siege* (Bonn: Athenäum, 1955), 172ff; Boog, Förster, Hoffmann, Klink, Müller and Ueberschär, *Der Angriff auf die Sowjetunion*, 551–555.

30. Thies, *Der Ostfeldzug, Heeresgruppe Mitte*, 24–25.

31. Boog, Förster, Hoffmann, Klink, Müller and Ueberschär, *Der Angriff auf die Sowjetunion*, 541–574.

32. *Halder KTB, August 11, 1941*, 170; *Boevoy Sostav Sovetskoy Armii, chast I* (East View Publications).

33. Thies, *Der Ostfeldzug, Heeresgruppe Mitte*, 25–27; *Boevoy Sostav Sovetskoy Armii, chast I*.

34. Thies, *Der Ostfeldzug, Heeresgruppe Mitte*, 27–46.

35. 同上；*Halder KTB*, 106.

36. *Halder KTB*, 151.

37. 这一节根据格奥尔格·霍夫曼的日记，BA-MA MSg 2/4539 写成。

38. BA-MA, RH 2/1326, 231.

39. *KTB 4. Pz.Div. Ia, 21.7.41*, NARA T315, R195, F512.

40. Boog, Förster, Hoffmann, Klink, Müller and Ueberschär, *Der Angriff auf die Sowjetunion*, 586.

41. 这一节根据 *Rudolf Ruyter, Uffz., Stab I./Pz.Rgt. 35, "Ich fuhr in der I—Staffel, juni—Okt.41,"* den 5.3.1942, BA-MA MSg 2/4391 写成。

42. 鲁伊特没有说明任何日期，不过另一份报告对这次行动的描述指出最有可能发生在 9 月 9 日这一天。见 *5. Panzer-Brigade, "Gefechtsbericht für die Zeit vom 1.9.—5.9.1941,"* BA-MA RH 39/373. 尽管用这个标题，这份报告还是讲了了 9 月 6 日—10 日进行的多次战斗。

43. 关于这个问题的更多内容，见 *German Tank Maintenance in World War II* (Washington, D.C.: Center of Military History, US Army, 1988).

44. 同上。见 BA-MA RH 2/1326 档案关于车间里的坦克数量的信息。

45. BA-MA RH 2/1326.

46. 德军的坦克损失数量引自 BA-MA RH 2/1326，苏军的损失引自 Krivosheyev, *Grif Sekrenosti Sniat*, 368.

47. 关于德军围困列宁格勒的更多内容，见 Johannes Hürter, *"Die Wehrmacht vor Leningrad, Krieg und Besatzungspolitik der 18. Armee im Herbst und Winter 1941/42,"* in *Vierteljahrhefte für Zeitgeschichte* (July 2001).

48. H. Guderian, *Panzer Leader* (London: Futura, 1982), 196–205. 也可见 *KTB Pz.Gruppe 2 Ia 21 August—26 August*, NARA T313, R86, F7326497ff.

49. 这一战例可以与 1944 年 12 月的阿登战役相比，当时美军的巴顿中将因在短时间内让 3 个师改变方向而闻名。这几个师（第 4 装甲师、第 26 和第 80 步兵师）被留作预备队已有数周。在德军发动进攻 3 天后，他们在 12 月 19 日接到了重新部署的命令。12 月 20 日，他们在阿尔隆和卢森堡附近集结。直到 12 月 22 日，他们才投入战斗。他们越过一个著名的地区，那里有一片公路网，比在苏联能找到的公路都要好，行程不超过 200 公里（直线距离），遭遇的抵抗很少。与 1941 年 8 月古德里安改变前进方向相比，此举显得不是特别出色。

50. *KTB Pz.Gruppe 2 Ia, 22.8.1941*, NARA T313, R86, F7326496.

51. *KTB Pz.Gruppe 2 Ia, 21.8.1941*, NARA T313, R86, F7326486f.

52. *KTB Pz.Gruppe 2 Ia, 26.8.1941—7.9.1941*, NARA T313, R86, F7326528ff.

53. *KTB Pz.Gruppe 2 Ia, 8.9.1941—12.9.1941*, NARA T313, R86, F7326658ff.

54. 同上。

55. Thies, *Der Ostfeldzug, Heeresgruppe Mitte*, 79–80.

56. *KTB Pz.Gruppe 2 Ia, 13.9.1941–15.9.1941*, NARA T313, R86, F7326705ff; Thies, *Der Ostfeldzug, Heeresgruppe*

Mitte, 80–83; Boog, Förster, Hoffmann, Klink, Müller and Ueberschär, *Der Angriff auf die Sowjetunion*, 595–603; Guderian, *Panzer Leader*, 216–225 可见俘虏数字的准确数据。

57. *KTB PzGruppe 2 Ia, 27.9.41*, NARA T313, R86, F7326837.

58. *5. Panzer-Brigade, "Gefechtsbericht für die Zeit vom 29.9.–3.10.1941', O.U. 5.10.1941*, BA-MA RH 39/373; *4. Panzer-Division, "Gefechtsbericht der 4. Panzer-Division für die Zeit vom 29.9.–6.10.1941," Div.Gef.Stand, 8.10.1941*, BA-MA RH 39/373; Thies, *Der Ostfeldzug, Heeresgruppe Mitte*, 92–95.

59. *5. Panzer-Brigade, "Gefechtsbericht für die Zeit vom 29.9.–3.10.1941," O.U. 5.10.1941*, BA-MA RH 39/373; *4. Panzer-Division, "Gefechtsbericht der 4. Panzer-Division für die Zeit vom 29.9.–6.10.1941,"Div.Gef.Stand, 8.10.1941*, BA-MA RH 39/373.

60. 同上。大量埃贝巴赫战斗群的战后报告能在 BA-MA RH 39/373 档案里找到，从 1941 年 8 月—12 月都有。报告里鲜少提及空中支援，由于埃贝巴赫战斗群经常被赋予非常重要的任务，这是一种意味深长的评论。

61. *5. Panzer-Brigade, "Gefechtsbericht für die Zeit vom 29.9.–3.10.1941," O.U. 5.10.1941*, BA-MA Rh 39/373; *4. Panzer-Division, "Gefechtsbericht der 4. Panzer-Division für die Zeit vom 29.9.-6.10.1941,"Div.Gef.Stand, 8.10.1941*, BA-MA Rh 39/373.

62. 同上；Thies, *Der Ostfeldzug, Heeresgruppe Mitte*, 95.

63. *'Ein Erlebnis beim Angriff auf Orel' von H. Schöffel, Münchberg*, BA-MA RH 39/373.

64. 1939 年 9 月 9 日，德军进攻华沙的更多内容，见 Smedberg and Zetterling, *Andra världskrigets utbrott*, 205–210.

65. *'Ein Erlebnis beim Angriff auf Orel' von H. Schöffel, Münchberg*, BA-MA RH 39/373.

66. 同上。

67. 同上。

68. 同上。

69. 同上。

70. 同上。

71. *5. Panzer-Brigade, "Gefechtsbericht für die Zeit vom 29.9.-3.10.194," O.U. 5.10.1941*, BA-MA RH 39/373; *4. Panzer-Division, "Gefechtsbericht der 4. Panzer-Division für die Zeit vom 29.9.–6.10.1941," Div.Gef.Stand, 8.10.1941*, BAMA RH 39/373.

72. *5. Panzer-Brigade, "Gefechtsbericht für die Zeit vom 29.9.–3.10.1941," O.U. 5.10.1941*, BA-MA RH 39/373.

73. Thies, *Der Ostfeldzug, Heeresgruppe Mitte*, 92–95.

74. *Gen.Kdo. XXXX. Panzerkorps Abt. Ic Br.B.Nr: 1831/41g., "Feindnachrichtenblatt Nr. 5," 1.10.1941*,BA-MA RH 39/99; *Gen.Kdo. XXXX. Panzerkorps Abt. Ic Br.B.Nr: 1825/41g., "Feindnachrichtenblatt Nr.3," 1.10.1941*, BA-MA RH 39/99.

75. *KTB Pz.Rgt. 7 Ia*, BA-MA RH 39/99; *KTB 10. Pz.Div. Ia*, NARA T315, R561, F731ff.

76. 同上。

77. 同上。

78. 同上；*II./Pz.Rgt. 7 Ia, Bericht über den Vorstoß der Abteilung vom 2. bis 7.10.1941, 9. oktober 1941*, BA-MA RH 39/99; Thies, *Der Ostfeldzug, Heeresgruppe Mitte*, 92–95.

79. *KTB Pz.Rgt. 7 Ia*, BA-MA RH 39/99; *I./Pz.Rgt. 7 Ia, Gefechtsbericht vom 2.10–7.10.41, Abt. Gef.Stnd,den 9.10.41*、BA-MA RH 39/99; *II./Pz.Rgt. 7 Ia, Bericht über den Vorstoß der Abteilung vom 2. bis 7.10.1941, 9. oktober 1941*, BAMA RH 39/99.

80. 同上。

81. 同上。第 10 装甲师作战日志（*KTB 10. Pz.Div. Ia, 2.20.42, 08.05 Uhr*, NARA T315, R561,F751ff）说明第 10 装甲师隶属的第 40 装甲军军长，在 10 月 2 日上午来到第 10 装甲师指挥所，请求空中支援以阻止苏军援兵经铁路调动。然而，第 10 装甲师的详细作战日志里没有提到关于空中支援的更多内容，这说明先头部队的通信在这个阶段很差。看来可能性最大的情况是，斯图卡飞机是独立进攻苏军防线深处的目标的，在偶然发现了苏军的炮兵后，实施了空袭。

82. *KTB Pz.Rgt. 7 Ia*, BA-MA RH 39/99; *I./Pz.Rgt. 7 Ia, Gefechtsbericht vom 2.10–7.10.41, Abt. Gef.Stnd, den 9.10.41*, BA-MA RH 39/99; *II./Pz.Rgt. 7 Ia, Bericht über den Vorstoß der Abteilung vom 2. bis 7.10.1941, 9. oktober 1941*, BAMA RH 39/99.

83. 同上。

84. 同上。

85. *KTB 10. Pz.Div. Ia, 3.10.41*, NARA T315, R561, F770ff.

86. 同上。

87. 同上 ; Thies, *Der Ostfeldzug, Heeresgruppe Mitte*, 94–97.

88. *KTB Pz.Rgt. 7 Ia*, BA-MA RH 39/99; *I./Pz.Rgt. 7 Ia, Gefechtsbericht vom 2.10-7.10.41, Abt. Gef.Stnd, den 9.10.41*, BA-MA RH 39/99; *II./Pz.Rgt. 7 Ia, Bericht über den Vorstoß der Abteilung vom 2. bis 7.10.1941,9. oktober 1941*, BAMA RH 39/99.

89. 同上。

90. *Der Oberbefehlshaber der Heeresgruppe Mitte, Tagesbefehl, H.Qu., 19.10.1941*, BA-MA RH 19II/124.

91. E. F. Ziemke and M. E Bauer, *Moscow to Stalingrad* (New York: Military Heritage Press, 1988), 36–37 and M. Parrish, *Battle for Moscow—The 1942 Soviet General Staff Study* (Washington, D.C.: Pergamon-Brassey's, 1989), 203.

92. Thies, *Der Ostfeldzug, Heeresgruppe Mitte*, 94–97.

93. 在 10 月 1 日—20 日期间，中央集团军群报告在战斗中有 57363 人阵亡、负伤和失踪。(*Wehrmacht Verlustwesen*, BA-MA RW 6/v. 556).

94. Thies, *Der Ostfeldzug, Heeresgruppe Mitte*, 97–98.

95. 同上 ; *Gefechtsbericht der I. Abteilung, Vorstoss auf Malojaroslawez am 17.10.1941*, BA-MA RH 39/588.

96. *Gefechtsbericht der I. Abteilung, Vorstoß auf Malojaroslawez, Protwa-Brücken und Worabji am 18.10.1941*, BA-MA RH 39/588; *Gefechtsbericht der I. Abteilung, Vorstoß am 18.10.1941 auf Malojaroslawez, Inbesitznehmen der Brücken an der Protwa und Bildung eines Brückenkopfes nordostw.Worabji*, BA-MA RH 39/588.

97. 同上。

98. 同上。

99. 同上。

100. 同上。

101. 同上。

102. 同上。

103. 同上。

104. 同上。

105. 同上。

106. 同上。

107. Rolf Hintze, *19. Infanterie-und Panzer-Division* (Düsseldorf: Rolf Hinze, 1997), 215–231.

108. 同上。

109. *3./Sch.Rgt. 395*, BA-MA MSg 2/5353 的个人日记 ; Thies, *Der Ostfeldzug, Heeresgruppe Mitte*,101.

110. 这一段根据 *3./Sch.Rgt. 395*, BA-MA MSg 2/5353 的个人日记写成。

111. *KTB Franz Halder*, Vol. III, 286.

112. *Pz.Rgt. 7, Regimentsarzt, "Bericht über den bei Lyskowa eingerichteten Rgts.-Verbandsplatz," O.U.12.11.41*, BA-MA RH 39/99.

113. 同上。

114. 同上。

115. 同上。

116. Guderian, *Panzer Leader*, 233ff.

117. 据 *Anlagen zum Tätigkeitsbericht der Abt IIa & IIb der KTB des Pz.Gruppe 2*, BA-MA RH 21-2/v.756 的说法，从 6 月 22 日至 11 月 22 日，第 3 装甲师的伤亡人数为 5333 人，得到 3079 名补充兵。

118. 这一段根据赫尔曼·蒂尔克日记写成，MSg 2/5354。

119. Thies, *Der Ostfeldzug, Heeresgruppe Mitte*, 98–108.

120. 这方面的更多内容，见 van Creveld, *Supplying War*, Chapter 5.

121. *Schützen-Rgt. 40, Rgt.-Arzt, "Bericht über das Absetzen vom Feind in der Zeit vom 1.–26.12.41,"* BA-MA RH 37/7146.

122. 同上；Thies, *Der Ostfeldzug, Heeresgruppe Mitte*, 107.

123. BA-MA RH 37/7146.

124. 同上。

125. 同上。

126. 同上。

127. 同上。

128. 关于这方面的更多内容，见 Hans-Joachim Lorbeer, *Westmächte gegen die Sowjetunion 1939–1941* (Freiburg:Rombach, 1975).

129. Earl F. Ziemke in Millett and Murray 辑 *Military Effectiveness, Vol. II*, 14.

130. 1941 年 6 月和 7 月，"巴巴罗萨"行动最初的 40 天时间里，德军记录有 213301 人死亡、负伤和失踪（见 *Wehrmacht Verlustwesen*, BA-MA RW 6/v.552）。这可以与西线战事期间德军蒙受的人员损失——合计达 156492 人相比（见 Pallud, *Blitzkrieg in the West*, 607–609）。鉴于西线战事的最后一周发生的战斗极少，参加"巴巴罗萨"行动的兵力更多，按照每个师每周损失来计算的伤亡率是具有可比性的。

131. 1941 年第 4 装甲师的伤亡见 *Pz.Gruppe 2 IIa Verlustmeldungen*, BA-MA RH 21-2/757。Neumann, *Die 4. Panzer-Division 1938–1943*, 174 说明了第 4 装甲师在 1940 年战事期间蒙受的人员损失。

132. 1941 年德军在东线的伤亡达到 831050 人（见 *Wehrmacht Verlustwesen*, BA-MA RW 6/v.552）。克里沃舍夫称苏军 1941 年损失了 4473820 人（Krivosheyev, *Grif Sekretnosti Sniat*, 146f）。然而，有多个理由怀疑后一个数字可能太低了。见 Boris V. Sokolov, "The Cost of War: Human Losses for the USSR and Germany, 1939–1945," in *Journal of Slavic Military Studies* (March 1996), No. 1, Vol. 11; Zetterling and Frankson, "Analyzing World War II East Front Battles."

成还是败？

第七章

德国的兵法被视为一场革命，但它实际上是建立在很久以前就确立的传统之上的。[1]新式武器——在德国或其他地方开发的——都被纳入了既有的理念，而不是刺激德国人去创造一种全新的战争模式。在许多方面，德国的"闪击战"是一种前后延续的改良，而不是对过去的革命性的背离。这方面的一个例子是：装甲师的均衡编排，让装甲师能够将各兵种组合到一起，产生最大的战斗效力。这一理念在坦克发明之前就已经确立了。再者，多兵种联合原则是第一次世界大战后德国陆军的第一本野战手册赖以形成的基本支柱之一。当时，坦克仍处于婴儿期，坦克是否会比反坦克武器发展得更快也不明朗。

另一个例子是空中力量的作用。尽管纳粹德国空军在1935年才组建和成为一个独立军种，但空军与陆军的协同作战仍然在德国的优先考虑事项清单中排名前列。1939—1940年的历次战事期间，近地空中支援往往相当糟糕，但德军取得了进展。根据战斗报告和作战日志判断，近地空中支援在"巴巴罗萨"行动期间运作得更好，似乎在1942年夏还得到了进一步改善。然而，彼时战争已不再由快速的闪击战事来决定了。[2]

综上所述，多兵种联合作战不是一种源于第一次世界大战期间或之前不久发明的新技术手段的新概念。这是一项在整个德国国防军——而不仅是装甲部队和空军之中传播的原则。占陆军大多数的步兵师也坚持多兵种联合作战原则。与对手相比，德军步兵师更为多样化，而且以一种让下级指挥官能够联合不同兵种作战的方式编成。

德国对多兵种联合作战的重视与另外两项原则有联系——任务导向的指挥原则和高质量训练原则。由于武器体系在指挥结构中的联合程度通常很低，下级指挥官必须训练有素，渴望采取主动。对主动性和充足训练的强调不仅受到实现不同兵种之间的协作的愿望激励，而且德军的这两种特性出于许多其他原因都是有价值的，这一点在战场上反复得到了体现。[3]

鉴于这一背景，将1939—1941年德国的战法视为长期发展的高潮，而不是一种革命性的背离，似乎更为合理。当今世界往往经常性地将德国战法的结果视为革命性的，这并非没有道理。然而，这并不意味着德国的战法必然是革命性的。以后见之明看来，我们会发现德国人相当热衷于使用新手段，如空降兵、坦克和一支独立的空军，但这些新手段都被纳入了一个既有框架。

18 世纪以来，德国（以及其前身普鲁士）的地理位置促成了其对机动作战和速胜的关注。鉴于潜在敌人的庞大数量，德军几乎没有其他选择。另一方面，可以得出这样一个结论：军事上的卓越并不必然保证生存。1756—1763 年的七年战争期间，腓特烈大帝赢得了多次战役，可就长远来看，与之战斗的大同盟逐渐占据了上风。他是因沙俄新君登基才得救的。在这场战争中，一个大同盟显然能无视普鲁士的战术和作战技艺，占据优势。

19 世纪，当德国在普鲁士治下统一时，俾斯麦纵横捭阖，利用外交手段占据优势，因而避免了出现一个与他对抗的强大同盟，让他的武装部队得以一次只与一个对手战斗。1870—1871 年战胜法国后，德国统一了，俾斯麦继续进行外交活动，以防止形成一个压倒性的反德同盟。只不过，他努力的结果没能长久维持。后一代的德国政治家没有设法维持好俾斯麦创造的平衡。德国军方也无法避开对这一问题的批评。相反，两次世界大战见证了德国与最终形成压倒优势的两次同盟的对决。

因此，经验表明，明智的外交和对外政策是必不可少的。不过明智的外交显然与下列观点并不矛盾：在必要的时候，建立在高超战术基础上的机动作战能够取得速胜。德国人显然有动机创造第二次世界大战期间他们使用的那种战法，且这些动机已经存在很长时间了。

地理因素可能在许多方面影响了武装部队的编成和特征。对德国而言，以地面作战为主的大规模常规战争一直位于其军事思想前沿。第一次世界大战前的几十年间，德国的殖民冒险行动不是特别重要。这与英国和美国形成了鲜明对比，后两个国家的地理位置和殖民地的推动形成了与德国明显相异的部队结构。对这两个国家而言，可能性最大的情况不是一场欧洲大陆上的大规模陆地战争。

人们会认为，英国在两次大战之间的岁月里更具革命性。他们试验的坦克部队编制更彻底地由坦克主导，而相比之下，德军创建了更多的诸兵种合成师。英国皇家空军比德国空军更为重视战略轰炸，且主要针对的目标是敌人的城市和工业设施。这种对过往战法的背离，必然让人觉得比德国更激进。得到后见之明的帮助，我们可以看到英国的决策在很大程度上是基于错误的假设。更为务实的德国理念看来更现实。此外，可以认为德军主要致力于战术和战役层面的发展，而英国更重视战略层面。

即便在常规战争领域，德军也相当传统。像 J.F.C. 富勒这样的理论家主张坦克应当深入突破，打击敌人的参谋部。按照他的说法，这会让敌方瘫痪。德军在占领或摧毁敌军参谋部时，当然也会高兴，但他们没有特别针对这些目标。相反，他们努力切断敌军补给线，让敌军的战斗部队处于非常不利的位置。这是多次包围歼灭作战，包括 1940 年 5 月冲向英吉利海峡沿岸的战役背后的主导性思维。即便德军让他们的对手瘫痪，也是靠自己在战场上非常迅速地采取行动，从而使敌人往往在错误的地点和错误的时间采取行动而达到的效果。[4]

人们可以认为德军兵法的各种品质在军事组织的下层最为突出，不过其在上层也有各种明显的积极作用。战役层面主要体现在军和集团军级别，各师内部也从这些品质中获益匪浅。像古德里安和隆美尔这样的德军将领能够非常灵活地进行高速作战，是因为他们的工具——作战部队——训练有素，还由愿意采取主动的个人来掌控。这使得将领们能专注于整体指导和整体目标，而不用为制定详细计划太过劳神。一如既往地，在战争中发生的许多问题，可能会扰乱正在进行的作战，但由于局部主动精神，德军通常能解决这些问题。战役指挥官往往在问题解决后才知道它们出现过。这是德军最重要的秘诀，与引入先进的武器系统相比，更为难以复制。

这个秘诀也指出了德军的一些弱点。他们重点关注常规战争的军事方面，对战争的政治、战略和经济方面的理解并不突出。德国国防军对非常规战争，例如游击战就处理得非常差。尽管如此，德军基本没有因为他们缺乏对付非正规部队的技能而输掉战争。当"巴巴罗萨"行动陷入困境时，德军后方地区的游击队行动还没有到达一个相当大的规模。

1939—1941 年的历次闪击战事期间，其他国家的叛徒也没有造成太大影响。最著名的叛徒可能是维德孔·吉斯林，不过虽说他可能影响了希特勒进攻挪威的决策，却没有实际参与德军的计划或者进攻。

德国最终战败背后的最基本因素是经济资产。希特勒领导他的国家陷入了一场对抗几个强国的战争，这几个强国能够生产的武器和部署的军队都达到了一个德军无法在战场上长期克服的程度。坦克和飞机的产量特别有启示意义，如下表所示：

	1939	1940	1941	1942	1943	1944
德国	1746	6201	7624	11266	18953	33804
意大利	?	1765	2093	2054	631	0
日本	战争期间合计 45363					
美国	?	1785	8531	23396	53343	73876
英国	3161	7771	11732	16102	18455	18633
苏联	?	8145	12377	21480	29841	33209

表格 3：坦克产量

	1939	1940	1941	1942	1943	1944
德国	743	1743	3701	5245	9179	17483
意大利	40	250	595	1252	336	0
日本	?	315	595	557	558	353
美国	?	?	4052	24997	29497	17565
英国	969	1399	4841	8611	7476	4600
苏联	3110	2666	6274	24693	24006	28933

如上表所示，英国、苏联和美国在 1941 年生产的坦克约是德国的 4 倍。次年，同盟国又大幅提高了产量，制成的坦克数量约是德国人的 11 倍。日本和意大利的贡献对实力天平的刻度几乎没什么影响。这两年所发生的多起大事不可避免地改变了对德战争的命运，而坦克的产量与此息息相关。

飞机产量的情况也差不多。尤其具有启示性的是，到 1942 年为止，仅英国一国的飞机产量就一直高于德国。当时，战争已经决定性地转向了对同盟国有利的方向——不仅在工厂里，在战场上也是一样。

产量比例也说明，盟军最终将在多条战线上击败德军，从而赢得胜利，而德国国防军会在前线被逐渐削弱。当"巴巴罗萨"行动没有像德国人预料的那样使苏联垮台时，第二次世界大战就变成了一场长期消耗战。只不过，德国兵法依托的基础在消耗战中同样非常有用。考虑到同盟国极其优越的物质资源，这场战争拖延得比它本应维持的时间更长，而且为胜利付出的代价奇高。

德军的战争原则适合 1942—1945 年的那种防御战争，这一事实说明，这些原则与某种特定的战争没有严格的联系。这非常符合这样一种观点，即德国人没有发展任何特定的闪击战理论，而是专注于发展对整体作战有利的那种特质。

或许德国陆军最重要的基本方面是其强调战争是一种人类行动塑造的活动。因此，单兵的作用被认为是决定性的，当然，这并不意味着战士们可以自由地做任何适合他们的事情。他们被鼓励运用自己的能力来提高部队的战斗力。为了这个目标，他们会采取主动、做出决策和行动。但不符合这一整体目的的目标是不可接受的。[5]

对主动性的偏好不仅在战后编写的野战手册或回忆录中显而易见，这类书最重要的资料来源——各种报告中也充满了无数关于主动性的事例。采取主动的意愿比下达任务指令的做法更具特色。可以肯定，任务的重要性在德军的手册中得到强调，但这不是战场指挥和行动的核心，而是一种方法。[6]

正如前文已强调的那样，德军的指挥风格不仅限于装甲兵。这种指挥风格散布到了整个陆军之中，其根据可以追溯到很久以前。然而，这种指挥风格在英国、法国、苏联或美国的陆军中都没有那么突出，这可以解释他们为何没有复制德军的各种方法。有意思的是，以色列陆军似乎采取了一种与德军更为相似的战争风格，这种风格包括其指挥风格。[7]

装甲师在最初的几次战事中证明了自己的重要性，可是他们并非单独行动。步兵师也接受了进攻任务，且他们通常会完成得很出色。不过，我们能够看到，当战事一场接着一场地进行时，装甲师变得越发重要了。这一趋势在 1941 年后仍在延续，可能是由于坦克更强大的火力、防护性能和机动性。在战争的最后三年里，装甲师几乎参与了德军的每一次重大进攻。

将重点放在获得强大的战斗力上，或许是德军兵法最基本的部分，但时间也同样受到重视。后一个观点的一个证明是德军倾向于利用夜晚发动突袭或实施突然机动。1940 年 5 月的色当战役就是一个生动的例子。

另一个重要组成部分是突然性，这可以通过许多不同的手段实现，并以各种方式对敌人产生负面影响。德军快速行动的习惯是最重要的原因之一，但新方法的使用、欺敌和选择意想不到的进攻区域也非常突出。德军制造突然性的努力主要是针对敌人的武装部队，这几乎不出意料，因为德军一般都专注于常规战争。

有人认为，就该如何阻止"闪击战"和应当如何进行自己的闪击作战这两方面而言，德军的对手在向德军学习。这似乎是一个可疑的概念。从 1941 年夏开始，苏军是德军的主要对手，而苏军的兵法与德军的兵法几乎没有相似之处。苏军也没有发展出一种阻止德军闪击战的具体方法。

从 1941 年起，西方盟军主要在对德国陆军不太重要的战区与德军作战。这种情况直到 1944 年 6 月 6 日盟军突击诺曼底海滩，让德国陆军受到了来自东线以外的另一个方向的重大威胁时才结束。然而，苏军仍然是德军的主要对手。尽管如此，1944 年已经变得非常清楚的是，德国战败只是时间问题。盟军面临的任务不再是阻止德军的闪击战，而是更快更好地赢得战争。可是考虑到当时的各种条件，他们的前进速度似乎不太显眼。

虽说德军的战法在战争期间没有被复制，但后来仍产生了一些影响。许多国家的军队试图采用一些德军的战法，但这不是易事，这些战法需要一种特殊的思想体系的支撑，而且很难在大型组织中迅速引入这类变化。因此，在第二次世界大战以后建军的以色列陆军才能证明自己非常擅长进行闪击作战，这一点或许不足为奇。

注解

1. 德国人采用各种新技术让战争发生了革命性变化，这一观点在 20 世纪 90 年代被当作 "军事革命" 趋势的一个论据。但这是一个军事历史并不支持的误解。关于这个问题的更多内容，见 Stephen Biddle, "The Past as Prologue: Assessing Theories of Future Warfare," in *Security Studies* (Fall 1998), No. 1, Vol. 8, 1–74.

2. 在写作本书的时候，我查阅了许多报告和作战日志。呈现出来的模式是，随着德军经验的积累，对友军火力事故的抱怨减少，对有效协同作战的评论增多。此外，Joel Hayward 的这两篇文章值得一读："A Case Study in Early Joint Warfare: An Analysis of the *Wehrmacht*'s Crimean Campaign of 1942," in *Journal of Strategic Studies* (December 1999) and "Von Richthofen's 'Giant fire-magic': The Luftwaffe's Contribution to the Battle of Kerch, 1942," in *Journal of Slavic Military Studies* (June 1997).

3. 德军在第一次世界大战之前的发展取得成功的更多内容，见 Robert M. Citino, *The German Way of War* (University of Kansas Press, 2005).

4. 也可见 Doughty, *The Breaking Point*, 323.

5. Millett and Murray, *Military Effectiveness, Vol. II*, 244. 关于这个问题的更多内容，也可见 Martin van Creveld, *Fighting Power* (Westpoint, CT.: Greenwood Press, 1982)。

6. 关于这方面的更多内容，见 Niklas Zetterling, "*Ledning genom uppdragstaktik*," in *Kungliga Krigsvetenskapsakademins Handlingar och Tidskrift* (May 1995) and "*Uppdragstaktik och tidsfaktorn*," in *Kungliga Krigsvetenskapsakademins Handlingar och Tidskrift* (February 2000).

7. 关于以色列陆军的推进速度，见 "*Behandlingen av erfarenheter från Gulfkriget*," in *KKrVAHT* (June 1994), 115–124. 关于以色列陆军的指挥方式，见 Niklas Zetterling, "*Ledning genomuppdragstaktik*," in *KKrVAHT* (May 1995), 93–104，当然，还有 Martin van Creveld's *Command in War* (Harvard University Press, Cambridge 1985)，书中 "Masters of Mobile Warfare" 这一章节用于描述以色列的指挥方式。

参考书目

本书的参考资料包括档案记录、专题文章和书籍。相关文件见注释。这些文件选自四个不同的档案馆。最重要的两个是德国弗赖堡的联邦军事档案馆（注释中缩写为 BA-MA）与美国华盛顿特区的国家档案和记录管理局（注释中缩写为 NARA）。此外，第二章还用了一些波兰的文件。这些文件是在英国伦敦的西科尔斯基将军研究所发现的。这个研究所缩写为 IPMS。最后，还有一些瑞典斯德哥尔摩军事档案馆的文件（注释中缩写为"Kra"）。

以下列出了写作本书使用过的出版印刷的参考书目：

※ Rüdiger Alberti, *Als Kriegspfarrer in Polen* (Dresden: C. Ludwig Ungelenk, 1940)

※ Hermann Balck, *Ordnung im Chaos* (Osnabrück: Biblio Verlag, 1981)

※ Ulf Balke, *Der Luftkrieg in Europa 1939–1941* (Augsburg: Bechtermünz Verlag, 1997)

※ Kurt Bernhard, *Panzer packen Polen* (Berlin: Mittler & Sohn, 1940)

※ Stephen Biddle, "The Past as Prologue: Assessing Theories of Future Warfare," in *Security Studies* (Fall 1998), No. 1, Vol. 8, 1–74

※ Mieczyslaw Bielski, *Grupa Operacyjna Piotrków 1939* (Warszawa: Bellona, 1991)

※ Fedor von Bock, *The War Diary 1939–1945* (Atglen, PA.: Schiffer, 1996)

※ Horst Boog, Jürgen Förster, Joachim Hoffmann, Ernst Klink, Rolf-Dieter Müller and Gerd Ueberschär, *Der Angriff auf die Sowjetunion* (Frankfurt am Main: Fischer, 1991)

※ David Brown, *Warship Losses of World War II* (London: Arms and Armour Press, 1990)

※ Alex Buchner, *Narvik, Die Kämpfe der Gruppe Dietl im Frühjahr 1940* (Neckargemünd: Kurt Vowinkel Verlag, 1958)

※ Peter Chamberlain, Hilary Doyle and Thomas Jentz, *Encyclopedia of German Tanks of World War Two* (London: Arms and Armour Press, 1978)

※ Robert M. Citino, *The German Way of War* (University Press of Kansas, 2005)

※ James S. Corum, The Roots of Blitzkrieg (University Press of Kansas, 1992); "The German Campaign in Norway 1940 as a Joint Operation," in *Journal of Strategic Studies* (December 1998), No. 4, Vol.21

※ Martin van Creveld, *Supplying War* (Cambridge University Press, 1977); *Fighting Power* (Westpoint: Greenwood Press, 1982); *Command in War* (Harvard University Press, 1985)

※ Norman Davies, *White Eagle, Red Star: the Polish-Soviet war, 1919–20* (London: Orbis, 1983)

※ Len Deighton, *Blitzkrieg—From the Rise of Hitler to the Fall of Dunkirk* (London: Triad/Granada, 1980)

※ Wilhelm Deist, Manfred Messerschmidt, Hans-Erich Volkmann and Wolfram Wette, *Das deutsche Reich und der Zweite Weltkrieg, Bd. 1* (Stuttgart: Deutsche Verlags-Anstalt, 1979)

※ Wolfgang Dierich, *Kampfgeschwader 55 "Greif"* (Stuttgart: Motorbuch Verlag, 1994)

※ Robert A. Doughty, *The Seeds of Disaster: The Development of French Army Doctrine, 1919–1939* (Hamden, CT.: Archon Books, 1985); *The Breaking Point—Sedan and the Fall of France, 1940* (Hamden, CT.: Archon Books, 1990)

※ Antulio J. Echevarria, *After Clausewitz, German Military Thinkers Before the Great War* (University Press of Kansas, 2001)

※ Fritz Fechner, *Panzer am Feind* (Gütersloh: Bertelsmann, 1941)

※ A. Frankson, "Summer 1941," in *Journal of Slavic Military Studies* (September 2000), No. 3, Vol. 13

※ B. H. Friesen, "The Battle of Aire, German Flank Guard Actions During the 1940 French Campaign," in *Armor* (Jan–Feb 1994)

※ Karl-Heinz Frieser, *Blitzkrieg-Legende—Der Westfeldzug 1940* (Munich: Oldenbourg Verlag, 1996)

※ Brian I. Fugate, *Operation Barbarossa* (Novato, CA.: Presidio, 1984)

※ *German Tank Maintenance in World War II* (Washington, D.C.: Center of Military History, 1988)

※ David Glantz, "Excerpts on Soviet 1938–40 operations from *The History of Warfare, Military Art and Military Science*, a 1977 textbook of the Military Academy of the General Staff of the USSR Armed Forces," in *Journal of Slavic Military Studies* (March 1993), No. 1, Vol. 6, 85–141

※ Rudolf Gschöpf, *Mein Weg mit der 45. Infanterie-Division* (Linz: OÖ Landesverlag, 1955)

※ Jeffrey A. Gunsburg, "The Battle of Gembloux, 14–15 May 1940: The 'Blitzkrieg' Checked," in *Journal of Military History* (January 2000), 97–140

※ Heinz Guderian, *Panzer Leader* (London: Futura, 1982)

※ Bruce I. Gudmundsson, *Stormtroop Tactics—Innovation in the German Army, 1914–1918* (Westport: Praeger, 1992)

※ Franz Halder, *Kriegstagebuch*, 3 vols. (Stuttgart: Kohlhammer, 1962–64), volume I, II, and 3 Bernd Hartmann, *Geschichte des Panzerregiments 5 1935–1943 und der Panzerabteilung 5 1943–1945* (Erfstadt: Bernd Hartmann, 2003)

※ Andreas Hauge, *Kampene i Norge 2* (Sandefjord: Krigshistoriskt Forlag, 1995)

※ Rolf Hinze, *Hitze, Frost und Pulverdampf, Der Schicksalsweg der 20. Panzer-Division* (Meerbusch:Rolf Hinze, 1996); *19. Infanteri. und Panzer-Division* (Meerbusch: Verlag Rolf Hinze, 1997);*Löwendivision, 31. Infanterie- und Grenadier-Division* (Meerbusch: Verlag Rolf Hinze, 1997)

※ Alistair Horne, *To Lose a Battle* (London: Papermac, 1990)

※ Hermann Hoth, *"Mansteins Operationsplan für den Westfeldzug 1940 und die Aufmarschanweisung des O.K.H. vom 27.2.40,"* in *Wehrkunde 1958*, 127–130; *"Das Schicksal der französischen Panzerwaffe im I. Teil des Westfeldzuges 1940,"* in *Wehrkunde 1958*, 367–377.; *"Die Verwendung von Panzern in der Verteidigung und die Neugliederung der deutschen NATO-Divisionen 1959,"* in *Wehrkunde 1959*, 631–638.

※ Walther Hubatsch, *"Weserübung' : die deutsche Besetzung von Dänemark und Norwegen 1940"* (Göttingen: Musterschmidt Verlag, 1960)

※ Bo Hugemark (ed.), *Urladdning* (Stockholm: Probus, 1990)

※ Johannes Hürter, *"Die Wehrmacht vor Leningrad, Krieg und Besatzungspolitik der 18. Armee im Herbst und Winter 1941/42,"* in *Vierteljahrhefte für Zeitgeschichte* (July 2001)

※ Hans-Adolf Jacobsen, *Kriegstagebuch des Oberkommandos der Wehrmacht (Wehrmachtführungsstab) Bd. I* (Frankfurt am Main: Bernard & Graefe, 1965)

※ Robert M. Kennedy, *The German Campaign in Poland (1939)* (Washington, D.C.: US Army Center for Military History, Publication 104–120, US Government Printing Office, 1988)

※ Ian Kershaw, *Fateful Choices* (New York: Penguin, 2007)

※ Christian Kinder, *Männer der Nordmark an der Bzura* (Berlin: Mittler & Sohn, 1941)

※ Grigori F. Krivosheyev, *Grif Sekrenosti Sniat* (Moscow: Voenizdat, 1993)

※ Fritz Kühlwein, *Gefechtstaktik des verstärkten Bataillons* (Berlin: Mittler & Sohn, 1936); *Die Gruppe im Ge-*

fecht (Einheitsgruppe) (Berlin: Mittler & Sohn, 1936)

※ Hans Kürsten, *Panzer greifen an* (Leipzig: Desse & Becker, 1940)

※ Stephan Leistenschneider, *Auftragstaktik im preußisch-deutschen Heer 1871 bis 1914* (Hamburg: Mittler & Sohn, 2002)

※ Stanislaw Maczek, *Avec mes blindés* (Paris: Presses de la cité, 1967)

※ Klaus Maier, Horst Rohde, Bernd Stegemann and Hans Umbreit, *Das deutsche Reich und der Zweite Weltkrieg, Bd. 2* (Stuttgart: Deutsche Verlags-Anstalt, 1979)

※ Erich von Manstein, *Verlorene Siege* (Bonn: Athenäum, 1955)

※ Alan R. Millett and Williamson Murray, *Military Effectiveness, vol. II: The Interwar Period* (London:Allen & Unwin, 1988); *Military Effectiveness, vol. III: The Second World War* (Boston: Unwin Hyman, 1988)

※ Klaus-Jürgen Müller, *General Ludwig Beck* (Boppard am Rhein: Harald Boldt Verlag, 1980)

※ Williamson Murray, "The German Response to Victory in Poland—A Case Study in Professionalism," in *Armed Forces and Society* (Winter 1981), No. 2, Vol. 7, 285–298; *The Luftwaffe 1939–45—Strategy for Defeat* (Washington, D.C.: Brassey's, 1996)

※ Williamson Murray & Allan Millett (ed.), *Calculations—Net assessment and the Coming of World War II* (New York: The Free Press, 1992)

※ Williamson Murray & Allan Millett (ed.), *Military Innovation in the Interwar Period* (University of Cambridge Press, 1996)

※ Joachim Neumann, *Die 4. Panzer-Division 1938–1943* (Bonn: Joachim Neumann, 1985)

※ Leo Niehorster, *German World War II Organizational Series*, 5 vols. (Hannover: Leo Niehorster,1990), vols. I, II, and II Richard J. Overy, *War and Economy in the Third Reich* (Oxford: Clarendon Press, 1995)

※ Hans-Martin Ottmer, *Weserübung* (Munich: Oldenburg Verlag, 1994)

※ Wolfgang Paul, *Brennpunkte—Die Geschichte der 6. Panzerdivision (1. leichte)* (Krefeld: Höntges, 1977)

※ Anton Detlev von Plato, *Die Geschichte der 5. Panzerdivision* (Regensburg: Walhalla und Praetoria, 1978)

※ Roger R. Reese, *Stalin's Reluctant Soldiers* (University Press of Kansas, 1996)

※ Herbert Reinecker, Karl Georg von Stackelberg and Wilhelm Utermann, *Panzer nach vorn!* (Berlin:Verlag der Heimbücherei, 1940)

※ *The Rise and Fall of the German Air Force 1933–1945* (Kew: Public Record Office, 2001)

※ Florian K. Rothbrust, *Guderian's XIXth Panzer Corps and The Battle of France, Breakthrough in the Ardennes, May 1940* (Westport, CT.: Praeger, 1990)

※ Martin Samuels, *Command or Control? Command, Training and Tactics in the British and German Armies, 1888–1918* (London: Frank Cass, 1995)

※ Lennart Samuelson, *Soviet Defence Industry Planning—Tukhachevskii and Military-Industrial Mobilisation 1926–1937* (Stockholm School of Economics, Stockholm Institute of East European Economies, 1996)

※ Trygve Sandvik, *Krigen i Norge 1940; Operasjonene til lands i Nord-Norge 1940 II*, (Oslo: Gyldendal, 1965)

※ Oskar Schaub, *Aus der Geschichte Panzer-Grenadier-Regiment 12* (Bergisch Gladbach: Selbstverlag,1957)

※ Herbert Schindler, *Mosty und Dirschau* (Freiburg: Rombach, 1979)

※ August Schmidt, *Geschichte der 10. Division* (Bad Nauheim: Podzun, 1963)

※ Hans Schäufler, *So lebten und so starben sie—Das Buch vom Panzer-Regiment 35* (Bamberg: Kameradschaft ehm. Pz.-Rgt. 35, 1968)

※ Marco Smedberg and Niklas Zetterling, *Andra världskrigets utbrott—Hitlers anfall mot Polen 1939* (Stockholm: Norstedts, 2007)

※ Boris V. Sokolov, "The Cost of War: Human Losses for the USSR and Germany, 1939–1945," in *Journal of*

Slavic Military Studies (March 1996), No. 1, Vol. 11

※ Fritz Sternberg, *Germany and a Lightning War* (London: Faber & Faber, 1938)

※ I. G. Stewart, *The Struggle for Crete* (Oxford University Press, 1991)

※ Russel H. S. Stolfi, *A Bias for Action: The German 7th Panzer Division in France and Russia 1940–1941* (Quantico, VA.: Marine Corps Association, 1991); *Hitler's Panzer East* (Phoenix Mill:Alan Sutton, 1992)

※ Rolf Stoves, *1. Panzer-Division 1939–1945* (Bad Nauheim: Podzun, 1961); *Die gePanzerten und motorisierten deutschen Grossverbände 1935–1945* (Friedberg: Podzun-Pallas, 1986)

※ Franz Josef Strauß, *Die Geschichte der 2. (Wiener) Panzer-Division* (Eggolsheim: Dörfler, 2005)

※ Michael Tamelander and Niklas Zetterling, *Bismarck—Kampen om Atlanten* (Stockholm: Norstedts, 2004); *Den nionde april* (Lund: Historiska Media, 2000)

※ G. Tessin, *Verbände und Truppen der deutschen Wehrmacht und Waffen-SS* (Osnabrück: Mittler & Sohn, Frankfurt am Main und Biblio Verlag, 1966–1975)

※ Klaus-Jürgen Thies, *Der Polenfeldzug—Ein Lageatlas der Operationsabteilung des Generalstab des Heeres* (Osnabrück: Biblio Verlag, 1989); *Der Ostfeldzug, Heeresgruppe Mitte—Ein Lageatlas der Operationsabteilung des Generalstab des Heeres* (Bissendorf: Biblio Verlag, 2001)

※ Harold R. Winton and David R. Mets (ed.), *The Challenge of Change—Military Institutions and New Realities, 1918–1941* (University of Nebraska Press, 2003)

※ Timothy A. Wray, *Standing Fast: German Defensive Doctrine on the Russian Front During World War II, Prewar to March 1943* (Fort Leavenworth: US Army Command and General Staff College, 1986)

※ Stephen Zaloga and Victor Madej, *The Polish Campaign 1939* (New York: Hippocrene, 1991)

※ Kurt Zeitzler, "*Die Panzer-Gruppe v. Kleist im West-Feldzug 1940*," in *Wehrkunde 1959*, 182–188; "*Die Panzer-Gruppe v. Kleist über Sedan nach Abbeville und Dünkirchen im Mai 1940*," in *Wehrkunde 1959*, 239–245; "*Erkenntnisse und Erfahrungen der Panzer-Gruppe v. Kleist im West-Feldzug 1940*," in *Wehrkunde 1959*, 366–372

※ Niklas Zetterling, "*Ledning genom uppdragstaktik*," in *Kungliga Krigsvetenskapsakademins Handlingar och Tidskrift* (1995), No. 5; "*Uppdragstaktik och tidsfaktorn*," in *Kungliga Krigsvetenskapsakademins Handlingar och Tidskrift* (2000), No. 2

※ Niklas Zetterling and Anders Frankson, "Analyzing World War II East Front Battles," in *Journal of Slavic Military Studies* (March 1998), No. 1, Vol. 11

※ Earl F. Ziemke, *The German Northern Theater of Operations 1940–1945* (Washington, D.C.: Department of the Army Pamphlet, No. 20-271, 1960)

《国防军》三部曲

- 现代德国军事史研究泰斗——罗伯特·M. 奇蒂诺（ROBERT M. CITINO）奠定地位之作。

- 《国防军》第二部（THE WEHRMACHT RETREATS: FIGHTING A LOST WAR, 1943）荣获纽约军事事务研讨会（NEW YORK MILITARY AFFAIRS SYMPOSIUM）2012 年度"亚瑟·古德泽特"奖（ARTHUR GOODZEIT AWARD）、美国军事历史学会（AMERICAN SOCIETY FOR MILITARY HISTORY）2013 年度"杰出图书"奖（DISTINGUISHED BOOK AWARD）。

- 还原战场真相，解读德军"运动战"的得与失、成与败。

两大阵营，六大主战场
武力的较量，智慧的交锋
硝烟散尽，归来仍是和平

第二次世界大战史
战略与战术

军史大师富勒呕心沥血之力作
对二战深刻的反思